인문고전 깊이읽기

Jacob Burckhardt: Mythicizing the Cultural History
by Choi Seong-cheol

Published by Hangilsa Publishing. Co., Ltd., Korea, 2010

인문고전 깊이읽기 3

부르크하르트

문화사의 새로운 신화를 만들다

최성철 지음

한길사

인문고전 깊이읽기 3

부르크하르트
문화사의 새로운 신화를 만들다

지은이 · 최성철
펴낸이 · 김언호
펴낸곳 · (주)도서출판 한길사

등록 · 1976년 12월 24일 제74호
주소 · 413-756 경기도 파주시 교하읍 문발리 520-11
www.hangilsa.co.kr
E-mail: hangilsa@hangilsa.co.kr

전화 · 031-955-2000~3   팩스 · 031-955-2005

상무이사 · 박관순 | 영업이사 · 곽명호
기획편집 · 배경진 서상미 신민희 정미선 | 전산 · 한향림
경영기획 · 김관영 | 마케팅 및 제작 · 이경호 박유진
관리 · 이중환 문주상 장비연 김선희

CTP 출력 · 알래스카 커뮤니케이션 | 인쇄 · 현문인쇄 | 제본 · 일광문화사

제1판 제1쇄 2010년 7월 5일

값 15,000원

ISBN 978-89-356-6160-2 04100
ISBN 978-89-356-6163-3 (세트)

● 잘못 만들어진 책은 구입하신 서점에서 바꿔드립니다.

이 도서의 국립중앙도서관 출판시도서목록(CIP)은
e-CIP홈페이지(http://www.nl.go.kr/ecip)에서 이용하실 수 있습니다.
(CIP제어번호: CIP2010002274)

야코프 부르크하르트
'역사의 세기'라고 불리는 19세기의 역사가들 가운데 한 사람으로 손꼽히는
부르크하르트는 당시 비주류 학문분야인 예술사와 문화사를 심도 있게 연구한 학자다.
그는 방대한 양의 강의록과 편지 등을 남겼으나, 생전에 출간한 책은 네 권뿐이다.

부르크하르트의 자필 편지

1841년 9월 25일, 누이인 루이제에게 보낸 편지의 일부분이다.
부르크하르트는 평생에 걸쳐 지인들과 수많은 편지를 주고받았다.
그가 죽고 난 뒤 모두 10권으로 묶어 출간될 정도로 편지의 양은 방대하다.

부르크하르트가 집필실로 삼았던 서재

그는 1843년 고향인 바젤로 돌아온 이후 여러 논문과 저작을 펴내면서 평생의 진로를 직업적 역사가로 결정했다. 끊임없는 현재비판을 향한 자유주의 성향의 보수주의로 정치 이념을 굳히게 된다.

부르크하르트의 무덤

평생을 독신으로 살았던 그는 죽음을 앞두고, 자신의 장례식에 참석한 사람들이 읽어주길 바라며 3인칭으로 된 짧막한 자서전적 추도사를 작성한 것으로도 유명하다. 그의 시신은 스위스 회른리(Hörnli) 묘지에 안치되어 있다.

"우리는 경험을 통해 어느 한순간 영리해지기보다는
영원히 지혜로워지길 원한다."

■ 부르크하르트

부르크하르트

문화사의 새로운 신화를 만들다

차례

'비타민 고전 작가' 부르크하르트— 들어가는 말	13
부르크하르트는 어떤 사상가인가	23

1 모든 역사는 현재에서 출발한다   32
역사와 현재

2 현대사회를 해부하다   64
현재비판

3 역사를 끌어가는 잠재력   96
포텐츠론

4 역사에서는 무엇을 위기라 하는가   136
역사에서의 위기

5 역사에서는 누구를 위인이라 하는가   168
역사에서의 위인

6 근대의 출발, 르네상스   204
르네상스

7 반정치적 역사가의 권력론   248
정치와 권력

8 문화사, 문명을 변화시킨 거대한 정신의 역사   268
문화사의 개념과 방법

9 '장르별 예술사'를 지향하다   300
예술사의 개념과 방법

10 역사의 연속성, 그 미래를 믿다   338
역사와 미래

부르크하르트 관련 사상가와 연구 경향	365
주註	375
부르크하르트를 알기 위해 더 읽어야 할 책	381
부르크하르트를 이해하기 위한 용어 해설	389
부르크하르트에 대해 묻고 답하기	395
부르크하르트에 대한 증언록	403
부르크하르트 연보	409

※이 책에서 원문을 인용한 저작 목록과 출처 판본은 다음과 같다.

『세계사적 고찰』(Jacob Burckhardt, *Weltgeschichtliche Betrachtungen*, ed. Rudolf Marx, Stuttgart: Alfred Kröner, 1978)

『역사 연구에 대하여』(Jacob Burckhardt, *Über das Studium der Geschichte*. Der Text der "Weltgeschichtlichen Betrachtungen" auf Grund der Vorarbeiten von Ernst Ziegler nach den Handschriften, ed. Peter Ganz, München: C.H. Beck, 1982)

『역사적 단상』(Jacob Burckhardt, *Historische Fragmente*. Aus dem Nachlass gesammelt von Emil Dürr. Neudruck mit einem Vorwort von Werner Kaegi, Stuttgart: Deutsche Verlags-Anstalt, 1942)

『콘스탄티누스 대제 시대』(Jacob Burckhardt, *Die Zeit Konstantins des Großen*, Essen: Phaidon, 1990)

『여행안내서』(Jacob Burckhardt, Der Cicerone: *Eine Anleitung zum Genuss der Kunstwerke Italiens*, Stuttgart: Alfred Kröner, 1986)

『이탈리아 르네상스의 문화』(Jacob Burckhardt, *Die Kultur der Renaissance in Italien*. Ein Versuch, Stuttgart: Alfred Kröner, 1976)

『조형예술의 미학』(Jacob Burckhardt, *Ästhetik der bildenden Kunst*. Der Text der Vorlesung "zur Einleitung in die Aesthetik der bildenden Kunst" aufgrund der Handschriften, ed. Irmgart Siebert, Darmstadt: Wissenschaftliche Buchgesellschaft, 1992)

『혁명시대사 강의』(Ernst Ziegler, ed., *Jacob Burckhardts Vorlesung über die Geschichte des Revolutionszeitalters*. In den Nachschriften seiner Zuhörer. Rekonstruktion des gesprochenen Wortlautes, Basel: Schwabe, 1974)

『그리스 문화사』(Jacob Burckhardt, *Griechische Kulturgeschichte*, ed. Rudolf Marx, 3 Vols., Stuttgart: Alfred Kröner, 1952)

『서간집』(Jacob Burckhardt, *Briefe*. Vollständige und kritisch bearbeitete Ausgabe. Mit Benützung des handschriftlichen Nachlasses, hergestellt von Max Burckhardt, 10 Vols., Basel: Schwabe, 1949~86)

『전집』(Jacob Burckhardt, *Gesamtausgabe*, eds. Emil Dürr, Werner Kaegi, Samuel Merian, Albert Oeri, Hans Trog, Felix Stähelin, Heinrich Wölfflin, 14 Vols., Stuttgart; Berlin; Leipzig, 1929~34)

'비타민 고전작가' 부르크하르트

✿ 들어가는 말

인생의 요소에서 일용할 지혜

오늘날 대중적으로 그다지 널리 알려지지 않은 한 고전작가를 읽는다는 것은 어떤 의미를 가질까? 자기 개발서, 경영 전략서, 미래 예견서 등을 편식 독서하며 세속적인 출세와 성공을 향해서만 나아가는 현대인들에게 한 사람의 고전작가 읽기를 권하는 것은 무엇을 뜻할까? 더구나 그마저도 청소년들의 교양필독서다, 대입 논술시험 대비용이다, 일반인들의 교양 업그레이드 필수품이다 하면서 강요된 형태로 이루어질 때 고전 독서의 궁극적인 의미와 가치는 어디에서 찾아야 할까?

진정한 의미의 고전읽기는 이 모든 세속적 의미의 고전읽기와 거리를 둔다.

첫째, 어느 한 사람이 고전작가로 분류되면 그가 대중적으로 많이 알려진 사람이든 아니든 그것은 더 이상 논란거리가 되지 못한다. 대중적 유명세라는 것은 해당인의 업적 자체의 질보다도 지역마다, 시대마다, 또는 분야마다 다른 대중적 인기 정도에 의해 좌우될 때가 많기 때문이다. 전문가들에 의해 전통적으로 고전작가의 반열에 오른 사람은 그의 대중적 인지도와 무관하게 이미 그 자체로 읽히기에 충분한 가치를 지닌 사람이기에 누구나 한 번쯤은 읽어봐야 한다.

둘째, 고전읽기는 세속적 의미의 출세나 성공과는 거리가 멀다. 그도 그럴 것이 고전은 당장 눈앞에 닥친 어떤 문제를 해결해주는 책이 아니기 때문이다. 그러나 당장은 아닐지라도 그것은 언젠가 우리들의 인생에 반드시 커다란 도움을 준다. 성공과 출세를 위한 처세의 기술이 아니라 삶을 보다 더 현명하게 영위해나가도록 적재적소에 풍부한 지혜를 가져다주는 책이 바로 고전이기 때문이다.

셋째, 고전은 폼으로 읽거나 강요받아서 읽을 책이 아니다. 가장 바람직한 고전읽기는 자연스럽게 고전의 맛에 푹 빠져 그 참의미를 되새기는 형태의 것이어야 한다. 내용을 충분히 이해하지도, 또 내면화시키지도 못한 상태에서 억지로 읽어나가는 고전은 소화불량에 걸리거나 아니면 그 자체로 시간낭비일 뿐이다. 고전의 그윽하고 깊이 있는 참맛을 알게 된 독자라면, 그가 어떤 연령대에 있든 고전 이외의 책은 시시해서 쳐다보지도 않게 된다.

독자들로 하여금 이러한 중독현상을 일으키게 하는 고전작가 중의 한 사람이 바로 19세기 스위스 역사가 야코프 부르크하르트

(Jacob Burckhardt, 1818~97)다. 보통은 문화사의 전범이니, 불후의 명작이니, 고전작품이니 하는 수식어가 꼭 붙어 다니는 『이탈리아 르네상스의 문화』라는 책을 1860년에 발표함으로써 '르네상스'에 대한 현대적 관념을 확립한 인물이다. 개인주의 의식의 등장, 인간과 세계의 발견, 중세와의 단절, 그리스와 로마 고전문예의 재발견 등으로 특징지어진, 오늘날 우리가 갖고 있는 '르네상스에 관한 생각'을 만들어내고 우리에게 심어준 사람이 바로 그다.

그러나 이러한 사정에도 그는 오늘날 한국의 일반 독자에게 그다지 널리 알려진 작가가 아니다. 실제로 역사학의 영역을 벗어난 일반인들 사이에서는 그 테마에 관심 있는 사람들에게만 한정되어 알려져 있는 편이다. 그렇다면 그다지 많이 알려져 있지도 않고, 그나마 활동영역도 역사학에 한정되어 있어 역사가들조차 이름만 들어서 알 뿐 실제로는 잘 알지도 못하고 또 별로 알고 싶어 하지도 않는 그를 오늘날 한국의 일반 독자가 읽어야 할 이유가 있을까? 그를 들춰내 다시 읽는다는 것이 우리에게 과연 어떤 의미를 가질까?

결론부터 말하자면, 반드시 읽어야 할 작가는 아닐지 몰라도 읽어두면 매우 유익한 작가임에는 분명하다. 약간 과장하면, 우리의 지적, 정서적, 윤리적 발달과 성장에 빼놓을 수 없는 필수영양소를 듬뿍 함유한 작가라고 할 수 있다. 영양소 얘기가 나왔으니 마저 비유하자면, 단백질이나 지방, 탄수화물처럼 우리 몸을 구성하는 데 필수적인 영양소가 아니라 그것 없이는 균형적인 발육과 성장을 불가능하게 만드는, 그래서 괴혈병, 각기병, 야맹증과 같은 병으로 발전할 수 있는 비타민이나 미네랄 정도에 해당한다고 할 수 있다.

단백질, 지방, 탄수화물 정도가 되려면 공자나 맹자, 플라톤이나 아리스토텔레스 정도는 되어야 할 것이고, 비록 이 수준에는 미치지 못할지 모르지만, 그를 섭취하지 않으면 두뇌나 정서, 도덕관념이 제대로 기능하지 않는, 한마디로 올바르고 정상적인 '교양인'이 되기 어렵게 만드는 사람임에는 틀림없다. 그렇다면 그가 이렇게 평가받을 수 있는 근거는 무엇일까?

가장 먼저 지식의 풍부함을 들 수 있다. 그는 학자였다. 그것도 그냥 학자가 아니라 19세기 서양의 학문 지형도에서 역사학, 특히 문화사학과 예술사학을 대표하는 제1급의 학자였다. 그를 읽다 보면 대부분의 사람들은 그의 방대한 지식량에 혀를 내두르게 된다. 추측건대 그것은 아마도 그의 방대한 독서량에서 나왔을 것이다. 그 당시에 컴퓨터나 인터넷이 있었을 리 만무하니 말이다.

내가 할 수 없는 경험을 가장 짧은 시간 안에 가장 많이 할 수 있는 유일한 방법이 '독서'라는 것을, 특히 나를 지적, 정서적으로 살찌울 뿐 아니라 성숙해지도록 만드는 것이 '영양가 높은 책의 정독'이라는 사실을 안다면, 반드시 부르크하르트를 읽어보라. 그에게서는 수많은 지식의 정보를 빼내올 수 있기 때문이다. 부르크하르트를 읽는다는 것은 그가 책읽기를 통해서 얻은 지식을, 그것도 매우 풍부한 지식을 간접적으로 섭취하는 길이다.

다음으로 지적 성숙도를 꼽을 수 있다. 그는 역사가였다. 그것도 우리가 흔히 하는 '역사를 통해 지혜를 배운다'는 말을 온몸으로 실천한 사람이다. 그가 한 유명한 말 중에 "우리는 경험을 통해 어느 한순간 영리해지기보다는 영원히 지혜로워지길 바란다"(『세계사적 고찰』, 10)는 문장이 있다. 그는 역사지식을 그저 알고 쓰고 가르친 데 그친 것이 아니라, 이 말처럼 정말로 역사지식을 습득함으로써 자신의 현재와 미래를 통찰할 수 있는 지혜를 얻고자 했고, 또 적어도 내가 보기에는 그 지혜를 넘쳐날 정도로 얻었던 사람이다. 마치 과거 인간들의 경험을, 과일로서의 포도를 먹는 것으로 그치지 않고 오크통에 오래도록 담아 완전히 숙성된 발효음료인 포도주로 마시고자 했던 것과 같다. 따라서 우리가 그를 읽는다는 것은 그에게서 지식을 얻는 것으로 끝나는 것이 아니라, 과거 인간들의 경험을 통해 얻은 지혜가 무엇이고, 그러한 지혜는 어떻게 하면 얻을 수 있는지를 동시에 배우는 길이기도 하다.

마지막으로 통찰과 예견을 들 수 있다. 그는 사상가였다. 그것도 그저 자기 생각을 피력한 것으로 소임을 다한 평범한 사상가가 아니라, 자기 생각을 통해 수많은 사람에게 감동, 공감, 전율을 안겨줌으로써 그들의 삶을 변화시키는 데 큰 영향을 미친 중요한 사상가였다. 이것은 아무런 근거 없이 하는 말이 아니다. 실제로 제1차 세계대전 당시 전쟁에 염증을 느낀 수많은 독일계 병사들이 전쟁의 와중에도 부르크하르트의 문고판 『세계사적 고찰』을 호주머니에 넣고 다니면서 읽었다는 사실이 그 점을 입증해준다.

이처럼 20세기 초에 군인들을 포함해 많은 사람들이 부르크하르트에 열광했던 이유는 세계대전과 같은 커다란 전쟁과 대파국, 전체주의와 같은 끔찍한 권력국가의 등장, 산업화된 사회 속에서의 인간 생활 패턴의 변화 등 미래의 수많은 모습을 정확히 예측했던 그의 예리한 통찰력 때문이다. 1910년대를 전후해서 그의 개인적 서간문들이 편집되어 나오기 시작했고, 그의 생각과 깊이 있는 사상에 호기심을 느낀 많은 독자들이 그의 책을 사다 읽으며 그의 정확한 예견에 혀를 내둘렀던 것이다. 그런 그에게 호기심을 못 느끼거나 개인적 매력에 푹 빠져들지 않았다면 그것이 오히려 이상했을 것이다.

한순간 영리해지기보다 영원히 지혜로워지길

그럼에도 부르크하르트를 읽어내는 것이 그렇게 호락호락한 일은 아니다. 더구나 독일어 원문이 아니라 번역문을 읽어야 하는 우리네 현실이 그 점을 더욱 힘들게 한다. 우선 그는 쉽게 읽히는 고전작가가 아니다. 그가 유명하지 않다거나 많은 사람들이 잘 읽지 않는다는 뜻이 아니라, 누구나 읽기 쉽게 글을 쓰는 작가가 아니라는 뜻이다. 많은 사람들이 그를 읽어내는 데 어려움을 토로한다. 그렇게 된 데는 여러 이유가 있겠지만, 우선 그는 독일계 스위스 사람이다. '독일계'라는 말에서 이미 대부분의 독자들은 예상하겠지만, 실제로 그의 글을 읽다 보면 딱딱하고 건조한 이미지, 논리적이고 철학적인 분위기가 물씬 느껴진다. 바로 그 자신이 독일적, 헤겔적, 철학적 글쓰기를 거부하고 새로운 유형의 역사적 글쓰기를 시도한다고 공언했음에도 그렇다는 것이다. 그러니 역사학 전공자라 해도 그의 글을 읽어내기가 어렵다고 토로할밖에.

그렇다면 균형 잡힌 정신적, 정서적 발육을 위해 반드시 필요하다고들 하지만 읽어내기가 결코 만만치 않은 부르크하르트를 어떻게 하면 친근하면서도 효과적이고 생산적으로 읽어낼 수 있을까? 그 길에 이르는 여러 방법 중 하나는 친절한 해설이 붙어 있는 원전을 읽어나가는 것이다. 어차피 두꺼운 고전 한 권을 다 독파해서 읽어낼 자신이 없을 바에야 그 방법은 차선책이 될 수 있다. 이 책은 바로 그러한 의도와 동기에서 저술되었다. 다시 말해 부르크하르트를 이해하기 위해 반드시 필요한 핵심적인 문장들을 작품별로, 또는 주제별로 선별해서 보여주고, 그에 대해—적어도 전공자로서 내 나름대로—적절하고 친절한 해설을 붙여나갔다. 따라서 이 책은 그와 관련된 거의 모든 것을 이해하게 해주는 길라잡이, 즉 '부르크하르트 종합 안내서'라 할 수 있다.

이 책은 부르크하르트를 전체적으로 이해하는 데 반드시 필요하다고 생각되는 10개의 주제를 정해 그 주제와 관련해 꼭 읽어야 된다고 판단되는 관련 원문을 번역해 제시한 후, 독자들이 이해하기 쉽도록 어렵지 않은 해설을 붙여나가는 형식을 취했다. 그리고 각 장의 마지막 절에서는 언제나 해당 주제와 관련된 그 이전, 또는 이후의 사상가들과의 공통점과 차이점 등을 비교 서술했다.

먼저 제1장에서는 단순한 역사가를 넘어서 역사사상가 또는 역사이론가로서의 부르크하르트의 진면목을 파악하기 위해 그가 '역사'와 '역사학'에 대해 도대체 어떤 생각을 갖고 있었는지 살펴보았다. 맛보기로 미리 살짝만 언급한다면, 역사는 그에 의해 전통적이면서도 새로운 시각, 즉 변증법적인 종합의 관점에서 포착된다. '정신'이나 '연속성' 등이 강조된 점에서는 전통적이었지만, '전형'이나 '인간', 또는 '현재' 등이 유난히 강조된 점에서는 새롭거나 새로이 발견된 관점이 돋보인다.

두 번째 장에서는 현재비판가로서의 부르크하르트를 다루었다. 대부분의 역사가들은 자신의 현재에서 과거를 바라보고 연구하고 서술한다. 그러나 모든 역사가들이 자신이 살고 있는 현재를 비판했던 것은 아니고, 더구나 현재에 대한 비판을 역사 연구의 발판으로 삼았던 것도 아니며, 더더구나 그러한 현재비판을 자신의 독특한 역사이론을 형성하는 데 결정적인 수단이나 뼈대로 이용했던 예는 매우 드물다. 그러나 부르크하르트는 이 모든 것을 실천했던 역사가였다.

이후 세 개의 장에서는 포텐츠론, 역사위기론, 역사위인론 등 부르크하르트 특유의 대표적인 역사이론 세 개가 펼쳐진다. 포텐츠론은 역사를 구성하고 이끌어가는 잠재적 힘이 무엇인가를 고민했던 그가, 고민의 결과 그것을 국가, 종교, 문화라고 규정하고 관련 생각들을 정리한 것이다. 역사위기론은 자기 시대를 프랑스혁명으로부터 촉발된 혁명의 시대로 규정한 그가 바로 그 혁명으로부터 역사상의 위기들의 본질과 실체를 파악하고자 한 시도의 결과물이다. 역사위인론은 역사상 위대한 인물의 특성과 종류, 의미와 의의 등을 다룬 이론이다. 이 모든 이론들의 토대는 바로 위에서 언급했던 그의 현재비판이었다.

제6장의 테마는 르네상스 연구자로서의 부르크하르트다. 만일 '르네상스'에 대한 오늘날의 관념과 이미지가 그가 쓴 『이탈리아 르네상스의 문화』로부터 유래한다면, 르네상스에 대한 우리의 생각을 재점검하는 일은 이 책의 자세한 해부로부터 출발해야 할 것이다. 전체 6부에 이르는 방대한 분량의 이 책에서, 각 부에서 핵심적이라고 판단되는 문장들을 발췌하여 정리한 후 해설을 달았다.

그다음 장은 부르크하르트의 정치사상을 주제로 삼았다. 현재비판가였던 그가 가장 많이 대결했던 사회 영역은 바로 정치였다. 그것이 아니더라도 역사가로서 정치에 대해 자신의 생각을 피력하지 않은 역사가는 매우 드물다. 하물며 자신의 현재를 언제나 깨어 있는 눈으로 바라보고 비판적인 입장을 견지했던 그가 정치에 대해, 그리고 자신의 정치적 이상에 대해 소신을 밝히지 않았을 리 없다. 이 장에서는 그가 어떻게, 개인의 자유를 억압하는 당대의 대형 권력국가가 아니라 문화가 장려될 수 있는 소형 도시국가를 선호하게 되었는지, 그래서 '문화적 국가관'을 갖게 되었는지 자세히 소개한다.

이어지는 두 개의 장에서는 부르크하르트의 문화사학과 예술사학을 집중 조명해보았다. 일반 독자들의 입장에서 이 두 영역은 사실상 한 세트로 놓고 보아도 무방하지만, 역사를 전공하거나 부르크하르트를 좀더 깊이 있게 이해하고자 하는 독자들을 위해 두 영역을 나누어서 별도로 고찰했다. 실제로 연구와 서술 방법론에서는 양자가 엄연한 차이를 보이니 이러한 분할 서술의 정당성은 결코 시빗거리가 될 수 없을 것이다.

마지막 장에서는 부르크하르트를 매개로 역사에서의 미래담론을 조망하고자 시도했다. 이 시도의 성패 여부를 떠나서 '미래'는 역사학 안에서 거의 금기시되어왔던 테마지만, 그 금기 원칙은 이미 오래전부터 조금씩 깨져왔고, 포스트모더니즘을 거친 오늘날, 그리고 앞으로는 더욱 급속도로 사라질 것이 분명해 보인다. 그러한 담론 형성에 조그마한 보탬이 되어보고자 이 주제를 별도의 장에서 다루어보았지만, 사실 더 중요한 이유는 학문적으로가 아니라 개인적으로 미래 예견을 쏟아냈던 부르크하르트의 참모습을 독자들이 제대로 알았으면 하는 데 있다.

자, 이제 '부르크하르트'라는 마라톤의 결승점을 향해 긴 레이스를 펼쳐야 하는 여러분이 발걸음을 떼기 전에, 그가 어떤 사람이고 어떻게 살았으며 무엇을 이루었는지 잠깐 살펴보도록 하자.

부르크하르트는 어떤 사상가인가[1]

부르크하르트의 삶과 시대

성공한 아웃사이더

야코프 크리스토프 부르크하르트는 1818년 5월 25일 스위스 바젤에서 출생하여 1897년 8월 8일 역시 바젤에서 사망한 19세기 유럽의 대표적인 문화사가이자 예술사가이다. 아버지 야코프 부르크하르트(Jacob Burckhardt)는 바젤의 개신교 교회 목사였고, 어머니 수잔 마리아 부르크하르트(Susanne Maria Burckhardt)는 바젤 시의 시의원이었던 쇼른도르프(D. Schorndorf)의 딸이었다. 부르크하르트는 여러 대에 걸쳐 바젤 교회의 목사를 지낸 부계의 혈통으로부터 지성적이고 학문적인 능력을, 멀리 이탈리아에 본거지를 둔 어머니의 가계로부터는 감성적이고 예술적인 재능을 물려받았다. 열두 살이 채 되기도 전에 집안에 돈 전염병으로 그토록 사랑하던 어머니를 여읜 후, 부르크하르트는 '지상의 모든 것에 대한 무상함과 불확실함'에 전율하고 이후 삶과 세계를 비관적인 색채로 바라보게 된다.

인문계 고등학교를 졸업한 후 아버지의 뜻에 따라 1837년부터 2년 동안 바젤 대학에서 신학 공부로 대학 생활을 시작한 부르크하르트는 곧 자신의 길이 신학이나 철학이 아님을 깨닫는다. 이미 1839년 여름학기부터 바젤 대학에서 고전문학과 역사학 강의를 들으며 향후 진로를 결정한 그는, 그해 가을 당시 역사학 분야에서 최고의 명성을 떨치던 레오폴트 랑케(L. Ranke)를 찾아 베를린 대학으로 적을 옮긴 후 본격적인 역사학과 예술사의 수업을 쌓게 된다.

부르크하르트는 베를린 대학에서 1839년 가을부터 1843년 봄까지 랑케, 드로이젠(J.G. Droysen)으로부터 역사학 수업을, 야코프 그림(J. Grimm), 아우구스트 뵈크(A. Boeckh) 등으로부터는 독일문학, 문헌학, 고전학 수업을, 프란츠 쿠글러(F. Kugler)로부터는 예술사 수업을 들었다. 그가 셸링(F.W.J. Schelling)의 철학 수업을 청강했던 것도 바로 이 시기다. 1841년 여름 한 학기 동안 본(Bonn)에 머물면서 벨커(F.G. Welcker)의 문화사 수업을 들은 것을 제외하면, 그의 베를린 생활은 1843년 졸업 때까지 계속 이어진다. 베를린 시절의 스승들 가운데 특히 쿠글러와는 관심 분야의 동질성으로 인해 단지 학문적인 사제의 관계를 넘어 가까운 친구가 되기도 했는데, 이런 돈독한 유대관계는 1858년 쿠글러가 죽을 때까지 지속된다. 반면 랑케와는 평생 친밀한 관계를 맺는

부르크하르트는 19세기 독일어권의 중요한 역사가들 가운데
예술사와 문화사를 연구한 대표적인 학자다.

데 실패하고 만다. 그 이유는 단지 연구 주제나 방법, 정치 이념상의 차이를 넘어서 궁극적으로는 개인적인 성향 차가 너무도 컸기 때문이다. 그렇다고 서로가 상대방에 대해 비판적인 태도만을 취했던 것은 아니다. 가령 이 시기에 자신의 중세사 세미나를 듣고 쓴 부르크하르트의 논문에 대해 랑케는 극찬을 아끼지 않았고, 부르크하르트 역시 자기 스승에 대해 학문적으로는 언제나 예를 취했던 것이다. 어쨌든 랑케에 대한 부르크하르트의 입장은, 그 자신의 표현대로 '애증'(愛憎)이라는 한 단어로 요약될 수 있다.

1843년 고향 바젤로 돌아온 부르크하르트는 베를린 대학 재학 시절 주로 랑케의 수업 결과물로 작성했던 몇 개의 중소 논문들(「카를 마르텔」(Karl Martell), 「콘라트 폰 호흐슈타덴」(Konrad von Hochstaden) 등)을 바젤 대학에 제출했고, 그 논문들을 근거로 박사학위를 취득했다. 이듬해 초에는 역시 바젤 대학에서 「1444년 아르마냐크 원정 시기의 프랑스 상황에 대하여」(Über die Lage Frankreichs zur Zeit des Armagnakenzuges 1444)라는 제목의 취임 강연을 했고, 이 논문을 근거로 바젤 대학 당국으로부터 교수 자격(Habilitation)을 취득했다.

1844년부터 1845년 말까지 당시 보수 성향의 신문인 『바슬러 차이퉁』(*Basler Zeitung*)에서 편집 일을 보면서 진보와 보수 양 극단의 이념들을 비판하는 글도 기고하며 사회에 첫발을 내디딘 부르크하르트는, 역시 같은 기간인 1844년 여름부터 1845년 가을까지 세 학기에 걸쳐 바젤 대학에서 예술사와 일반사를, 1848년부터는 바젤 시가 당시 철학부 소속의 모든 교수에게 의무화한 일종의 인문계 고등학교 상급반인 페다고기움(Pädagogium)에서 역사학을 가르치면서 본격적인 강단생활을 시작했다. 이 시기, 즉 대학 졸업 후 1848년 3월혁명이 발발하기 전까지는 부르크하르트 생애에서 정신적으로나 육체적으로 가장 어려웠던 시기였다. 밖으로는 유럽의 정치 혼란기에다, 안으로는 자신의 향후 거취와 인생의 진로를 결정해야 할 어려운 과제를 안고 있었기 때문이다. 게다가 대부분 급진적이고 자유주의적인 혁명 사상으로 무장되어 있던 친구들과의 갈등을 감내해야 했다. 결국 그가 평생의 진로를 직업적 역사가로 결정하고, 정치 이념은 끊임없는 현재비판을 향한 자유주의 성향의 보수주의로 굳힌 것도 이 시기였다.

1853년 부르크하르트는 최초의 역사 대작 『콘스탄티누스 대제 시대』(*Die Zeit Konstantins des Großen*)를 발표했다. 그로부터 3년 뒤 고대부터 17세기까지의 이탈리아 예술사를 건축, 조각, 회화의 장르별로 정리한 『여행안내서: 이탈리아 예술작품 감상을 위한 안내서』(*Der Cicerone: Eine Anleitung zum Genuss der Kunstwerke Italiens*)가 발표되는데, 이 예술사 대작을 근거로 그는 1855년 신설된 지 얼마 되지 않은 취리히의 연방공과대학(Eidgenössische Technische Hochschule in Zürich) 예술사 교수로 초빙되어, 이곳에서 1858년까지 예술사를 강의했다. 1858년 내심 고대하던 바젤 대학으로부터의 역사학 정교수 제의가 오자 그는 이를 기꺼이 수락하고 지체 없이 고향으로 돌아갔다. 이

부르크하르트가 거주하던 바젤 시 성 알반포어슈타트(St. Albanvorstadt) 64번지의 주택.

후 1860년 기념비적인 대작 『이탈리아 르네상스의 문화. 시론』(*Die Kultur der Renaissance in Italien. Ein Versuch*)이 발표되면서 그의 명성은 유럽 전역으로 퍼져나갔다. 1862년 키일 대학을 시작으로 예나, 하이델베르크, 튀빙겐, 괴팅겐 등 독일의 유수 대학들로부터 교수직 제의를 받았고, 심지어 1872년에는 랑케의 후임을 찾는 베를린 대학의 교수직 제의까지 있었지만, 그는 이를 모두 거절하고 1893년 퇴임할 때까지 고향인 바젤과 바젤 대학을 떠나지 않았다.

르네상스 책이 발표되고 7년 후인 1867년 부르크하르트는 빌헬름 뤼프케(Wilhelm Lübke)와 공동으로 『근대 건축 예술사』(*Geschichte der neueren Baukunst*)를 발표했는데, 이 책을 마지막으로 부르크하르트는 자신의 저작 출판에 회의를 느끼고 더 이상 어떠한 책도 출간하지 않았다. 그를 유명하게 만든 책들, 즉 『세계사적 고찰』(*Weltgeschichtliche Betrachtungen*)이나 전 4권으로 된 『그리스 문화사』(*Griechische Kulturgeschichte*) 등은 모두 문헌학자였던 그의 외조카 야코프 외리(Jacob Oeri)가 사후(死後) 그가 남긴 강의노트들을 근간으로 편집, 출간한 책들이다.

그러나 생전에 네 권의 책만을 발표한 부르크하르트의 이러한 성과만 가지고 그의 학문적 업적을 과소평가해서는 안 된다. 장기간의 이탈리아 여행 등으로 강단생활을 일시 중단했던 1845~48년까지의 기간과 취리히 공과대학에 근무하던 1855~58년까지의 기간을 제외한 1844~93년까지 약 50년 동안 부르크하르트는 바젤 대학에서 단 한 학기의 휴가도 없이 모두 85학기에 걸쳐 총 165개의 유럽사, 문화사, 예술사 관련 강좌를 진행했고, 역시 같은 기간에 바젤 시민을 대상으로 약 145회의 공개 강연을 했다. 특히 1886년부터는 건강상의 이유로 예술사 강의만을 전담하게 되는데, 이들 강의와 강연을 위한 강의록과 강연록이 현재 대부분 바젤의 국립 문서국(STABS)에 보관되어 있다. 그중 일부는 이미 그의 제자들이 주축이 되어 1929~34년에 총 14권으로 발행한 그의 전집 안에 부분적으로 편집 출판되기도 했고, 또 그 이후에도 문서 작업을 거친 후 단행본으로 간간이 출간되고 있는 형편이지만, 그 양은 전체에 비하면 극히 미미한 수준이다.

평생 독신으로 검소하고 소박하게 살았던 부르크하르트는 비록 일기나 회고록 등은 쓰지 않았지만, 친구나 스승, 제자 등 주변 사람들에게 보낸 엄청난 분량의 편지를 남겼다. 이 편지들이 1949~86년까지 총 10권 분량으로 바젤에서 출간되면서 그의 정신과 개성을 한눈에 볼 수 있게 되었다. 이것은 오늘날 단지 개인적인 생활 기록의 차원을 넘어서 그 당시의 정치, 사회, 경제, 문화적인 시대상이나 이에 대한 그의 독특한 견해와 전망들이 담겨 있는 중요한 사료로 평가받고 있다.

부르크하르트는 20세기 들어 바로 이 편지들과 『세계사적 고찰』을 근거로, 산업화와 정치 혁명들로 얼룩진 19세기의 한복판에 살면서 대중사회, 대중문화, 세계대전, 자본주의와 공산주의 사이의 충돌 등 미래를 내다볼 줄 알았던, 그래서 동시대를 뛰어넘어

시대를 앞서간 현재비판적 역사가이자 사상가로 재평가되기에 이르렀고, 그와 그의 작품들에 대한 해석은 현재까지도 여러 각도에서 계속되고 있는 실정이다.

자, 그럼 지금부터 부르크하르트에 대한 본격적인 여행을 시작해보자.

모든 역사는 현재에서 출발한다

역사와 현재

"모든 학문 중에서도 역사학은 가장 비학문적인 학문이다. 왜냐하면 그것은 선택과 관련해 어떤 확실하고 신뢰받는 방법을 가장 적게 가지고 있기 때문이다."

'역사'는 이중개념을 갖는다

 극히 일부의 전문 역사가를 제외하면 역사에 대한 그 수많은, 그리고 다양한 개념 정의가 우리의 역사인식을 넓혀줄 것이라 기대하는 것은 터무니없는 일이다. 시니컬한 독자는 말할 것이다. 역사 인식의 확장은 고사하고 역사에 대한 우리의 관념을 혼란스럽게만 하지 않아도 다행이라고. 그 말이 사실일지도 모른다. 어떤 대상을 이해하는 데는 다양한 개념 정의보다 해당 대상의 실체에 직접 다가가는 것처럼 좋은 방법은 없기 때문이다. 만일 그 대상이 '역사'처럼 모호하고 추상적인 것일 경우 그 방법은 그 대상을 구성하는 구체적인 성분이나 요소들, 즉 역사적 사건이나 사실을 관찰하는 것이다. 백문이 불여일견이라고, 대가들의 그 많은 정의들이 제아무리 멋져 보여도 자기가 직접 경험하고 체득한 것에 비하겠는가.

 그 점에서 역사에 대한 부르크하르트의 정의를 여기서 새삼 논하는 것은 어쩌면 우리의 역사 이해를 풍부하게 하기보다는 오히려 방해하는 일일지 모른다. 그러나 이 관점은 어디까지나 일반론에 해당되는 얘기이고, 어느 한 인물이 중심 주제가 되는 이런 종류의 글에서는 그 인물이 특정 대상에 대해 어떻게 개념 정의를 하고 있는지부터 알아보는 수밖에 없다.

 여기서 곧바로 주제에 들어가기 전에 독자들의 이해를 돕기 위해 부르크하르트 이전에, 또는 그 이후 오늘날까지도 역사에 대한 다양한 정의에서 거의 불문율처럼 지켜지고 있는 원칙 한 가지를 지적하고 넘어가고자 한다. 그 원칙이란 역사가 '과거의 사건'(res gestae)과 '과거의 사건에 대한 기록'(historia rerum gestarum)이라는 이중개념을 갖는다는 점이다. 가령 역사를 과거의 사건, 그 사건에 대한 기록, 그 기록에 대한 연구 등 세 가지 개념으로 분류한 하위징아(Johan Huizinga)나, 과거의 사건, 과거의 사건에 대한 탐구, 그 탐구로부터 도출된 해석들, 그 해석들을 기반으로 한 과거에 대한 축적된 지식, 과거의 축적된 지식 중에서 중요하다고 생각되는 것 등 다섯 가지 개념으로 분류한 마윅(Arthur Marwick)도 앞서 말한 역사의 이중개념이 출발점을 이룬다.[1]

이 이중개념을 헤이든 화이트(Hayden White) 식으로 풀어서 표현하면, 하나는 '역사' 그 자체이고 또 하나는 '메타역사'인 셈이다. 여기서 메타역사라는 말이 거슬리면 역사기록, 역사서술, 역사연구, 역사학 등 어떻게 불러도 상관없다. 어쨌든 부르크하르트에게서도 위의 불문율은 예외 없이 적용되기 때문에, 역사에 대한 그의 정의는 여기서 두 부분으로 나누어 고찰될 필요가 있다.

우선 '과거의 사건'으로서의 역사 개념에 대한 부르크하르트의 정의부터 살펴보자.

"정신적인 것은 물질적인 것처럼 변하기 때문에, 그리고 시간의 변화가 끊임없이 외적인 생활과 정신적인 생활의 외피를 형성하는 형식들을 가져오기 때문에, 역사의 주제는 그 안에서 다음과 같은 동일한 두 가지의 기본 방향을 보여주는 것에서 출발한다. 첫째, 어떤 영역에서 받아들이든 모든 정신적인 것에는 변화나 조건지어진 것, 또는 거대한, 우리에게는 측정할 수 없는 전체 안에 수용되면서 일시적인 순간으로 보일 역사적인 측면이 있다는 점이고, 둘째, 과거에 일어난 모든 것에는 스스로 소멸되지 않을 정신적인 측면이 있다는 점이다.

왜냐하면 정신은 비록 변화할 수는 있지만 그렇다고 소멸되지는 않기 때문이다.

변화 가능성과 더불어 다양성, 즉 본질적으로는 대립과 보충으로 보이는 여러 민족과 문화의 공존이 있다. 사람들은 물질적인 것과 정신적인 것을 함께 포괄해야 하고 모든 인종, 민족, 관습, 종교 등을 정당하게 취급하고자 노력하는 대규모의 민족지(民族誌)를 토대로 한 거대한 정신적 지도를 머릿속에 떠올릴 수도 있다. 비록 나중에는 가끔씩 인류의 외관상의, 또는 실제상의 혼합이 일어나기도 하지만 말이다. 가령 기원전 6세기 중국에서 이오니아에 이르는 종교적 운동이나 루터 시대의 독일과 인도에서의 종교운동 등이 그 예다.

전 시대를 관통하는 거대한 주요 현상을 언급할 차례다. 그 현상이란 일시적인 정당성을 갖는 역사적 힘이다. 모든 종류의 지상의 삶의 형식, 즉 기본 정치체제, 기득권 계층, 시간적인 모든 것과 깊이 뒤엉켜 있는 종교, 거대한 소유, 완벽한 사회적 관습, 일정한 법에 대한 관념 등은 바로 그 역사적 힘에서 등장하거나 그에 의존하고 시간이 흐름에 따라 이 힘의 버팀목으로, 즉 그 시대의 관습적 힘들의 유일한 전달자로 자처한다. 오직 정신만이 열성적인 작업자이며, 꾸준히 일해나간다. 물론 이러한 삶의 형식들이 개정을 요구하는 세력들에 맞서 저항하기도 하지만, 혁명에 의해서든 점진적인 쇠락에 의해서든 이러한 단절, 도덕과 종교의 몰락, 이른바 종말, 즉 세계의 종말은 분명히 온다. 그렇지만 그사이 정신은, 비록 그 외형적인 구조가 시간이 흐르면서 역시 동일한 운명을 겪게 되겠지만, 무언가 새로운 것을 만들어낸다.〔……〕

그 주요 현상들의 결과는 바로 역사적 삶이다. 수많은 모양을 하고, 복합적으로, 모든 가능한 위장(僞裝) 상태에서, 자유롭게 또는 부자연스럽게 이리저리 오가는, 때로는 대중에 의해서, 또 때로는 개인들을 통해서 표현되는, 때로는 낙관적인, 때로는 비관적인 분위기를 자아내는, 국가, 종교, 문화가 창건되기도 했다가 또 파괴되기도 하는, 때로는 오리무중의 수수께끼로 성찰들보다도 환상을 통해 전달된 암울한 느낌들에 의해 이끌리다가, 때로는 순수한 성찰에 의해 인도되는 듯하면서도 결국에는 다시 훨씬 나중에야 비로소 실현될 일을 앞지른 몇몇 예견이 나오기도 하는 그런 역사적 삶 말이다.〔……〕

우리는 이제 우리의 최고의 정신적 재산에 속하는 정신의 연속으로서의 과거에 대한 우리의 의무가 매우 중요하다는 점을 기억할 필요가 있다. 아무리 멀리 떨어진 과거의 일이라 하더라도 그 지식에 기여할 수 있는 것이라면 무엇이든 그 어떤 노력과 경비를 들여서라도 과거 정신의 지평을 모두 재구성할 수 있을 때까지 수집되어야 한다. 모든 세기와 이 유산에 대한 관계는 그 자체로 이미 인식이다. 그 인식이란 다음 세대에 의해 다시 역사적으로 형성된 것, 즉 유산으로 바뀔 어떤 극복된 것, 어떤 새로운 것을 뜻한다."(『세계사적 고찰』, 7~9쪽)

부르크하르트에게서 '과거 사건으로서의 역사'란 바로 이런 것이다, 라고 딱히 명시된 문장은 발견되지 않는다. 그래서 위의 인용문의 출처인 『세계사적 고찰』의 근간이 되는 「역사 연구에 대하여」라는 강의록에서도 '역사'(Geschichte) 그 자체보다는 '역사적인 것'(das Geschichtliche)을 파악해보고자 한다는 문장들이 자주 등장한다. '역사'가 무엇인지를 알아보기 위해 그 단어의 핵심으로 들어가기보다는 우회적으로 접근해보자는 심산이다. 어쨌든 위의 인용문에서 드러난 그의 역사 개념의 특징은 다음 몇 가지로 정리된다.

첫째, 부르크하르트에게서 역사는 물질적인 것과 정신적인 것의 혼합물이다. 그러나 여기서 그 둘의 가치는 동등하지가 않다. 아무래도 정신적인 것에 더 많은 비중이 두어진다. 물질은 시간이 흐르면서 사라지거나 사라질 운명에 처해 있지만, 정신은 아무리 인류 문명이 멸망하더라도 살아남아 계속 새로운 것을 창조하는, 역사의 원동력과도 같은 것이다. 그래서 정신은 비록 변화될지언정 결코 사멸하는 일이 없다. 더구나 위의 인용문에서도 보이듯 '과거'와 '역사'를 유사개념으로 이해했을 때, 부르크하르트에게서 역사란 '정신의 연속체'로 정의될 수 있다. 이렇게 보면 그의 정신 개념은 비록 헤겔적 의미의 그것과 동일한 것은 아닐지라도 충분히 관념론적인 분위기를 자아낸다. 부르크하르트는 물질적인 것을 부정하지 않았다는 점에서 아리스토텔레스의 관점을 배제하지는 않았지만, 넓게 보면 플라톤의 전통에 서 있는 사상가인 셈이다.

둘째, 부르크하르트에게서 역사의 구성요소는 추상적으로는 '지상의 모든 삶의 형식들'이지만, 구체적으로는 국가, 종교, 문화로 범주화된다. 그에게서 이 세 영역은 역사를 구성하는 기본 콘텐츠, 그 자신의 용어로는 '포텐츠'(Potenz)다. 이에 대해서는 나중에 그의 '포텐츠론'에 대한 설명에서 더 자세히 다루어질 예정이다. 어쨌든 국가, 종교는 당대를 기준으로 보더라도 역사의 주요 연구대상이었기 때문에 특별할 것이 없지만, 부르크하르트가 그 곁에 문화를 첨가해 역사 구성의 핵심요소로 간주했다는 사실은 그가 당대의 제도권 역사학의 주류에서 벗어난 변방의 문화사가이자 예술사가였음을 방증한다. 이 점에서 그는 정치사와 교회사에 몰두했던 당대의 많은 유럽 역사가들, 역사주의자들과 구별될 뿐 아니라 오늘날의 신문화사를 예고했던 인물로 평가된다.

셋째, 부르크하르트에게서 역사의 본질은 변화다. 그는 물질은 말할 것도 없고 정신조차 변화한다고 주장한다. 그리고 역사적 삶은 다양하고 복잡하다. 그 안에서는 온갖 종류의 인종, 민족, 계급의 사람들이 온갖 종류의 삶을 영위해나간다. 한쪽에 권력과 폭력이 있다면, 다른 쪽에 복종과 굴종이 있고, 한쪽에 자유와 해방이 있다면, 다른 쪽에 탄압과 억압이 있으며, 국가와 종교와 문화가 창조되었다 파괴되기도 하고, 사람들의 생각이 낙관적인 방향으로 흐르다가도 비관적인 분위기를 자아내기도 한다. 역사적 삶을 이같이 변화, 다양, 복합으로 보는 관점은 부르크하르트 이전이나 이후에도 많은 사상가들에 의해 대변되었기 때문에 여기서 특별히 그 계보를 추적하는 일은 무의미해 보인다.

이제 부르크하르트가 '과거 사건으로서의 역사'를 어떻게 이해했는지 보여주는 좀 색다른 예를 찾아보자. 다음은 역사와 자연을 대비한 문장이다.

"역사는 자연과 다르다. 역사가 창조하고, 생성시키고, 몰락시키는 것은 〔자연과는〕 다른 모양새를 띤다.

자연은 각종 유기체가 완전한 형태로 발전해나가도록 해주지만, 개체에 대해서는 그것이 어떻게 되든 매우 무관심한 반응을 보인다. 즉 자연은 천적의, 투쟁하는 유기체들을 만들어놓음으로써 그들이 유기체적으로 거의 완벽해질 때까지 서로를 멸종시키고 생존을 위해 서로 투쟁하도록 한다. 인류 역시 자연 상태에서는 이 범주에 속한다. 그들의 생존 형태는 동물의 세계와 거의 유사했다.

그에 반해 역사는 바로 이러한 자연과의 단절인데, 그것이 가능한 것은 성장하는 의식 덕분이다. 그러나 동시에 역사에는 인간을 맹수로 표현할 수 있을 만큼 원초적인 것들로부터 남겨진 것이 충분히 많다. 사회와 국가가 고도로 정교해지는 것과 동시에 한쪽에서는 개인에 대한 안전 보장이 전혀 없고, 또 스스로 예속당하지 않기 위해 다른 사람들을 예속시키려는 욕구가 여전히 존속한다.

자연에는 계(界), 속(屬), 종(種)이 있고, 역사에는 민족, 가족, 집단이 있다. 자연은 원초적인 욕구로 비록 다양한 종류들을 끝없이 만들어낼지라도 〔한 종류 안에서의〕 개체들은 대체로 균등함을 유지하는 일관되게 유기체적인 과정을 겪는다면, 역사에서는 그 다양함이 (물론 하나의 동일한 인종 안에서) 길게 보았을 때 그렇게 크지 않다. 여기서는 명확한 경계들이 없지만, 개인들은 불균등, 즉 발전을 향해 치닫는다.

자연이 몇몇 원형(가령 무척추동물과 척추동물, 현화(顯花)식물과 은화(隱花)식물 등)에 따라 만들어진다면, 민족에게 유기체는 유형들이 아니라 점진적인 산물이다. 왜냐하면 이 유기체는 그 자체가 점진적으로 발전해가는 독특한 민족정신이기 때문이다.

자연의 모든 종은 그 자신의 생에 속하는 모든 것을 완전한 형태로 소유한다. 만일 그들이 이것을 소유하지 않는다면, 그들은 살 수도 없고 번식할 수도 없을 것이다. 그러나 모든 민족은 불완전하고 스스로 부족한 점을 보충하려고 애쓴다. 발전한 민족일수록 더 많은 것을 보충하려고 애쓴다.

자연에서는 종들의 발전과정이 밝혀져 있지 않다. 그 과정은 아마도 자신의 특성에 속하는 체험을 축적하면서 이루어졌을 것이다. 그나마 훨씬 더 완만하고 더 진부하게 말이다. 반면 민족성의 생성과 수정 과정은 증명된 바에 따르면 일부는 자신의 특성에, 또 일부는 체험된 것을 축적하는 데 근거를 둔다. 다만 이 과정은 의식적인 정신이 함께 작용하기 때문에 자연에서보다도 훨씬 빨리 진행된다. 더불어 그 과정에서는 대립성과 유사성이 미치는 영향이 증명될 수 있는데, 민족성은 바로 그 영향에 해당한다.

자연에서는 고등동물 집단에서조차 개체가 다른 개체들에게—매우 강력한 천적이거나 매우 가까운 친구인 경우를 제외하면—아무런 의미도 지니지 않는 반면, 인간 세계에서는 뛰어난 개인이 다른 사람들에게 지속적으로 영향을 미친다.

자연에서는 종이 상대적으로 변하지 않고 머물러 있다. 잡종은 사멸하거나 애초부터 생식 능력이 없다. 반면 **역사적인 삶**에서는 모든 것이 완전히 뒤섞여 있다. 마치 역사적인 삶 자체가 본질적으로는 더 위대한 정신적 과정의 결실에 속하거나 한 것처럼 말이다. 역사의 본질은 바로 변화이다.

자연에서는 오직 외부 요인들, 가령 지진, 기후상의 천재지변, 더 뻔뻔한 종이 더 취약한 종을, 또는 더 천박한 종이 더 고상한 종을 압도하며 증식하는 현상에 의한 몰락만 있을 뿐이다. 반면 역사에서는 몰락이 항상 내부의 감소를 통해, 또 수명을 다함으로써 준비된다. 그런 다음 외부에서 충격이 가해지면 그 모든 것에 종말이 온다."(『세계사적 고찰』, 24~26쪽)

아마 19세기의 모든 문헌 중에 역사의 특징을 자연과의 대비를 통해 이만큼 명료하게 드러낸 기록도 없을 것이다. 이 긴 문장에서의 핵심은 자연과 달리 역사 안에서 모든 민족, 모든 개체는 미리 정해져 있는 것이 아니라 역사적 변화과정 속에서 자신의 특성을 완성해나간다는 점, 그리고 그들은 서로가 서로에 대해 차별성을 갖는다는 점이다. 시간의 흐름에 따른 개체의 고유한 특성의 발현이 강조되고 있다는 점에서 역사주의 사상의 흔적이 엿보인다. 그러나 앞으로 간헐적으로 밝혀지겠지만, 부르크하르트와 역사주의와의 관계는 서로가 공유점과 차별성을 갖고 있는 만큼 매우 복잡한 양상을 띠기 때문에 신중한 접근을 요한다. 어쨌든 인용문 중간에도 나와 있다시피, 역사적 삶의 다양한 혼합현상을 통해 역사의 본질이 변화에 있음이 다시 한 번 확인되었다.

그럼에도 부르크하르트의 역사관과 관련하여 항상 주의해서 보아야 할 점이 하나 있다. 변화는 역사의 외관상의 본질에 불과하고, 부르크하르트가 정작 역사에서 보고자 했던 것은 혼란이나 혼돈으로 비쳐질 수 있는 변화나 다양이 아니라 바로 반복과 전형이었다는 것이다.

"역사철학자들은 지나간 것을 우리의 반대나 전(前) 단계로 그리고 우리 자신은 발전한 것으로 간주한다. 우리는 우리를 공명(共鳴)하고 이해할 만한 것으로서 반복하는 것, 변하지 않는 것, 전형적인 것을 관찰하려고 한다."(『세계사적 고찰』, 6쪽)

변화 속에서 변하지 않는 것, 특히 전형적인 것을 발견하려는 노력은 플라톤 이래, 그리고 근대에 들어와서는 역사주의를 예고했던 비코에게서 발견되던, 한마디로 그 자체가 철학적인 시도다. 역사철학도 따지고 보면 역사과정의 변화 속에서 변하지 않는 특정 원리와 법칙을 발견하려는 시도와 다를 것이 없다. 그러나 부르크하르트는 헤겔식의 역사철학을 철저히 거부했던 인물로 유명하다.

"역사철학은 켄타우로스(Kentauros), 즉 일종의 형용모순이다. 왜냐하면 역사, 즉 동등배열(Koordinieren)은 철학이 아니며, 철학, 즉 종속배열(Subordinieren)은 역사가 아니기 때문이다.〔……〕

헤겔은 자신의 『역사철학』에서 말하기를, 철학이 가져다준 유일한 사상은 단순한 이성의 사상, 즉 이성이 이 세계를 지배하고, 그래서 세계사는 이성적으로 접근할 수 있다는 사상이고, 세계사는 곧 세계정신의 이성적이고 필연적인 과정이었다는 것이 (원문대로 인용하면!) 세계사의 결과여야 한다는 것이다. 그

러나 이 모든 것은 우선 증명이 되어야 할 뿐 아니라 이것이 '가져다주는' 것은 아무것도 없다.〔……〕

우리는 영원한 지혜의 목적들에 대해 정통하지도 못하고, 그것들을 알지도 못한다. 세계 계획에 대한 이 대담무쌍한 예견은 결국 오류에 빠질 수밖에 없는데, 왜냐하면 그것이 잘못된 전제에서 출발하고 있기 때문이다.

역사철학들이 기껏해야 세계 문화의 역사들로 퇴화된다는 점(도대체 그 어떤 잘못된 의미에서 역사철학이라는 표현이 유효하단 말인가), 그렇지 않으면 하나의 세계 계획을 좇아간다는 점, 또는 전제조건을 염두에 두고서, 철학자들이 세 살이나 네 살 때부터 흡수하는 이념들로 채색되어 있다는 점은 연대기적으로 정리된 모든 역사철학에서 공통적으로 발견되는 위험이다."(『세계사적 고찰』, 4~5쪽)

일부는 오해에서 비롯된, 헤겔의 역사철학에 대한 이러한 철저한 전면 비판은 부르크하르트 고유의 역사학 탄생의 생산적 출발점을 이룬다. 어쨌든 분명한 점은 부르크하르트가 역사철학을 역사에 대한 연대기적, 종단면적 접근방법으로 이해한 후 이 방법에 자신의 횡단면적 역사접근법을 대결시키고 있지만, 재미있는 것은 그의 접근법이 그 자체로 반(反)철학적 또는 비(非)철학적이라고 볼 수 없다는 점이다. 바로 이 때문에 카를 뢰비트(Karl Löwith)는 부르크하르트에게서 발견되는 이러한 모순 현상을 특별히 '역사철학에 대한 철학적 포기'라고 불렀다.[2] 부르크하르트는 자신의 새로운 역사학을 기획하면서 역사철학을 거부하고 부정했지만, 사실은 그 부정의 근거가 철학적, 또는 역사철학적이었음을 스스로 인식하지 못했던 듯하다.

이왕 역사에 대한 접근방법이 문제가 되었으니 여기서 한 가지만 더 언급하고 넘어가자. 부르크하르트의 역사에 대한 접근방식, 좀더 부드럽게 표현하면 역사를 이해하는 방식 가운데 으뜸은 바로 인간학적 접근법이다. '인간'은 부르크하르트의 역사 이해 또는 역사학 구상의 뿌리를 이룬다.

"우리의 출발점은 유일하고 항구적이며, 우리에게 있어서 가능한 중심, 즉 현재도 과거에도 미래에도 늘 견디면서, 노력하고, 행동하는 인간이다. 그 때문에 우리의 관찰은 어느 정도 병리학적인 것이 될 것이다."(『세계사적 고찰』, 5~6쪽)

"하나의 선험적 입장을[……] 나는 전혀 신뢰할 수 없다네. 그것은 세계정신과 관련된 일이지 역사 인간에 대한 일은 아니기 때문이네."(『서간집』·I, 204쪽)

역사에서 인간을 중심에 두고 관찰하려는 경향은 물론 역사서술의 출범 이후, 구체적으로는 투키디데스(Thucydides) 이래 보편적인 현상이다. 그러나 그것이 역사이론의 차원에서 명시적으로, 다시 말해 강령적으로 언급된 경우는 19세기는 말할 것도 없고 20세기에 들어서도 그렇게 쉽게 발견되지 않는다. 왜냐하면 대부분의 역사가들은 국가, 정치, 교회, 사회, 문화, 사상, 경제 등 추상적인 인간 삶의 영역들을 중심에 두고 관찰하는 경향이 있기 때문이다. 20세기 후반 신문화사에 이르러 과거 보통사람들의 역사, 이른바 '살 냄새 나는 역사'가 추구되면서 구체적으로 생존했던 인간들이 역사의 전면에 부각되기 시작한다. 그런 점에서, 비록 역사에서 국가, 종교, 문화 등을 중요한 요소로 강조하긴 했지만 적어도 선언적으로나마 인간을 역사관찰의 중심으로 천명한 19세기 한복판의 부르크하르트는 20세기의 역사적 인간학 또는 신문화사의 경향을 예고한 인물임이 틀림없다.

일찍이 마이네케(Friedrich Meinecke)도 제2차 세계대전 직후 독일의 전통적 역사학과 역사주의를 반성적으로 비판한 강연 「랑케와 부르크하르트」에서, 랑케가 "역사에게서 인간은 무엇을 의미하는가?"라고 물었다면 부르크하르트는 "인간에게서 역사란 무엇을 의미하는가?"라고 물었다고 주장한다.[3] 한마디로 부르크하르트에게서는 역사보다 인간이 더 중요했던 것이다.

그밖에도 부르크하르트가 역사를 문화예술적으로 이해했음을 보여주는 여러 문헌기록들이 있는데, 이러한 견해들은 관련 장들에서 부분적으로, 또는 자세히 다루어질 예정이므로 생략하기로 한다.

1843년 여름의 부르크하르트. 역사를 문화예술적으로 이해했던 부르크하르트는 인간을 역사관찰의 중심에 두면서 20세기에 도래할 역사적 인간학을 예고했다.

역사학, 가장 비학문적인 학문

이제 '역사서술로서의 역사'에 대한 부르크하르트의 개념 정의들을 살펴볼 차례가 되었다.

"우리의 대상은 현재와 미래에 분명하게 관련을 갖는 그러한 과거다. 우리를 주도하는 이념은 다양한 민족들에게서의, 그리고 그 개별 민족들 내부에서의 문화의 과정이다. 원칙적으로 우리는 무엇보다도 그 실(絲)들이 아직도 우리 시대와 우리 교육에까지 이어져 있는 그런 사실들을 드러내 보여주어야 한다."(『역사적 단상』, 1쪽)

"이제 전달되어야 할 것이 어떤 종류여야 하고 얼마나 많아야 하는지, 강사는 어떤 원칙에 따라 전달하거나 생략해야 하는지의 문제가 제기된다. 정해진 기준은 없다. 책 안에서는 그 기준이 매우 다양하지만, 강단에서는 그것이 제한되어 있다. 쓰는 사람에게는 어떤 필연적인 한계가 주어져 있지 않지만, 말하는 사람에게는 그 한계가 정해져 있다.

그리고 여기서 무언가를 선택할 때 주관적인 자의(恣意)가 불가피하게 등장한다. 모든 학문 중에서도 역사학은 가장 비학문적인 학문이다. 왜냐하면 그것은 선택과 관련해 어떤 확실하고 신뢰받는 방법을 가장 적게 가지고 있거나 가질 수 있기 때문이다. 그 말은 비판적 연구는 어떤 잘 정해진 방법을 갖지만, 서술은 그렇지 못하다는 뜻이다.

역사서술은 어느 한 시대가 다른 시대에 대해서 특이하다고 느낀 것에 대한 그때마다의 기록이다."(『역사적 단상』, 146쪽)

위의 두 인용문에는 부르크하르트가 역사학을 어떻게 이해했는지 알 수 있게 해주는 몇 가지 핵심요소가 들어 있다. 첫째는 부르크하르트가 역사학의 출발을 현재로 삼고 있다는 점이다. 역사의 현재적 관점을 분명하게 강조하고 있는 첫 번째 인용문 말고 두 번째 인용문을 주목해보자. 그 마지막 문장에서 '한 시대'와 '다른 시대'를 의미가 통하는 다른 두 단어, 즉 '현재'와 '과거'로 대체해보면 부르크하르트의 역사서술의 정의는 다음과 같이 변형된다. "역사서술은 매 현재가 과거에 대해 특이하게 느낀 것에 대한 기록이다." 카(E.H. Carr)의 역사 개념에 익숙해져 있는 오늘날 우리에게 당연해 보이는 '역사에서의 현재의 강조'가, 그렇다고 역사주의가 풍미하던 19세기에도 당연했을 것이라고 생각하는 것은 큰 오산이다. 물론 안 그랬다는 반증 사료들이 없는 것은 아니지만, 랑케와 드로이젠을 위시한 당대의 역사주의자들에게서는 대체로 과거를 과거 그 자체로, 그리고 사실을 사실 그 자체로 연구해야 한다고 믿는 경향이 강했다.

모든 과거는 현재와 무관하게 연구될 수 있다는 것이 그들의 입장이었다면, 부르크하르트는 어떤 형태로든 현재에까지 그 실타

래가 엮여 있지 않은 과거는 연구되거나 선택되어 전달될 가치가 없다고 본 것이다. 좀더 단순화시켜 거칠게 표현하면, 역사주의자들이 역사의 출발을 과거로 본 반면, 부르크하르트는 그 출발을 현재로 되돌려놓았다. 부르크하르트의 역사학에서 현재가 얼마나 중요했는지에 대한 논의는 뒤에서 좀더 자세히 살펴보기로 하자.

둘째는 부르크하르트가 역사학을 가장 비학문적인 학문으로 간주했다는 점, 심하게 표현하면 아예 학문으로 간주하지 않았다는 점이다. 그 주요 근거는 위에도 나와 있듯이, 역사학의 방법론 문제이다. 이 점은 부르크하르트의 역사학 개념에서 가장 중요한 특징이자, 그를 역사서술의 철저한 학문화에 몰입했던 당대의 역사주의자들로부터 극명하게 구별시켜주는 요소이기도 하다. 역사는 불가피하게 선택을 해야 하는데 선택을 위한 특별한 방법이 없고, 연구를 통해 얻어진 결과들을 서술하는 데서도 특별히 정해진 원칙이나 방법이 없다는 것이다. '역사학의 비학문성'을 지적한 글은 부르크하르트에게서 자주 발견된다.

"역사는, 비록 가치 있는 지식을 많이 전해주지만 모든 학문 중에서도 가장 비학문적인 학문이다. 명료한 개념규정은 논리학에 속할 뿐, 모든 것이 변동하고 또 모든 것이 지속적인 전환과 혼합 속에 존재하는 역사학에 속하지는 않는다. 철학적인 개념들과 역사적인 개념들은 본질적으로 서로 다른 종류이자 서로 다른 근원을 갖는다. 전자는 가능한 한 분명하고 엄밀하게,

후자는 가능한 한 유동적이고 유연하게 파악되어야 한다."(『세계사적 고찰』, 83쪽)

역사를 어떻게 하든 학문의 반열에 끌어올리고자 무진장 노력했던 당시 학계의 분위기로 보아 역사학을 학문도 아니라고 주장하려면 상당한 용기가 필요했을 것이다. '가장 비학문적인 학문'이라는 완곡어법은 그래서 택한 고육지책처럼 보인다. 더구나 부르크하르트는 역사서술의 학문화 주창자들이 신성시했던 '사료비판'의 중요성을 부인하지도 않았다. 아니, 오히려 매우 중시했다고 보는 편이 옳다. 그러나 그러한 사료나 사료비판의 방법을 당시 역사가들이 맹목적으로 신봉하는 불합리한 모습을 목도한 부르크하르트는 그것의 위험성을 경계하거나 경고하기에 이른다. 이렇게 보았을 때 역사학은 그가 보기에 엄밀한 의미의 학문인 것도, 그렇다고 학문이 아닌 것도 아니었다. 말하자면 학문과 비학문 사이의 경계지점에 있었던 것이다. 그래서 그는 니체에게 보낸 한 편지에서 밝혔듯이, 역사학을 '예비학문'(Propädeutik)이라고 불렀다.

"무엇보다도 부족한 내 머리로 나는 결코 역사학의 마지막 근거, 목적, 희망 등에 대해, 아무리 저 멀리서라 할지라도, 당신이 할 수 있는 것과 같은 방식으로 성찰할 수 없습니다. 교사로서 그리고 강사로서 내가 할 수 있는 말은, 나는 역사를 결코 사람들이 열정적으로 이해하는 바와 같은 세계사를 위해서가 아니라, 오히려 본질적으로는 예비학문적 분야로 가르쳐왔다는 것입니다. 나는 사람들에게 그들이 어떤 학문 분야든 그다음 단계의 연구를 위해 반드시 필요로 하는 토대를 가르쳐주어야만 했습니다. 그 모든 학문이 확실한 토대 없이 구축되는 것이 아닌 이상 말입니다."(『서간집』·V, 222~223쪽)

부르크하르트는 역사학을 모든 학문의 기초를 제공하는 인문교양 또는 초급학문 정도로 이해하고 정의함으로써 자신의 이상과 당대의 현실 사이의 괴리에서 타협점을 찾았다. 그가 보기에 역사의 핵심적 기능은 그 자체로 학문적 지식을 생산해내는 고립된 전문성보다는 비록 전문성은 좀 떨어지더라도 다른 학문에 도움이 될, 또는 더 나아가 인간의 삶에 도움이 될 개방적 유용성에 있었던 것이다. 이러한 역사학의 비학문성, 예비학문성은 곧바로 인생의 효용성과 연결된다. 다음 문장을 보자.

"우리의 정신은 우리의 과제를 수행하기 위해 상당히 잘 무장되어 있다.

정신은 시간적인 모든 것을 이상적으로 포착할 수 있는 힘이다.

정신은 이상적인 성향을 갖는다. 사물의 외형적 모습이 이상적인 성향을 갖는 것은 아니다.

우리의 눈은 태양과 같은 성질을 갖는데, 그렇지 않으면 우리의 눈은 태양을 볼 수 없을 것이다.

정신은 지상에서 다양한 시간을 보낸 자신의 꾸준한 삶에 대한 기억을 자신의 소유로 전환시켜야 한다. 마치 개인의 삶에서처럼 한때 환호였고 탄식이었던 것은 이제 인식이 되어야 한다.

이로써 '역사는 인생의 스승'(Historia vitae magistra)이라는 문장이 더 고상하고 동시에 더 순수한 의미를 갖는다. 우리는 경험을 통해 (어느 한순간) 영리해지기보다는 (영원히) 지혜로워지길 바란다."(『세계사적 고찰』, 10쪽)

부르크하르트의 문장들 중에서 가장 자주 인용되는 바로 위의 마지막 문장으로, 그가 역사서술의 진정한 의미를 어디에 두고 있는지가 좀더 분명해졌다. 우리는 고대부터 전승되어온 표어 '인생의 스승으로서의 역사'가 이제 부르크하르트에 와서 '지혜의 산파로서의 역사'(historia obstetrix sapientiae)로 바뀌었음을 목도하게 된다. 인간을 역사 교육을 통해 보다 나은 인간으로 계몽, 또는 교화시키고자 하는 이러한 시도는 19세기 후반의 후기계몽주의 사상의 한 전형적인 모습이다. 부르크하르트가 동시대 대부분의 역사가들과 다른 지점에 서 있었음은 이 점에서도 분명하게 드러난다.

과거 연구에 현재만큼 좋은 때는 없다

 이제 우리의 관찰은 서서히 이 장(章)의 클라이맥스에 다다랐다. 부르크하르트의 역사 개념에서 마지막으로 중요하게 다루어져야 할 테마는, 위에서 이미 언급했다시피 바로 '역사와 현재의 관계'이다. 19세기의 모든 역사가들 중에서 역사와 현재와의 긴장관계가 부르크하르트에게서만큼 극적으로 전개되는 경우는 없다. 그는 모든 역사 연구의 출발이 현재라는 점, 현재에 대한 명확한 통찰이 역사 연구에 지대하게 기여한다는 점, 그리고 반대로 역사 연구가 현재에 대한 비판적 성찰에 많은 영향을 미친다는 점 등에 상당히 예리한 인식을 갖고 있었고, 이를 실제로 자신의 역사 연구에 적용함으로써 이론과 실제가 완벽한 조화를 이루는 실례를 보여주었다.

 우선 평생을 역사책의 저술과 출판보다는 대학강의와 시민강연 등 교육에 힘을 쏟았던 부르크하르트는 수많은 강의록과 강연록을 남겼다. 그중 가장 빈번한 강의 덕분에 가장 많은 분량의 강의록을 남기면서 수강생들로부터 최고의 찬사를 받은 「혁명시대사 강의」가 자기 시대와의 대결이자 현대사 연구라는 점에 주목할 필요가 있다. 또 그가 생전에 출판한 네 권의 책 중 문화사에 해당하는 두 권의 책도 모두 19세기에 대한 관찰과 고민의 산물이었다. 첫 번째 책인 『콘스탄티누스 대제 시대』는 자기 시대를 여러 혁명 이후 새로운 시민사회로의 대전환기로 인식한 저자가 로마 말기,

즉 로마에서 중세로의 전환기를 자기 시대와 유사하다고 인식해서 나온 연구 결과이고, 두 번째 책이자 출세작인 『이탈리아 르네상스의 문화』는 저자가 이른바 '근대'로 불리는 자기 시대의 근원이 무엇이고 어디에 있는지를 고민하고 탐색한 결과 나온 성과물이었기 때문이다. 현재에 대한 관찰과 고민과 비판이 없었더라면 나올 수 없는 작품들이었다. 역사 연구를 위해 현재가 얼마나 중요한지에 대한 면밀한 검토를 보여주는 가장 좋은 증거로는 그의 강의 「역사 연구에 대하여」의 서론부에서 '역사 연구를 위한 19세기의 권능'이라는 제목의 글이 단연 압권이다.

"그러나 우리 시대는 이전의 어떤 시대보다도 과거에 관한 지식으로 더 잘 무장되어 있다.

먼저 외적인 장려 요소들을 살펴보면, 우리 시대에는 여행을 많이 다니고 새로운 세계의 언어를 습득하거나 문헌학이 광범위하게 확산되어 모든 문헌에 접근하는 것이 가능해졌고, 문서국에 접근하는 것도 손쉬워졌으며, 여행 덕분에 모사된 그림들과 특히 사진들을 통해 많은 기념물에 쉽게 접근하게 되었고, 성 마우루스의 수도회(Kongregation von St. Maurus)[4]와 무라토리(Lodovico Antonio Muratori)[5]에게서 보이는 것보다도 더 다양하고 역사적인 것 자체를 더 많이 지향하는 정부와 각종 단체들에 의해 다량의 사료 편찬 작업이 이루어지고 있다.

내적인 장려 요소들도 있다.〔……〕

긍정적인 장려 요소들은 다음과 같다. 무엇보다 18세기 말 이래로 엄청난 변화들이 어떤 정당화나 탄핵도 무시한 채 그보다 더 전의 일과 그 후의 일을 관찰하고 연구하는 것을 지상 명령으로 강요하고 있다.

이 83년간의 혁명의 시대와 같은 격동기는, 만일 그 자신이 모든 의식을 잃고자 하지 않는다면, 〔역사 연구를 통해〕 그러한 균형 감각을 만들어내야 한다.

우리는 오직 과거에 대한 관찰로부터 우리 자신이 현재 살고 있는 세계의 운동의 속도와 힘의 척도를 얻을 수 있다.

또 프랑스혁명이라는 사건은, 그리고 그 이전 사건들에서의 혁명의 이유는 물질적인 원인뿐 아니라 우선적으로 정신적인 원인들에 대한 연구를, 그리고 이 원인의 물질적 결과로의 가시적 변화에 대한 시선에 익숙해지도록 만들었다. 전체 세계사 또한 원전들이 더 풍부하게 전해지는 한 바로 이러한 점을 가르쳐 줄 수 있을지 모르지만, 이 시대만큼은 그 점을 가장 직접적이고도 가장 분명하게 가르쳐준다. 실용주의가 이전보다도 훨씬 중요하고 더 광범위하게 받아들여진다는 사실이야말로 오늘날 역사 고찰을 위해서는 하나의 큰 장점이 된다. 역사는 관찰에서나 서술에서나 이제 엄청나게 흥미로운 일이 되었다.

게다가 문헌들의 정보 교환과 19세기의 세계시민적 교류를 통해서 외부세계를 바라보는 관점들은 무한히 다원화되었다. 멀리 떨어진 일들이 가까이 다가왔으며, 멀리 떨어진 시대나 지

1853년 출간한 최초의 대작 『콘스탄티누스 대제 시대』의 원고 일부.
부르크하르트는 로마에서 중세로 전환해가던 로마 말기를 자기 시대와
유사하다고 인식했다.

역에서 벌어지는 진기한 일들에 대한 개별적 지식 대신 인류 전체를 나타내는 하나의 상이 필요하다는 요구가 제기되고 있다.

마지막으로 최근의 철학에서 그 자체로 중요하고 일반 세계사적인 관조와 지속적으로 연결된 강력한 움직임들이 등장하고 있다.

그래서 19세기를 연구하는 것은 그전의 어떤 시대에서도 가져보지 못했던 보편성을 획득한다."(『세계사적 고찰』, 15~17쪽)

자신이 살던 시기가 역사 연구에 매우 유리하다는 주장은 언제나 현재가 과거를 이해하는 데 최적기라는 주장으로 확대 해석된다. 물론 현재가 과거 연구를 위해 존재한다고 말할 수는 없을지 모른다. 그러기에는 현재는 과거에만이 아니라 미래에 대해서도 언제나 열려 있는 시간이다. 하지만 과거를 연구하는 데 현재만큼 좋은 시기도 없다는 주장은, 적어도 어느 시대에나 역사가 새로운 관점에서 연구되어야 할 필요성이 있다는 관점이 타당하다고 인정되는 한, 언제나 정당한 것으로 간주된다. 따라서 '모든 역사의 출발은 현재'라고 주장하는 부르크하르트의 프리즘을 통해서 우리는 다음과 같이 약간 굴절된 빛을 관찰하게 된다. 즉 '모든 역사는 현재에서 출발할 수밖에 없다.' 이것은 '필연'을 나타내는 문장으로 '모든 역사는 현재에서 출발해야 한다'는 '당위'의 관점과는 구별된다.

이로써 부르크하르트가 역사와 역사서술을 어떻게 이해했고,

그 둘에게서 현재가 얼마나 중요한 기능과 역할을 하는지가 어느 정도 상세히 밝혀진 셈이다. 그러나 이것만 가지고는 아직 그가 자신이 살던 현재를 어떻게 이해했고, 그래서 현재에 어떤 태도를 취했으며, 만일 그것이 비판적인 태도였다면 그러한 현재비판으로부터 자신의 역사학을 어떻게 구축했는지가 밝혀진 것은 아니다. 더 정확히 표현하면, 부르크하르트에게서 역사의 출발은 현재라기보다 현재비판이었다. 다음 장에서 왜 그런지, 그 이유들을 천착해나가기 전에 이 장에서 추적된 내용들을 토대로 부르크하르트의 사학사적, 또는 지성사적 위치와 의미를 간단히 짚어보자.

역사주의와 현재주의 사이의 독자적 존재

결론부터 말하자면 부르크하르트의 역사와 역사서술 개념의 사학사적, 지성사적 위치는 역사주의와 현재주의 사이에 놓여 있다. 먼저 역사주의가 도대체 무엇인지 궁금해할 독자들을 위해 좀 알기 쉽게 정의하자면, 역사주의란 시간에 대한 감각을 기초로 어느 한 대상을 그것의 기원, 과정, 변화 등의 관점에서 바라보는 태도를 말한다. 더 단순화시키자면, 역사라는 앵글을 통해 사물을 바라보는 태도라는 뜻이다. 그러나 여기서 말하는 역사주의란 이러한 일반적 의미의 역사주의가 아니다. 그것은 흔히 독일적, 또는 고전적 역사주의라고 부르는 것으로, 19세기 초반부터 20세기 중반까지 독일의 주류 역사학계를 지배하던 관념 또는 이념을 말한다. 그 관념이란 모든 개체의 고유한 성질과 본질은 시간의 변화, 역사의 발전 속에서 발현된다는 것이다.

'개체'와 '발전'은 역사주의 사상의 근간을 이루는 두 개념이다. 이 사조의 대표자들의 흐름도를 보면, 18세기 말엽 괴테와 헤르더(J.G.v. Herder)를 시작으로 19세기 전반기에 훔볼트(W.v. Humboldt), 랑케, 드로이젠에 이르러 정점에 달했다가 19세기 후반 지벨(H.v. Sybel), 트라이치케(H.v. Treitschke), 딜타이(W. Dilthey)를 거쳐 20세기 전반기의 트뢸치(E. Troeltsch)와 마이네케로 종결된다. 랑케와 드로이젠의 제자였던 부르크하르트는 학문적으로, 그리고 사상적으로 19세기 역사주의의 학풍 속에서 성장하지만, 점차 역사의 변화에 대한 인식이라는 최소한의 공감대만을 유지한 채 대체로 그들과 거리를 두면서 자기만의 역사학 세계를 구축해나간다.

인간을 중심에 두고 국가, 종교, 문화를 구성요소로 하면서 다양하고 변화무쌍한 삶의 모습과 편린들을 담고 있는, 그러면서도 반복과 전형에 기초한 횡단면적 역사 개념, 연구와 서술 방법론을 갖고 있지 않아 가장 비학문적이고 아마추어적일지 몰라도 언제나 현재를 출발점으로 삼으면서 과거에 대한 연구, 지식, 경험으로부터 지혜를 뽑아내고자 하는 실용적인 예비학문적 성격의 역사학 개념은 부르크하르트에게서만 고유하게 나타나는 특징이다.

또 현재를 중시했다는 점에서 부르크하르트의 역사학은 로빈슨

(J.H. Robinson), 칼 베커(C. Becker), 찰스 비어드(C. Beard) 등을 필두로 한 20세기 초반 미국의 신사학파(New History) 역사가들의 현재주의적 관점과도 일맥상통하는 점이 있다. 현재주의는 역사주의보다는 상대적으로 간단명료한 사상이다. 아니 엄밀히 말해서 사상이나 이념이라기보다는 오히려 입장이나 관점이라고 보는 편이 옳을지 모른다.

현재주의자들은 모든 역사가 현재 역사가의 입장의 반영에 불과한 이상 역사서술은 역사가의 자기 신념의 표현에 지나지 않고, 기억을 갖고 있는 사람이라면 누구나 역사가가 될 수 있으며, 그 때문에 객관적인 역사지식이나 진실은 밝혀질 수 없고, 그러한 객관적 지식을 추구하는 것 자체가 이미 고상한 꿈에 불과하다는 입장을 취한다.

하지만 이러한 현재주의는 역사가의 현재적 관점을 지나치게 강조함으로써 주관적이고 상대주의적 관점으로 흐른 경향이 있다. 반면 역사의 지식과 인식에서의 객관성과 그것의 가능성을 결코 포기하지 않았던 부르크하르트는 현재주의자들과 구별된다. 그는 아직은 19세기에 속한 인물이었다.

"우리의 사색은 권리이자 의무일 뿐만 아니라 동시에 강한 욕구이기도 하다. 우리의 사색은 엄청난 보편적 구속성과 필연적인 것의 흐름에 대한 의식 한가운데에서의 우리의 자유다.

그러나 물론 우리는 우리의 인식 능력이 보편적이고 일반적으로 결핍되어 있고 종종 인식이 위협당하는 그밖의 위험 요소들이 있음을 의식한다.

무엇보다도 우리는 인식과 의도라는 양극의 관계를 깊이 사유해야 한다. 이미 역사적인 그림을 그려나가는 데서부터 인식을 얻기 위한 우리의 요구는 전승이라는 방패막 안에 자신을 의탁하고자 하는 의도와 수없이 마주치게 된다. 그렇지만 우리는 우리 자신의 시대와 개인의 의도에서 완전히 자유로울 수 없으며, 이것은 아마도 인식의 매우 심각한 적(敵)이 될 것이다.

이에 대한 가장 분명한 시금석은 다음과 같다. 즉, 역사가 우리 시대나 우리가 가치 있다고 평가하는 인물에 가까이 다가오면 우리는 곧바로 이 모든 것을 매우 '흥미 있는'(interessanter) 것으로 느끼지만, 사실은 우리가 그에 '연관되어 있을'(interessierter) 뿐이다. 게다가 개인이나 전체의 운명에서 언급되는 미래란 그저 암울할 뿐이다. 우리는 계속해서 바로 그 암흑 안에다 시선을 고정시킨다. 그리고 그 암흑 안으로는 우리 생각에는 분명하고 확실하지만 우리가 쫓아갈 수 없는 과거의 실 가닥들이 수없이 뻗어 있다.

만일 역사가 어떤 형태로든 우리 삶의 크고 중대한 문제를 해결하는 데 아주 적게나마 도움을 줄 수 있다면, 우리는 개별적이고 시각적인 근심의 영역에서 우리의 시각이 이기적인 관점으로 흐려지지 않는 장소로 돌아가야 한다. 아마 저 멀리 떨어진 자리에서 좀더 차분하게 관찰함으로써 비로소 지상에서의

우리 행동의 진정한 사정이 밝혀질 것이다."(『세계사적 고찰』, 11~12쪽)

아무리 역사의 출발을 현재로 간주했다 하더라도 역사의 객관적 인식에 대해 이같이 확고한 믿음을 가진 사람이 어떻게 현재주의자가 될 수 있겠는가? 또 아무리 역사에서 개체와 변화를 강조했다 하더라도 그 안에서 반복하거나 전형적으로 변하지 않는 모습을 찾아내고자 했던 사람이 어떻게 역사주의자가 될 수 있겠는가? 어쩌면 부르크하르트는 역사주의와 현재주의 사이에 존재했던 것이 아니라 독자적인 역사세계를 그려나가면서 그들과는 무관하게 존재했는지도 모른다. 사학사적으로, 그리고 사상사적으로 그의 후계자가 없는 것만 보아도 그 점은 잘 드러난다.[6] 결국 그는 이런 저런 종류의 학파와 거리를 둔 학자였고, 어쩌면 그 스스로 전혀 의도하지 않은 하나의 학파를 형성했던 역사가였는지도 모른다.

2

현대사회를 해부하다

현재비판

> "'현대'라는 것이 한동안 글자 그대로 진보와 동의어로 간주되었다. 그럴 때면 세상이 정신의 완성이나 심지어 도덕성의 완성을 향해 다가가고 있다는 가장 웃기는 망상이 끼어들곤 했다."

절대의 가치를 기준으로 현재의 가치를 묻는다

'현재비판'(Zeitkritik)이라는 단어는 우리에게 상당히 낯설게 들린다. 문화비판이나 문명비판이라는 말은 그런대로 듣는 편이지만, 현재비판은 아무래도 생소하다. 그것이 주로 철학 분야, 그나마도 영미 쪽보다는 독일 쪽에서 자주 쓰이는 용어라서 더 그럴 것이다. 역사를 전공하는 사람들에게는 더욱 생경하게 들릴 수밖에 없다. 그렇다면 '현재비판'이란 무엇인가? 만일 그것이 역사학 분야에서 쓰인다면, 어떻게 이해되어야 할까? 아니, 그것이 도대체 역사학에서 쓰일 수나 있는 개념인가?

철학적 의미의 현재비판은 '역사적 또는 초역사적 관점에서, 과거나 미래와의 비교에서, 또는 언제나 그래야 할 어떤 절대적인 것과의 비교에서 현재의 특징, 가치, 폐단, 문제 등을 가려내고 들추어내는 작업'을 말한다.[1] 쉽게 말하자면, 그것은 초역사적 관점에서 변하지 않는 어떤 절대적인 가치를 기준으로 매 현재의 문제점을 지적하고 비판하는 행위를 뜻한다. 위에서 말한 문화비판이나 문명비판은 더 상위의 개념으로서의 현재비판 안에 포함된다. 그도 그럴 것이 현재 안에는 정치, 경제, 사회, 문화, 예술 등 삶의 모든 영역이 들어가 있기 때문이다.[2]

역사적으로 현재비판을 행한 철학자로는 헤라클레이토스, 루소, 칸트, 헤겔, 마르크스, 키르케고르, 니체 등을 꼽을 수 있다. 대표적인 유명 철학자만 꼽을 때 그렇다는 것이지 실제로는 그 수를 헤아릴 수 없을 정도로 많을 것이다. 자기가 살던 시대를 있는 그대로 수용하면서 사는 사람이 얼마나 되겠는가? 보통사람이라도 제대로 된 교육만 받았다면, 나름대로 이상적인 세계관, 가치관을 가진 채 현재를 비판하게 마련인데, 하물며 삶을 고민하는 철학자들은 더 말해 무엇 하랴.

역사가들도 그 점에서는 당연히 예외일 수가 없다. 아니, 과거 인간들의 삶에서 수많은 이상적인 선례들을 익히 알고 있을 역사가들이 더하면 더했지 아마 덜하지는 않을 것이다. 그러나 희한하게도 막상 현재에 대해 비판적인 발언을 했던 역사가들을 꼽으라면 매우 곤혹스러워진다. 그도 그럴 것이 대부분의 역사가들은 역사책만 써서 남겼을 뿐, 자기 생각이나 이상 또는 사상을 역사서 이외의 형식의 글로 남긴 경우가 매우 드물기 때문이다. 역사학 내에서 현재비판에 대한 연구가 거의 이루어지지 않은 이유도 거기에 있는지 모르겠다.

하여간 그 몇 안 되는 현재비판적 사상을 전개한 역사가들의 반열에 바로 부르크하르트가 당당히 올라 있다. 그것도 아주 대표적인 역사가로서 말이다. 부르크하르트 외에 현재비판적 역사가로는 투키디데스, 폴리비오스, 타키투스, 요아킴 폰 피오레(Joachim von Fiore), 알렉시스 드 토크빌, 요한 하위징아 등을 거론할 수 있다.

이 장에서는 부르크하르트의 이른바 '역사적 현재비판', 또는 '보수적 현재비판'으로 불릴 수 있는 발언들을 크게 정치 영역, 사회와 경제 영역, 문화 영역 등 세 분야로 나누어 살펴보고자 한다.

평등권, 선거권, 민주주의…… 세계는 더 행복해졌는가

부르크하르트의 정치적 현재비판은 혁명시대의 도래와 더불어 등장하기 시작한 시민사회의 민주주의적, 또는 민족주의적 권력 정치화에 대한 우려로부터 출발한다. 먼저 그가 자신이 살고 있는 시대, 그 자신의 용어로 '혁명시대'를 어떻게 보고 있는지부터 살펴보자.

"무엇보다도 혁명은, 우리 자신을 이미 완전히 규정하고 우리가 더 이상 우리 자신에게서 떼어낼 수 없는 옳고 그름에 대한 우리의 감각과 우리 양심의 많은 통합적 구성요소들을 결정하는 결과들을 가져왔다.

그 이전 시대에는 귀족과 성직자가 비록 여기저기서 신분적 권력체로 조직되어 있긴 했어도 개인적인 기득권, 즉 면세 혜택, 고위 관직에 대한 배타적 권리, 양도나 상속이 불가능한 재산을 갖는 단체〔교회나 수도원〕나 장자상속제에 묶인 대토지 소유권을 갖고 있었고, 산업이 독점을 통해 정부에 의해 착취당하거나 가장 비합리적인 지경에 이르도록 처분당하는 일도 빈번했으며, 독점적 권리가 부여된 국가 종교들이 이교도들에게 기껏해야 관용을 베풀면서 외형적으로는 힘이 닿는 한 신앙의 통일을 유지했던, 그러한 국가들이 존재했다.

이에 반해 혁명의 결과들은 다음과 같다.

법 앞에서의 완전한 평등이 이루어졌고, 관직에 오를 능력, 과세와 상속 분배 등에서 다소간의 평등이 이룩되었다—토지 소유권은 완전히 또는 거의 완전히 유동적이 되었는데, 그 이유는 양도나 상속이 불가능한 재산을 갖는 단체와 장자상속제가 확연히 감소되었기 때문이다—산업활동의 자유도 이루어졌고, 산업에 대한 국가의 모든 간섭이 해롭다는 것이 이론적으로 설득력을 얻게 되었다. 더불어 경제학도 엄청나게 발전했고, 이제는 국가가 산업에 조언을 구해야 할 정도가 되었다—봉급 성직자들을 갖는 신구 양교 동권의 국가들이 등장하고, 국가의 무관심으로 인해 단지 기독교뿐만이 아닌 모든 종교가 평등한 권리를 갖게 되었다. 더 나아가 국가와 교회가 점점 분리되어가는 추세이고, 국가가 교회에 대해 완전한 지배권을 행사하게 되었다—완전한 정치적 평등권이 시작 단계에 들어섰다. 더 발전된 민주주의 국가로서 미국과 스위스의 예가 그렇다. 많은 지역에서 보통선거권이 추진되고 있다. 공동체적 균등화도 구축되어간다.

정말로 의문스러운 것은, 과연 이 세계가 그 때문에 평균적으로 더 행복해졌는가, 하는 점이다. 행복을 구성하는 두 가지 요소는 현 상태 그 자체와 그에 대한 만족의 정도다.

우리 시대의 주요 현상은 일시적인 것에 대한 감각이다. 모든 개인의 운명에서 불확실한 것에 이르기까지 하나의 집단적 생존 문제가 우리에게 다가온다."(『역사적 단상』, 194~195쪽)

이제는 동일한 내용을 부르크하르트 자신의 강의노트가 아니라 이 강의(「혁명시대의 역사」)를 수강했던 학생들의 강의노트로 인용해보자. 마찬가지로 「서문」 내용이다.

"여기서 다루어지는 테마는 중요한데, 그 이유는 그것이 격동의 시대에 해당하기 때문이다. 혁명은 그 자체를 그 이전의 시대와 구별시켜주는 하나의 완전히 새로운 상황을 만들어냈다. 그 혁명 당시에 우리가 오늘날 전제로 하고 있는 일들이, 우리의 현존재와 우리의 법 감각의 통합적 구성요소를 결정하는 일들이 도래했다. 여기서 관찰될 시대는 엄청나게 힘겹게 평가될 수 있는데, 왜냐하면 우리는 이 세계운동의 결과의 한복판에 서 있기 때문이다.

그럼에도 우리는 판단을 내리고자 한다. 왜냐하면 정신이 풍부한 수많은 사람들에 의해 시도되어왔던 판단중지 행위를 가지고는 사람들이 더 나아갈 수 없기 때문이다. 사람들은 성공, 승리에 대한 단순한 신격화에 익숙해져 있다. 그렇지만 그 신격화는 기껏해야 기정사실을 인정하는 것으로 끝나버린다. 우리는 바로 그 기정사실에 기대고자 하지 않는다. 우리의 현재의 법 감각은 모든 시민의 평등권, 모든 종교의 평등권, 산업의 자유 등에 근거한다. 우리는 도처에서 적어도 그런 것들이 발전해 나가는 모습을 본다. 그것은 우리에게 자명한 것으로 이해된다.

이전 세기에는 귀족과 성직자들이 엄청난 기득권을 가지고 있었다. 즉 그들 소유의 법정, 그들 자신의 완전한 공직취임권, 거대한 토지 소유, 다른 수많은 유사한 것들. 다른 한편 산업은 방해를 받거나 규제를 당했고, 현재의 절반 수준에도 못 미치는 자본을 소유하고 있었으며, 정부에 의한 독점으로 착취당했고, 산업 보호라는 구실 아래 다양한 방식으로 고통을 당했다. 당시에는 모든 권력의 상징으로서 신앙의 통일을 제후들에게 설득하고자 했던 국가들과 종교들이 지배적으로 존재했다.

혁명과 더불어 이 모든 기득권은 중지되었다.

1. 모든 사람은 법과 법정 앞에서 평등하고 거의 동일한 공직취임권과 상속권을 보유하게 되었다. 우리는 이것을 완전히 당연한 일로 느낀다—그 반대는 우리의 양심을 괴롭힐 것이다.

2. 토지 소유는 모든 규제로부터 풀려났고, 극도로 유동적으로 되었다. 양도할 수 없는 동산을 소유하는 법인[교회]과 장자상속제는 줄어들고 있다.

3. 산업은 모든 방식으로 속박에서 풀려났다. 국가도 그렇게 되어야 한다는 것을 통찰하게 되었다. 경제적 학문은 의미심장한 진보를 이룩했다. 국가는 수천 가지의 다양한 기회에 대해 산업가들에게 문의한다!

4. 종교들은 동등한 권리를 인정받게 되었고, 점점 더 그렇게

1878년경, 부르크하르트가 바젤 대학으로 출근할 때 지나다니던 거리의 풍경.
그는 1858년 내심 고대하던 바젤 대학의 역사학 교수 제의를 수락한 후,
1893년 퇴임할 때까지 수많은 독일 대학의 초빙을 뿌리치고 바젤 대학을 떠나지 않았다.

되어간다. 정치적 평등권은 여기저기서 도입되었다."(『혁명시대사 강의』, 13~14쪽)

프랑스혁명으로부터 돋아난 새로운 사회의 속살이 부르크하르트 특유의 예리한 눈으로 해부되고 있다. 법 앞에서의 평등, 관직·과세·상속·분배 등에서의 평등, 보통선거권으로 표현되는 '정치의 민주화', 산업과 경제와 경제학의 발전, 산업에 대한 국가 간섭의 배제, 자유주의 경제원칙으로 상징되는 '경제의 산업화', 정교분리, 국가에 의한 교회 장악으로 대표되는 '종교의 세속화' 현상 등이 일목요연하게 정리되고 있다. 그러면서 부르크하르트는 '그래서 우리는 더 행복해졌는가?'라고 묻는다. 이 질문 뒤에는 '전혀 그렇지 않다'는 대답이 숨겨져 있다.

그렇다면 현대사회가 안고 있는 문제점은 무엇인가 하는 질문이, 먼저 정치 부문에 초점이 맞추어져 분석되어나간다. 그래서 나온 것이 프랑스혁명으로 새롭게 열린 민주주의의 핵심 원리인 자유와 평등에 대한 비판이다. 먼저 밝혀둘 점은 그가 비판한 것은 '자유'나 '평등'의 원리나 이념 자체가 아니라 그 원리들이 활용되는 범위와 작동되는 방식이라는 점이다. 예컨대 1843년 프랑스의 파리에 체류하면서, 출판의 자유라는 보호막 아래 자행되고 있는 저널리즘의 오남용에 대해 진술했던 것을 들어보자.

"출판의 악용은 사람들이 생각하는 것보다 훨씬 더 큰 해악입니다. 그리고 그 어떤 폭군도 신문기사 작성자들보다 더 사악하지는 않을 것입니다. 사회적으로 그들은 특별히 파괴적인 영향을 미치는데, 왜냐하면 프랑스의 예술적, 문학적, 정치적, 군사적 명성에서의 왜곡된 관념이 바로 그들의 손 안에서 만들어지기 때문입니다."(『서간집』·II, 43쪽)

자유의 오남용에 대한 비판은 이 정도로 끝나지만, 평등의 오남용에 대한 비판은 그 수위가 한층 높아진다. 정치의 근대화 과정에서 부르크하르트를 가장 불안하게 만든 요인은 정치적 평등의 완전한 실현, 즉 완전히 평등한 대중 민주주의의 등장이었다. 이에 대한 비판과 이념적 투쟁은 그의 전 생애에 걸쳐 전개된다. 민중 또는 대중에 대한 근본적 불신이 낳은 이러한 보수주의적 입장은 이미 그의 젊은 시절에 형성되었고, 그는 이러한 입장을 평생 견지했기 때문이다. 이렇게 이해해보자. 부르크하르트가 자유와 평등의 이념을 수용한 것은 그의 자유주의적 입장 때문이고, 그것이 활용 또는 적용되는 과정에서 자행되는 오남용을 비판한 것은 그의 보수주의적 관점 때문일 것이라고. 가령 1888년에 쓴 다음 편지를 보자.

"오로지 완전한 평준화 속에서만 존재하는 급진주의의 끔찍한 정신적 무의미성 아래에서 사람들은 모든 것을 구속당하고 있는지도 모릅니다. 어떤 거대한 미래의 권위주의가 여기서 사전 작업을 해나가고 있는지 물론 우리는 아직 알 수가 없습니다. 왜냐하면 그 자신도 아직 모를 테니까요. 그러나 그것은 현재 준비 중에 있고 점차 성장할 것입니다. 급진주의라는 녀석이 편안히 풀밭 위에 웅크리고 앉아 있다가 매주 또는 매달 어떤 생명체의 목덜미를 어떻게 꽉 무는지, 또는 어떻게 머리를 갈가리 찢어놓는지를 옆에서 지켜보게 된다면 사람들은 두려움에 떨게 될 겁니다. 왜냐하면 그것은 전에는 그렇지 않았으니까요. 급진주의는 더 이상 어떠한 척도도 가지고 있지 않고, 만일 어떤 새로운 일이 발생하기만 하면 가장 사소한 것도 가장 중요한 일인 양, 또는 가장 중요한 것도 가장 사소한 일인 양 몰아갈 겁니다. 여기서 급진주의는 바로 머릿수를 가지고 있지요."(『서간집』·IX, 135~136쪽)

이 인용문에서 '급진주의'는 정치적 평등의 실현도구로서의 보통선거권과 사람의 머릿수, 즉 다수결의 원칙으로 모든 문제를 해결하려는 부정적 의미의 '민중 민주주의' 또는 '대중 전제정'(Massendespotismus)과 동의어로 사용된다. 쉽게 말하면 '보통선거권'과 '다수결 원칙'이라는 민주주의적 제도가 부르크하르트의 눈에는 정치적 평등을 과격하게 이루기 위한 도구로, 즉 급진주의와 다를 바 없는 것으로 비쳐졌던 것이다. 민주주의는 곧 급진주의고, 급진주의는 곧 민주주의인 셈이다. 그런데 부르크하르트가 정작 우려했던 것은 바로 20세기 양차 대전 사이의 시기에 등장한 '전체주의'에서 적나라하게 드러난 체제, 즉 정치화된 민중이 민주주의라는 미명 아래 행하는 다수의 횡포와 독재였다. 모든 가치가 어떤 특정한 하나로 균질화되고 획일화된 사회 속에서는, 모든 사람의 의견이 존중되고 모든 사람의 재능이 다양하게 발휘되는 '문화적 의미'의 자유란 존재할 수가 없다. 그러한 자유는 철저히 억압당하거나 그래서 결국 소멸될 수밖에 없다. 그는 예술과 문화의 창조성이 사라지는 바로 이러한 사태를 우려했던 것이다. 미래의 대중 전제정 등장에 대한 우려를 보여주는 말년(1880)의 다음 편지글을 보자.

"가장 놀라운 일은 이러한 대중이 그들의 성장을 아직 의식하지 못하고 있다는 겁니다. 그러나 내가 두려워하는 것은, 그런 일이 오고야 말 것이라는 점입니다."(『서간집』· VII, 203쪽)

대중이 자신들의 정치적 힘을 의식할 때 어떤 파국적 결과가 도래할지를 경고하기 위해 이제 10년 뒤에는 다음과 같은 예견의 글도 남겨놓는다.

"민중의 본래의 정치적 본질은, 사람들이 이 못 또는 저 못을 가져다 박아 넣을 수 있는 벽(Wand)입니다. 그러나 그 못은 더 이상 그대로 박혀 있지 않습니다. 그 때문에 편안한 20세기에는 권위주의가 다시 그 머리를 들게 될 것입니다. 그것도 아주 끔

찍한 머리를 말입니다."(『서간집』·IX, 263쪽)

전체주의의 등장에 대한 부르크하르트의 우려는 30여 년이 지난 뒤 유럽 전역에서 현실로 나타났다. 무솔리니의 파시즘을 시작으로 스탈린의 스탈린이즘, 그리고 히틀러의 나치즘에 이르기까지 양차 대전 사이의 시기를 풍미했던, 대중을 기반으로 등장한 독특한 현대 독재체제의 폐해는 단지 전쟁이나 홀로코스트같이 겉으로 드러나고 익히 알려진 야만적 범죄행위에서 그치고 있지 않음을 우리는 잘 알고 있다. 그저 부르크하르트의 예리한 통찰력에 근거한 미래 예견에 혀를 내두를 뿐이다.

여기까지가 민주주의의 정치권력화에 대한 우려였다면, 이제는 민족주의의 정치권력화에 대해 간단히 언급할 차례다. 이 현상이 실현된 형태는 민족국가이고, 그 정점은 1871년 비스마르크에 의한 독일의 민족통일, 즉 독일제국의 건설이다. 근대의 권력지향적 민족국가에 대한 부르크하르트의 비판의 양상은 왜 그가 그 사건에 대해 그렇게까지 부정적으로 반응을 보였을까 하는 의문이 들 정도로 격렬하게 전개된다.

"비스마르크는 시간이 흐름에 따라 그가 없이도, 또는 그에 반(反)해서 일어났을지 모를 일들을 떠맡아서 했을 뿐입니다. 그는 점증하는 민주적-사회적 물결이 어떤 형태로든 하나의 무조건적인 폭력사태를 야기할 것이라는 점을 알고 있었습니다.

그것이 민주주의자들을 통해서건, 아니면 정부를 통해서건 말입니다. 그러고는 그는 '이것은 내가 만든 일이다'라고 말하고, 1864년, 66년, 70년에 세 차례의 전쟁을 이끕니다. 그러나 우리는 이제 겨우 시작 단계에 와 있을 뿐입니다. 우리가 하는 모든 일은 현재 임의적이고, 아마추어적이며, 기분 내키는 대로인 것으로서 아주 고단수의, 그리고 그 모든 세세한 것까지 정교하게 형성된 군사제도의 합목적성과 갈수록 우스꽝스럽게 대조(對照)가 되어가고 있지 않습니까? 특히 이 군사제도는 틀림없이 모든 존재의 모범이 될 것입니다."(『서간집』·V, 160쪽)

이탈리아와 마찬가지로 독일에서도 성공한 민족통일이 이렇게 부르크하르트의 눈에 부정적이고 비관적으로 비쳐진 가장 주요한 이유는 아마도 전쟁이라는 극단적 수단으로 이룩된 그것의 폭력성 때문일 것이다. 위 인용문에서도 드러나 있듯이 군사제도가 앞으로 삶의 모델이 될 것이라는 예견은 그 모든 것을 말해준다.

이제 사적인 서간문이 아니라 공적인 기록에서 행한 민족주의, 민주주의 등에 대한 비판을 인용해보자. 아래 인용문은 강의 「역사 연구에 대하여」에 나오는 19세기 위기의 기원과 특징에 대한 서술 중 결론부의 일부이다.

"정치적 결과에 대해 말해보자. 이미 오래전부터 지극히 흥분한 여론의 도움으로, 동시에 대규모 전쟁들로 성공한 새로운 대국 독일과 이탈리아의 창설을 보면, 또 기존의 것이 오랫동안 변하지 않고 남아 있을 것이라 여겨지던 곳에서 신속히 치워지고 새로운 것이 건설되는 것을 관찰해보면, 여러 민족들에서 정치적 모험이 이제는 일상적인 것이 된 반면, 그 어떤 기존의 것을 옹호하려는 경향을 지닌 확신들은 점점 더 약해져갔다. 정치가들은 이제 '민주주의'와 더 이상 싸우려 하지 않고, 오히려 그것을 불가피하게 유효한 것으로 간주되는 것으로, 가능한 한 위험 없이 넘어가기 위해 어떻게 해서든 동원할 필요가 있는 그 무엇으로 생각하고자 한다. 사람들은 이제 국가의 형식을 거의 옹호하지 않고, 오직 국가의 범위와 힘만을 옹호하는데, 여기서 민주주의가 얼마 동안은 도움이 된다. 권력 감각과 민주주의 감각은 대부분 분리되지 않는다. 사회주의적 체계들이 비로소 권력 문제를 포기하지만, 대신 자기들의 특정한 의지를 다른 무엇보다도 가장 앞에 내세운다."(『세계사적 고찰』, 203~204쪽)

민족주의와 더불어 모든 정치적 모험이 감행되고 있고, 이러한 시도는 다시 민주주의와 싸워서라기보다는 오히려 그것을 이용하면서 이루어지고 있으며, 사회주의에 와서야 권력 문제가 비켜나 있는 것 같지만, 거기에서도 결국 정치적 의지가 중시된다는 점을 강조한 문구들이다. 특이한 두 가지는, 민주주의 감각과 권력 감각을 동의어로 간주한 점과 사회주의가 아직까지는 권력지향적 정치체제로 인식되고 있지 않다는 점이다. 물론 좀더 나중에 가면

이 두 번째 관점에 변화가 오기는 하지만 말이다.

민주주의에서든 민족주의에서든, 아니면 우익진영에서든 좌익진영에서든, 부르크하르트가 보기에 이 모든 근대의 정치현상들은 결국 현실정치 또는 권력정치의 해악이라는 하나의 문제점으로 수렴된다. 그리고 그러한 문제점들에 대한 비판도 결국 혁명시대라는 이 위기의 시대에 유럽의 고전문화와 예술을 각별히 더 보존하고 육성해야 한다는 그의 시대적 사명감으로부터 비롯된 것이다.

마주 달리는 두 대의 급행열차, 자본주의와 공산주의

정치는 사실상 사회경제적 체제와 맞물려 돌아간다. 사회와 경제가 시스템이라면, 정치는 행위다. 정치는 사회경제적 체계라는 토대 위에서, 또는 그 틀과 룰에 따라 작동되는 행위인 셈이다. 그런 점에서 지금부터 살펴볼 근대 시민사회와 자본주의 경제체계에 대한 부르크하르트의 비판적 관점도 결국 지금까지의 논의의 연장이라고 할 수 있다.

그가 보기에 19세기 시민사회가 가진 병폐의 핵심은 산업화와 근대화, 구체적으로는 자본주의의 등장과 확산에 있었다. 그리고 산업혁명을 통해 가속화된 산업자본주의의 뿌리는 바로 18세기 계몽주의 시대 이래 확산된 낙관주의적 진보관, 또는 인간의 물적 욕망에 놓여 있다.

"보통선거권을 통한 평등과 참정은 (가령 전제주의가 다시 한 번 더 전제주의 앞에 평등도 있을 수 있다는 점을 가르쳐줄 때까지) 대체가능한 개념들로 되어버렸다.

이 모든 일에서의 추진력은 18세기 중반 이래의 시간들을 채워온 거대한 낙관적 의지다.[……] 사람들은 이미 루소가 단순한 이상적 상태로 회귀하여 획일적으로 행복해질 '인류'를 언급함으로써 그 목표점을 얼마나 멀리까지 설정해놓았는지 너무도 쉽게 잊어버린다. 그러나 소망은 아무리 이상적인 것처럼 보여도 실제는 물질적인 경우가 대부분인데, 왜냐하면 거의 대부분의 사람들은 행복을 그 이외의 다른 어떤 것으로 이해하지 않기 때문이다. 물질적 소망은 그 자체로 절대로 멈추어지지 않는 것이고, 심지어 그 소망이 끊임없이 충족될 때조차 그러하며, 오히려 그럴 때는 더욱더 멈추어지지 않는 것이다."(『역사적 단상』, 206쪽)

"사람들은 과거의 민족과 상태의 행운과 도덕성을 학교교육, 세계문화, 그리고 근대적 의미의 편리함의 확산 정도에 따라 판단한다. 여기서는 그 어떤 것도 전혀 시험되지 않고, 과거의 모든 시대에 대해 그저 더 많은, 또는 더 적은 정도의 동정심을 보이는 것으로 그대로 끝이다. '현대'라는 것이 한동안 글자 그대로 진보와 동의어로 간주되었다. 그럴 때면 세상이 정신의 완성이나 심지어 도덕성의 완성을 향해 다가가고 있다는 가장 웃기

1860년경, 바젤 대학 하단 강의동. 부르크하르트는 바젤 대학에서 거의 50년 동안 유럽사, 문화사, 예술사를 강의했다.

는 망상이 끼어들곤 했다."(『세계사적 고찰』, 256쪽)

 사람들이 낙관적으로 또는 긍정적으로 이 세상이 무한히 진보하고 있다고 믿는 것까지는 좋으나, 속살을 파헤쳐보면 그러한 진보관이 결국 물질적 욕망의 추구와 하등 다를 바가 없다는 통찰은 당시만이 아니라 오늘날 우리에게도 여전히 유효하다. 당시의 사회경제적 상황에 대한 날카로운 진술을 좀더 살펴보자.

 "큰 전쟁들이 끝나자마자 영국의 예가 활개치게 되었다. 1815년 이래 세계가 점차 산업화되어갔고, 그와 더불어 대토지 소유는 완전히 후퇴했다. 기계 노동이 이전의 모든 기술을 훨씬 앞질렀다. 자본이 창업에, 인간 대중은 공장 가동에 집중되고, 동시에 거대한 신용 착취도 등장했다. 기계는 대농장 경영에도 이용되었다. 끝으로 철도, 증기기선, 전보 등이 교통에 사용되었다. 모든 상품이 멀리까지 여행할 수 있게 되었고, 유럽의 지역적 균등화가 이루어졌다. 해당 지역 생산물의 직접적 이용이 문제가 되지 않는다면, 생산에서의 지역적 특성은 모두 사라졌다. 그밖에 마지막으로 무역, 투기가 나타났고, 끝에는 증권을 통한 이윤도 등장했다. 돈이 사물을 재는 커다란 척도가 되었고 실제로도 그러하며, 빈곤은 최대의 부덕이 되었다. 돈은 출생의 계승자이면서 출생보다 더 정당한 것인데, 무능력한 상속인에게는 돈이 더 이상 머물러 있지 않기 때문이다.

물론 사람들이 정신과 교육을 중시하기는 한다. 그러나 유감스럽게도 문학은 대부분 하나의 산업이 되어버렸다. 18세기 문학은 우선 사람의 감정을 자극하는 어떤 것으로 자처했다. 오늘날에도 아주 적은 양의 문학이 내적인 필요에서 등장하기도 한다. 그러나 대부분은 자신의 존재 근거를 급료에 두거나 아니면 하나의 외적인 지위에 대한 희망에 둔다. 가장 유명한 작가들은 가장 손쉽게 공장 주인이 되어버린다. 학문에서도 엄청난 양의 연구를 할 때 대중적 인기에 영합하는 대가로 받는 많은 저술이 가장 높은 자리를 차지한다.

조급함과 걱정이 삶을 망쳐버린다. 모든 것이 무한 경쟁 속에 최고의 신속성에, 그리고 차이를 최소화시키기 위한 경쟁에 의존한다.

동시에 대도시의 영향으로 서둘러 부자가 되려는 열기, 즉 백만장자를 향한 열망이 들끓는다. 왜냐하면 이 또한 존재의 척도이기 때문이다. 그러한 열망을 표명하는 순진한 고백이 곳곳에서 들린다. '고상한 삶'은 겨우 힘들게 재정적으로 곤란함을 면할 정도까지 내몰렸다. 사람들은 부유함을 나타내는 최소한의 표식을 원하게 되었다. 온갖 종류의 사기(詐欺)는 이러한 현상이나 상태와 연결되어 있다."(『역사적 단상』, 198~199쪽)

위의 인용문 처음에 '큰 전쟁'이란 프랑스대혁명 시절부터 시작되어 나폴레옹 시대까지 이어진 전쟁을 말하고, '영국의 예'란 산업혁명을 일컫는다. 중세부터 이어진 농업시대는 사라지고, 19세기 들어 유럽 도처에서 시작된 산업시대가 도래한 것이다. 기계를 이용한 공장노동에 인간들이 대거 투입되었고, 철도와 증기기선과 전보가 등장했으며, 무역, 투기, 증권 등 자본의 움직임이 이윤을 쫓아 종횡무진하는 등 산업, 교통, 통신 분야에서의 일대 혁명적인 변화가 찾아왔다. 심지어 문학이나 학문에서도 상업화, 대중화를 향해 나아가는, 그래서 돈이 모든 사물의 척도가 되고 사람들이 돈만을 추구하는 이른바 물신풍조의 시대가 시작된 것이다. 벌써 140년도 더 된 '까마득한' 옛날에 쓰인 이 문장들이 아직도 통용되는 오늘날의 현실이 서글프고 안타까운 것일까, 아니면 먼 앞날까지 내다본 글쓴이의 무서운 통찰력이 놀라운 것일까?

어쨌든 강의 「혁명 시대의 역사」의 「서문」(1867)에 나오는, 우리의 간담을 서늘하게 만드는 이 문장들에는 '상업과 교통'(Erwerb und Verkehr)이라는 멋진 소제목이 붙어 있다. 이 제목에는 나중에(1871) 다시 '부와 빠름'(Reichtum und Schnelligkeit)이라는 괴테의 용어가 덧붙여진다.

부르크하르트가 (산업)자본주의에 대해서만큼이나 격렬하게 사회주의 또는 공산주의에 대해서도 비판했다는 사실은 전혀 놀랄 일이 아니다. 이미 민중이나 대중, 또는 프롤레타리아가 정권을 잡는 급진적 민주주의에 대한 그의 비판에서 그 방향과 의도를 보았기 때문에 여기서는 별도의 인용문은 생략하기로 하고, 자본주의와 공산주의가 그에 의해 어떻게 똑같이 거부되고 있는지를 가장 명료하게 나타내주는, 1890년의 한 편지에 쓰인 유명한 문구를 보자.

"언젠가는 무시무시한 저 위의 자본주의와 저 아래에서의 탐욕스러운 행동은 마치 단선 위에서 마주 달리는 두 대의 급행열차처럼 서로 충돌하고 말 것입니다."(『서간집』·IX, 280쪽)

여기서 '저 아래에서의 탐욕스러운 행동'은 무산자(프롤레타리아)들의 충동적 행동, 즉 사회주의 또는 공산주의를 상징한다. 자본주의가 이윤을 추구하는 자본의 속성상 이윤이 발생할 것으로 예상되는 모든 것을 잠식하고 착취하는 방향으로 나아갈 것이고, 공산주의 또한 아무것도 가진 것이 없어 마르크스 말마따나 '잃을 것이라고는 쇠사슬이요 얻을 것은 세계 전체'가 될 그런 자들이 폭동이나 혁명을 통해 가진 자들에게서 부와 권력을 빼앗고자 하는 전략을 취할 것이라고 볼 때, 예상되는 그 두 세력의 충돌을 오늘날로 치면 KTX와 같은 고속전철이 서로 정면충돌하는 것으로 표현한 것은 정말 멋진 비유가 아닐 수 없다.

예술과 문학이 가장 불행해진 시대

정치와 사회 또는 경제와 달리, 문화는 인간의 내면적인 모습과 직결되어 있다. 쉽게 말해 그것은 인간의 정신생활 전반에 걸쳐 있다. 따라서 당대의 문화를 비판한다는 것은 사람들의 가치관, 사고방식, 생활태도 등을 비판하는 것이 된다. 사실 부르크하르트 이후의 니체, 베냐민(W. Benjamin), 아도르노(T.W. Adorno) 등 대부분의 문화비판가들도 이같이 인간의 내면적인 부분을 타깃으로 겨냥하여 포문을 연 다음, 그로부터 야기된 문화양식 전반에 대한 비판 작업에 몰두해갔다. 그러나 부르크하르트는 아직 거기에까지 이르기에는 비교적 초기의 문화비판가에 속한다. 그의 문화적 현재비판은 따라서 주로 내면보다는 겉으로 드러난 현상, 특히 상업화된 대중문화의 여러 모습에 초점이 맞추어져 있다.

그나마 그것은 그러한 상업문화 때문에 구유럽의 고전문화, 고급문화가 침해당하지나 않을까 하는 우려 속에서 전개된다. 예술품을 사고팔 수 있다는 상업주의적 관점과 그러한 예술품을 수집하고 소장하거나 남에게 보여주면서 자랑하려는 천박한 과시욕에 사로잡힌 부르주아지의 행태를 부르크하르트는 특별히 '속물근성'(Philistertum)이라고 불렀다. 다른 말로 하면 '문화속물'(Kulturphilister)인 셈이다. 1847년 친구인 헤르만 샤우엔부르크(H. Schauenburg)에게 보낸 편지를 보자.

"헤르만, 나는 우리가 대체로 같은 길을 걷고 있다고 믿고 있네. 우리는 청년 시절, 독일의 대학교에서 직접성의, 심지어 독창성의, 그리고 문학의 진정한 화산들에 머물기로, 또는 그렇게 되기로 약속했지. 하지만 지금 일부는 노예가, 그리고 일부는 속물이 되고 만 수천 명의 사람들을 알고 있지. 반면 우리는 이 세상에 대해, 그리고 이 세계가 가는 길에 대해 언제나 이방인이 되어가고 있고, 오늘날의 행태에 대해 (가끔씩은 조용하게) 정반대의 길을 걷는 사적인 생활을 영위하고 있지.〔……〕

헤르만, 교육의 확산, 독창적인 것의 감소, 욕구와 능력의 쇠퇴, 이런 것들은 오래된 테마일세. 그런 것들 위에서 이 세계는 한 번 더 최고조로 상승한 속물근성의 오물 속에서 질식하고 부패해가게 되겠지."(『서간집』·III, 59~60쪽)

젊은 시절 꿈과 이상을 펼쳐 보이겠다던 수많은 대학 친구들이 이제는 나이가 들어 점점 상업화되어가거나 속물화되어가는 현실과 그런 사람들이 사회의 주류를 형성하며 돌아가고 있는 이 세상에 대한 혐오와 염증이 잘 느껴진다. 그다운 문장이자 문투다. 부와 사회적 지위에 대한 상징물로서 고가의 예술품을 사들이고 수집하면서 드러내는 이러한 부르주아 계층의 속물근성과 똑같이 맞물려서 드러나는 우려할 만한 문화현상이 있다. 그것은 바로 프롤레타리아의 고급 예술품에 대한 공격과 훼손이다. 다음은 프랑스의 2월혁명 이후(1848년 3월 4일)와 파리코뮌 이후(1871년 7월 2일) 루브르 박물관에 대한 파리 민중들의 공격 소식을 듣고 부르크하르트가 보인 반응이다.

"우리의 전체 삶은 얼마나 일시적인가! 아주 멋진 카니발의 한복판으로 파리혁명의 폭탄이 날아들었지. 그것은 마치 로마 광장 위의 화려한 축제행렬과 밝은 표정의 인간집단들 사이에서 힘겹게 숨을 몰아쉬는 그 옛날의 라쿠스 쿠르티우스(Lacus Curtius)3가 다시 열린 것 같았다네. 그리고 이 암울한 세부 항목들. 만일 그것들이 모두 사실이라면, 공화국은 다음과 같이 선포하고 있지. 왕은 뇌졸중으로 죽었다. 루브르는 불에 타버렸다! ─오, 맙소사, 사람들은 언제나 새로이 장관들과 헌법을 얻을 수 있지만, 누가 나에게 밀로의 「비너스」와 무리요의 「성 무원죄잉태」를 되돌려주겠는가? 루브르와 함께 내 인생의 한 부분도 사라져버렸다네."(『서간집』·III, 102~103쪽)

"맞습니다. 루브르 지하실의 석유와 나머지 궁에서의 불꽃은 그 철학자[쇼펜하우어]가 '생에의 의지'라고 부른 것의 표현입니다. 그것은 이 세계에 하나의 거대한 인상을 심어주려는 미친 악마들의 마지막 의지입니다. 그 사건 이후 그 사건을 보도한 신문과 잡지에서 사람들이 읽은 모든 내용에 따르면, 그런 행동의 주요 추진력의 저변에 범죄행위를 통해 자신의 이름을 알리려는 행위(das Herostratische)4가 깔려 있습니다."(『서간집』· V, 129쪽)

다행히 위의 두 번째 사건, 즉 1871년 파리코뮌에서의 루브르 화재 소식은 나중에 오보임이 밝혀지지만, 이 편지 기록들을 통해 우리는 부르크하르트가 혁명이나 반란, 전쟁이나 내전과 같은 혼란기에 고급 미술품에 대한 일반 민중의 공격을 얼마나 끔찍한 일로 여겼는지, 그리고 그로부터 그가 어떠한 정신적 충격과 상처를 받았는지 잘 알 수 있다.

부르주아의 문화적 속물근성과 프롤레타리아의 고급문화에 대한 공격과 더불어 이제 마지막으로 새로운 산업사회 속에서 탄생한 '대중문화'에 대한 비판이 부르크하르트의 문화비판의 대미를 장식한다. 19세기 문화에 대한, 사적(私的)이 아닌 공적(公的)인 기록을 보자.

"본질적으로 앞으로 나아가는 요소이자 기본적인 열정을 가지고서,

1. 교통이 훨씬 더 빠르게 되어가는 쪽으로
2. 아직도 현존하는 방해물들을 완전히 제거하는 쪽으로

즉 보편국가 쪽으로 쫓아가면서 무언가를 얻으려는 자들의 이익은 매우 의심스럽다. 이렇게 서두른 대가로 받는 형벌은, 가장 큰 것에서 가장 작은 것에 이르기까지 모든 것에 걸쳐 벌어지는 엄청난 경쟁과 쉬지 못하는 일이다. 현재 무언가를 얻으려는 문화인은 정말 많은 것을 기꺼이 재빨리 함께 배우고 함께 즐기고 싶어하지만, 최고의 것을 고통 속에서 남들에게 넘겨줘야 한다. 즉 다른 사람들은 그를 위해 교육을 받아야 한다. 마치 중세의 지체 높은 영주들을 위해 다른 사람들이 기도하고 노래

했던 것처럼 말이다.

물론 미국에서는 대다수가 문화인들이지만, 그들은 역사적인 것, 즉 정신적 연속성을 대부분 포기했고, 예술과 문학을 그저 사치의 형식으로 함께 즐기고자 했다.

예술과 문학은 이 시대에 가장 불행한 상태에 빠져 있다. 이처럼 쉼 없이 돌아가는 세계 속에서, 이처럼 흉측한 환경 속에서, 생산의 모든 단순함이 심각하게 위협을 받고 있는데도, 내적으로 기거할 그 어떤 장소도 없이 말이다. 생산(즉 가짜 생산은 쉽게 이루어지므로 진짜 생산)이 계속된다는 것은 오직 가장 강력한 충동을 통해서만 설명이 가능하다."(『세계사적 고찰』, 68~69쪽)

꽤나 추상적으로 표현되어 있지만 여기서 부르크하르트가 말하고자 하는 바는 분명하다. 산업화되고 상업화됨으로써 조급해지고 정신없이 돌아가는 현대사회가 예술과 문학에 미친 영향은 매우 부정적이다. 즉 예술품 창작에 결정적인 요소라 할 수 있는 미적 감각과 예술적 상상력이 사라진 현대의 대중문화 속에서 물질적인 것은 정신적인 것을, 조급함은 휴식을, 상업적인 것은 이상적인 것을 압도해간다. 물론 좀더 나중에 등장하게 될 '대중문화'(mass culture, Massenkultur)라는 용어나 그에 대한 직접적인 설명은 부르크하르트에게서 찾아볼 수 없다. 하지만 그는 이미 그것의 문제점을 알고 있기라도 한 듯이 그 핵심을 예리하게 짚어나간다.

그리고 여기서 한 가지 더 특기할 점은 상대적으로 매우 짧은 역사를 지닌, 그래서 유럽의 엘리트 계층에 속했던 사람들의 눈에는 거의 내세울 만한 역사를 갖고 있지 못했던 미국과 미국인에 대한 폄하 의식이 잘 드러나고 있다는 것이다. 어쨌든 중요한 점은 겨우 19세기 중엽쯤 되는 시점에 미국문화가 그러한 대중문화를 선도한다고, 또는 선도하게 될 것이라고 내다본 것은 대단한 선견지명이 아닐 수 없다. 20세기 전 세계를 휘어잡은 블루 진, 코카콜라, 팝 뮤직, 할리우드 등을 보면 그 점을 잘 알 수 있다.

자유주의 전도사 토크빌의 현재비판

부르크하르트에 견줄 만한 19세기 현재비판가로는 단연 프랑스의 정치가이자 역사가였던 토크빌(A. de Tocqueville)이 손꼽힌다. 공무원 자격으로 사법과 교정 제도를 조사하기 위해 미국에 갔다가 귀국해서 쓴 『미국의 민주주의』의 저자로 잘 알려진 토크빌은 흔히 자유주의와 민주주의의 전도사로 불린다. 그는 프랑스혁명과 더불어 열린 새로운 시대를 '민주혁명의 시대'로 규정하면서 당대의 현재는 물론 미래까지도 자신의 독특한 관점과 방법으로 분석하고 예견했다. 뛰어난 통찰력의 소유자였던 만큼, 19세기를 '혁명의 시대'로 명명하면서 역시 자기 나름의 관점에서 현재를 비판하고 미래를 예견했던 부르크하르트와는 여러 모로 닮아 있기도 하다. 이런 기회에 그 둘을 한번 비교해보는 것도 매우 유

프랑스의 정치가이자 역사가였던 알렉시스 드 토크빌.
『미국의 민주주의』를 쓴 그는 흔히 자유주의와 민주주의 전도사로 불린다.

익한 일이 될 것이다.

먼저 공통점이나 유사점부터 짚어보자. 우선 두 사람은 13년이라는 시간 차이는 있지만, 모두 19세기 한복판을 살다 갔다. 말하자면 동시대인이다. 출생지도 모두 유럽 한복판으로 지역적 공통점도 있다. 토크빌은 프랑스인, 부르크하르트는 스위스인이다. 가문 또한 토크빌이 귀족 집안 출신이라면, 부르크하르트는 부르주아 집안 출신으로 둘 다 상류계층에 속한다. 무엇보다 중요한 공통점은 두 사람 다 과거의 역사를 근거로 현재를 긍정적, 또는 부정적으로 비판했으며 미래를 예견했다는 점이다.

물론 이 두 사람 사이에 공통점이나 유사점만 있었던 것은 아니다. 먼저 현재비판의 이념적 방향은 근본적으로 달랐다. 토크빌이 필연적 사건인 민주혁명으로 열린 앞으로의 세계가 민주주의 이념에 의해 선도될 새로운 시대라고 본 자유주의자였다면, 부르크하르트는 필연성 여부와 무관하게 혁명으로 열린 새로운 세계를 구유럽의 정신적 가치와 문화, 예술적 유산에 대해 파괴적인 영향을 끼칠 끔찍한 재앙으로 간주한 보수주의자였다.

토크빌이 추구한 현재비판의 목표가 지금 막 출현하고 있거나 곧 다가올 새로운 사회에 대한 긍정적이고 낙관적인 기대와 이상적인 상의 제시, 즉 미래지향적인 것이었다면, 부르크하르트가 추구한 현재비판의 목표는 혁명으로 변화된 새로운 사회질서 속에서 사라지거나 파괴될 위험에 처한 구유럽 고전문화의 구제와 복원, 즉 과거지향적인 것이었다.

이로부터 그들의 현재비판의 세부 내용은 많은 차이를 드러낸다. 가령 미국이라는 나라에 대해 토크빌은 민주주의와 자유주의의 이념에 뿌리를 두고 있는 만큼 앞으로 무한한 발전 가능성을 지닌 위대한 나라로 묘사한 반면, 부르크하르트는 역사도 없고 근본도 모른 채 상업주의와 자본주의라는 문명의 거대한 덫에 걸린 야만적인 나라로 스케치한다. 즉 부르크하르트의 눈에 비친 미국인은 '교육받은 야만인' 또는 '야만적인 교양인'이었던 셈이다. 물론 이 야만과 문명은 20세기 초에 들어와 베냐민 같은 문명비판가에 의해 상호 대체가능한 개념으로 되어버렸지만 말이다.

그밖의 차이는 현재비판의 대상과 범위에서 찾아볼 수 있다. 토크빌의 현재비판이 정치에 많은 비중을 두었다면, 부르크하르트의 그것은 정치만이 아니라 사회, 경제, 문화, 종교 등 19세기 시민생활 전방위에 걸쳐 있다.

정리하는 셈치고 다시 한 번 강조하자면, 정치적으로는 거대하고 권력지향적인 근대 민족국가에 대한 비판, 사회경제적으로는 산업화와 자본주의에 대한 비판, 문화적으로는 상업문화, 물질문화 또는 부르주아문화, 통칭 대중문화에 대한 비판이다. 따라서 부르크하르트의 현재비판은 일명 '근대화비판'이라고 부를 만한 모든 내용과 요소를 담고 있다. 그대신 그가 추구했던 것은, 정치적으로 자유가 보장되는 소규모의 도시국가, 사회경제적으로는 최소한의 생계를 보장해주는 재화와 용역을 생산할 수 있는 비상업적이고 비산업적이며 비자본주의적인 사회, 문화적으로는 구유럽의 고급문화와 엘리트문화였다. 그러나 그는 이 모든 것이 실현 불가능하다는 걸 알고 있었다. 그래서 그는 당대의 현실을 비판했던 것이다.

주지하다시피 그의 이 모든 현재비판의 버팀목 또는 지렛대는 구유럽의 고전문화, 구체적으로는 고대 그리스의 아테네와 르네상스 시기 피렌체에서 꽃피웠던 화려한 고전문화였다. 예술을 중시했던 그로서는 당연한 일이었을지 모르지만, 예술에 대해 문외한이거나 관심 없는 사람들의 입장에서는 '뭐야, 이거?' 하면서 고개를 갸우뚱할 만한 일이다.

현재비판만 두고 봤을 때, 토크빌과 부르크하르트 중 누구의 입장이 맞고 안 맞는지는 시시비비를 가릴 성질의 문제가 아니다. 다만 서로 다를 뿐이다. 달라도 약간 많이 다를 뿐이다. 토크빌 외에 시대를 같이하거나 달리하는 또 다른 많은 현재비판가, 또는 현재비판적 역사가에 대한 내용, 그리고 그들과 부르크하르트와의 비교는 지면관계상 생략하기로 하자.

끝으로 '진보적'이라는 이유로 부르크하르트보다도 토크빌에 대해 더 많은 관심을 보일 많은 독자들을 위해 한마디 하자면, 부르크하르트가 무작정 꽉 막힌 보수적인 인물이 아니었듯이, 토크빌 또한 의외로 수구적이고 보수적인 면모를 적지 않게 보인, 귀족이라는 자신의 출신성분의 한계를 많이 내보인 사상가였다는 점이다. 토크빌 팬들의 성공적인(?) 독해를 기원한다.

3

역사를 끌어가는 잠재력

포텐츠론

"국가의 기원이 어디에 있든, 국가는 스스로 '폭력'으로부터 '힘'으로 전화되었을 때에만 비로소 자신의 생명력을 입증한다."

포텐츠, 역사를 구성하는 몇 가지 요소

역사는 수많은 구성요소들과 시간적 과정들로 이루어지는 세계이다. 요소가 정적인 부분이라면 과정은 동적인 부분이다. 특정 요소들과 일정한 과정이 결합할 때 우리는 그것을 '사건'이라고 부른다. 다시 말해 역사는 인간이 주역이 되어 펼쳐지는 수많은 다양한 사건들의 집합장이다.

그런데 19세기까지만 해도 역사 안에는 그것을 이끌어가는 특정한 힘이 있다고 가정되는 경우가 많았다. 그것이 구성요소가 되었든 아니면 흐름이나 과정이 되었든 말이다. 동시대인들과 상당히 다른 모습은 보였지만, 또 많은 부분에서 여전히 19세기적 사고방식을 간직하고 있던 부르크하르트 역시 그같이 생각했던 역사가였다. 즉 그는 역사를 구성하는 요소로서든 아니면 역사의 흐름을 이끌어가는 힘으로서든, 국가와 종교와 문화를 거론하며 그것들을 특별히 라틴어에서 유래한 '잠재적 힘'이라는 뜻의 '포텐츠'(Potenz)라고 불렀다. 부르크하르트는 자신의 포텐츠론에서 이 세 개의 잠재력을 독특한 관점에서 상세하게 설명하는 것은 물론, 과거에서 현재에 이르기까지 그들 사이에 행해지는 복합적 상호작용에 대해서까지 심도 있게 서술해나간다.

세 개의 포텐츠를 상세히 설명하기에 앞서, 부르크하르트가 자신의 역사이론에서 가장 먼저 언급한 이 포텐츠론에서 역사세계를 구성하는 수많은 요소들 중에 왜 하필이면 이 세 개를 주요한 것으로 꼽았으며, 그것들을 하필이면 다른 이름도 아닌 '포텐츠'라고 불렀는지 잠깐 해명할 필요가 있다. 부르크하르트는 포텐츠론 서두에서 다음과 같이 밝히고 있다.

"우리의 테마는 상호 관계 속에서의 국가, 종교, 문화가 될 것이다. 여기서 우리는 우리가 이 세 개의 포텐츠로 나눈 것이 자의적임을 잘 의식하고 있다. 그것은 마치 하나의 그림에서 일정한 수의 형상들을 끄집어내고 나머지는 그대로 내버려두는 것과 같다. 또한 그 구분은 우리가 [역사를] 잘 관조할 수 있도록 하는 데 기여하게 될 것이고, 어쨌든 분야별로 나누어서 행해지는 모든 역사관찰은 대체로 그 같은 방식을 취할 수밖에 없다(이때 전문 연구는 매번 자신의 분야를 가장 본질적인 분야로 간주하게 마련이다).〔……〕

이 세 개의 포텐츠 사이에 어느 것이 우선적인지에 대한 문제제기는 쓸데없는 짓일 것이다. 우리는 시초(始初)에 대한 모든 사변과 마찬가지로 이러한 질문으로부터도 벗어나 있다."(『세계사적 고찰』, 29쪽)

이 세 개의 요소를 선택한 행위 자체가 매우 자의적이며, 그 기준 또한 막연히 '그것들이 아마도 우리의 역사관찰에 많은 도움을 줄 수 있을 것 같아서'이다. 이것은 뒤집어보면, 그것들을 선택하는 데서 특별히 정해진 학문적 기준이나 원칙이 없다는 고백과 다를 것이 없다. 또 그것들 사이의 우선순위를 정하는 것 역시 마찬가지로 우스꽝스럽고 무의미한 일이라는 주장 등을 근거로 우리는 그의 학문적 불성실성, 또는 무원칙성에 대해 신랄한 비판을 제기할 수 있을지 모른다.

그러나 다른 한편으로 그의 이러한 솔직담백하고 겸손한 태도를, 사실은 예술에 대한 남다른 애정에서 비롯된 창조적 자유정신의 결실로 너그럽게 봐줄 수도 있을 것이다. 선택기준의 자의성 고백은 또한 역사를 볼 때 다른 기준을 선택해 다른 관점에서 얼마든지 다르게 관찰할 수 있는 여지를 열어놓은 것이기도 하다. 이러한 열린 태도야말로 역사에 대한 그의 수많은 번득이는 아이디어, 이론 등을 탄생시킨 또 다른 힘이라고 할 수 있다.

개인이 포기된 공동체, 국가

그럼 개별 포텐츠에 대해 자세히 살펴보자. 먼저 국가에 대한 설명이다.

"국가의 시작과 기원에 대한 우리의 모든 구상은 공허하다. 〔……〕

국가가 계약에 의해 세워졌다는 가설도 바보 같은 것이다. 그 가설〔사회계약설〕은 루소가, 그것이 어떠했는가가 아니라 그것이 그 자신의 견해에 따르면 어떠해야만 했는가를 보여주고자 하면서 생각했던, 그저 이상적이고 가설적인 편의적 도구에 지나지 않는다. 그 어떤 국가도 아직까지 하나의 진정한, 즉 모든 측면에서 자발적인 계약으로(inter volentes) 생성되지 않았다. 공포에 떨고 있던 로마인들과 승승장구하던 게르만인들 사이에 맺어졌던 것과 같은 철수(撤收)와 보상(補償)은 결코 진정한 계약이 아니다. 그 때문에 미래에도 역시 어떠한 국가도 그렇게 생성되지는 않을 것이다. 만일 하나의 국가가 그렇게 탄생된다면, 그것은 허약한 창조물이 될 것이다. 왜냐하면 사람들은 그 〔국가의〕 토대에 대해 지속적으로 시비를 걸 수 있기 때문이다."
(『세계사적 고찰』, 30쪽)

사회계약설의 철저한 거부는 역사의 시초와 기원에 대한 모든 역사철학적 사변을 완전히 폐기처분할 것을 주장했던 부르크하르트의 일관된 태도로부터 나온 것이다. 상식적으로 생각해도 푸펜도르프(Samuel Pufendorf), 홉스(Thomas Hobbes), 로크(John Locke), 루소 등 정치철학자나 계몽주의 사상가들이 설파했던 사회계약설은 아주 비역사적인 가설에 지나지 않는다. 어떻게 사회가 지배자와 피지배자 사이의 동의, 약속, 계약 등에 의해 탄생된다고 생각할 수 있었을까? 아마도 이것은 부르크하르트도 지적했듯이, 그 당시 사람들이 사회나 국가가 그렇게 탄생되었으면 하는 바람과 욕구의 표현일 것이다. 어쨌든 국가의 탄생 기원과 과정에 대한 특별한 답변은 부르크하르트에게서 발견되지 않는다. 다음은 국가와 민족의 관계다.

"국가는 하나의 전체 민족과의 상응성이 동형적일수록 더욱 더 강력해질 수 있다. 그렇지만 국가가 그렇게 하나의 전체 민족과 상응하기란 쉽지 않고, 오히려 하나의 강력한 구성요소, 하나의 특정 지역, 하나의 특별한 부족, 하나의 특정 사회계층과 상응하게 된다."(『세계사적 고찰』, 31쪽)

여기서 민족이란 한 국가 안에 존재하는 전체 사람들을 가리킨다는 점을 우리는 나중에 열거된 단어들을 통해서 확인할 수 있다. 부르크하르트의 눈에 비친 강력한 국가란 그 안에 존재하는 모든 지역, 모든 계층 사람들의 기대와 욕망을 충족시켜주는 국가, 그래서 민족과 완전한 일치를 이루는 그런 국가를 말한다. 물론 사족이지만, 이 테제에 비추어 보면 정말이지 우리나라가 단일 민족의 신화를 이유 없이 만들어내지는 않은 모양이다. 그런데 어쨌든 국가와 민족이 완전히 일치하는 경우는 드물다고 말한 것을 보면, 그리고 국가가 결국 특정 지역, 특정 계층 사람들에게만 특혜를 주는 공동체로 간주되고 있는 것을 보면, 부르크하르트는 확실히 민주주의 국가의 실현 가능성을 우려하고 부정했던 보수적 인물임에 틀림없다. 다음은 동물국가와 인간국가의 비교다.

"동물국가들은 근본적으로 다르다. 그것들은 인간국가들보다 훨씬 더 완벽하지만 자유롭지 못하다. 개별 개미들은 하나의 몸으로 간주될 수 있는 개미국가의 단지 하나의 부분으로서만 기능한다. 여기서는 전체가 개별 개체에 대해 비교할 수 없을 정도로 우세하며, 하나의 삶도 수많은 원자 속에서만 영위된다. 고등동물들도 단지 가족으로서 또는 무리로서 살아간다. 오직 인간국가만이 사회, 즉 그 어떤 형태이든 자유롭고 의식적인 상호 관계에 근거한 연합이다.

따라서 다음과 같은 두 가지 주장이 가능하다.

1. 폭력은 언제나 우선권을 갖는다. 폭력의 기원에 대해서 우리는 전혀 당혹해할 필요가 없는데, 그 이유는 폭력이 인간적 재능의 불균등에서 저절로 생겨나는 것이기 때문이다. 국가란 종종 폭력의 체계화 그 이상도 이하도 아니었을지 모른다.

2. 우리는 그밖에 지극히 폭력적인, 특히 〔국가와 민족끼리의〕 혼합에서의 폭력적인 과정을 알고 있다. 하나의 섬광은 많은 것들을, 가령 두 개의 강력한 금속과 하나의 약한 금속을, 또는 하나의 강력한 금속과 두 개의 약한 금속을 하나의 새로운 금속으로 녹여버린다. 그래서 가령 세 개의 도리아 족과 세 개의 고트 족이 정복을 위해서든 아니면 그와 유사한 계기로 하나로 합쳐졌을 것이다." (『세계사적 고찰』, 32쪽)

동물들의 집단생활은 완벽할지 몰라도 자유롭지 못하다는 점, 사회는 오직 인간들의 공동체에서만 볼 수 있다는 점, 결국 인간

1870년 바젤 대학의 학생인 빌헬름 크리스트(Wilhelm Christ)가 상당한 애연가였던 부르크하르트를 연필로 그린 초상화.

국가가 곧 사회라는 점 등은 부르크하르트 이전이나 이후에도 많은 사상가들에 의해 주장되었을 법한, 특별히 새로울 것이 없는 내용이다. 그러나 '폭력이 인간사회의 불평등으로부터 유래한다'거나 '국가는 결국 폭력의 계서제(階序制)에 지나지 않는다'는 주장 등은 독특하고 새로운 시각이다. 이러한 시각은 20세기 전후에 폭력론을 내세운 몇몇 사상가들, 이를테면 조르주 소렐(Georges Sorel), 그람시(Antonio Gramsci), 아렌트(Hannah Arendt), 파농(Frantz O. Fanon) 등을 연상시킨다. 물론 이들 중 일부가 폭력을 긍정적으로 본 데 반해, 부르크하르트는 폭력을 매우 부정적으로 관찰하긴 했지만 말이다.

이제 큰 국가와 작은 국가 사이의 차이에 대한 부르크하르트의 견해를 보자.

"큰 국가는 역사에서 거대한 외적 목적을 실현시키기 위해서, 안 그러면 멸망할 일정한 문화들을 유지하고 보호하기 위해서, 작은 국가가 각자 책임지도록 할 때에는 보살핌을 받아야 할 그러한 수동적인 주민들을 앞으로 전진해나가도록 만들기 위해서, 거대한 집단적 힘을 조용히 형성해나가기 위해서 존재한다.

작은 국가는 국가에 속한 시민 대다수가 완전한 의미의 시민이고, 그리스 폴리스가 전성기에 노예제도를 유지했음에도 오늘날의 모든 공화국들보다도 엄청나게 우월한 것으로 남아 있는 그러한 목적을 향해 이 지구상의 하나의 조그마한 땅이 되기 위해 존재한다. 작은 군주국들은 가능한 한 이러한 상태에 다가가야만 한다. 고대나 르네상스 시기의 작은 전제군주국들은 가장 불안정한 국가형태이고, 계속해서 더 큰 국가로 발돋움하려는 경향을 갖는다. 왜냐하면 작은 국가는 진정한, 그리고 사실상의 자유 말고는 아무것도 가진 것이 없기 때문이다. 작은 국가는 바로 이 자유로 인해 큰 국가의 엄청난 장점들을, 심지어 큰 국가의 권력까지도 완전히 이상적으로 보상받는다. 전제주의로의 모든 타락은 작은 국가에게서 그 자신의 토대를 빼앗아 버린다. 그 사정은, 작은 국가를 둘러싸고 있는 모든 잡음에도 불구하고, 아래로부터의〔민중에 의한〕 전제주의로의 타락이라고 해서 달라지지 않는다."(『세계사적 고찰』, 35쪽)

주지하다시피 현대세계에서 정치는 국민국가(또는 민족국가)로부터 출발한다. 그것은 곧 그 안에 거주하는 국민들에게 애국심과 충성심을 강요하는 거대국가를 말한다. 부르크하르트는 이같이 수많은 이질적인 개인들을 민족이라는 이름 아래 하나로 묶어 무소불위의 권력을 휘두르는, 근대가 낳은 중앙집권적인 큰 국가들을 격렬하게 비판했다. 그 대신 기원전 5세기의 아테네나 르네상스기의 피렌체와 같이 개인의 창조적 정신과 자유를 보호하고 장려하기에 적합한 작은 국가들을 선호했다.

이유는 간단하다. 이 작은 국가들에서 이른바 유럽 고전문화의 꽃이 활짝 피어났기 때문이다. 부르크하르트는 이러한 관찰들로부터 이제 서서히 국가에 대한 정의를 내리기 시작한다.

"국가('한 민족의 정치적 결합')의 기원이 어디에 있든지 간에, 국가는 스스로 폭력(Gewalt)으로부터 힘(Kraft)으로 전화되었을 때에만 비로소 자신의 생명력을 입증한다."(『세계사적 고찰』, 35쪽)

이 유명한 문장으로부터 우리는 부르크하르트의 국가에 대한 관념을 명료하게 읽어낼 수 있다. 저 위에서부터 계속 암시되어온 것이기도 하지만, 그에게서 국가란 '한 민족이 정치적으로 결합된 형태'를 말한다. 흥미로운 것은 여기서 '민족'이 'Nation'이 아니라 'Volkstum'으로 표현되고 있다는 점이다. 'Nation'은 유난히 정치적, 문화적 함의를 많이 담고 있어 우리나라에서는 '민족' 외에 특별히 '국가'로도 번역되지만, 'Volk'(또는 Volkstum)는 혈통적, 생물학적 의미를 더 많이 내포하고 있는, 독일어에만 특징적으로 남아 있는 단어다. 그 점을 감안해서인지는 모르겠지만 부르크하르트는 국가를 'Volkstum'의 정치적 통합으로 정의한 것이다. 또 국가의 자생력, 달리 말하면 국가의 정당성은 스스로 '폭력'에서 '힘'으로 바뀌었을 때 증명된다고 말하는데, 이러한 일련의 주장들은 그가 상당히 예리한 정치 감각을 갖고 있었다는 사실을 말해준다. 한 가지 아쉬운 점은 '폭력'(Gewalt)이 중립적 의미의 '힘'(Kraft)이 아니라 정치적 의미의 '권력'(Macht)으로 바뀌었을 때라고 말했으면 좀더 뜻이 분명하게 살아났을 것이라는 점이다. 어쨌든 위에서 인용한 것과는 또 다른 정의를 보자.

"그 내부에서 관찰했을 때, 국가는 개인적 이기주의들의 포기를 통해서 탄생한 것이 아니라 바로 이 포기 자체가 국가이고, 그것들을 균등하게 만들어버린 것이 바로 국가다. 그래서 가능한 한 많은 이해관계와 이기주의들이 지속적으로 자신들이 비용을 치른다고 느끼게 되고, 나중에는 그것들의 존재를 자신의 존재와 완전히 섞이도록 만든다."(『세계사적 고찰』, 38쪽)

부르크하르트가 보기에 국가란 '개인들의 이해관계가 완전히 포기된 형태의 정치공동체'다. 부정적으로 해석하자면, 개인들의 이해관계를 비롯해 그들의 권리나 힘까지 모두 취합한 다음, 그들 사이의 힘을 서로 균등하게 상쇄시켜버리는 것이 국가라는 것이다.

여기서 부르크하르트의 국가관을 알 수 있게 하는 또 하나의 중요한 언급이 등장하는데, 그것은 국가와 사회의 구별이다.

"만일 국가가 오직 사회만이 할 수 있고 사회만이 해도 되는 도덕적인 것(관습적인 것)을 직접 실현하고자 한다면, 그것은 일종의 타락이고 철학적-관료적 월권(越權)이다."(『세계사적 고찰』, 38쪽)

여기서 국가가 정치적인 것이 실현되는 영역이라면 사회는 도덕적이거나 관습적인 것이 실현되는 장소로 이해된다. 똑같은 생활공동체라 해도 보는 기준에 따라 이같이 국가와 사회를 분리해서 고찰하려는 태도는 넓게 보면 프랑스혁명의 산물인 셈이다. 그러니까 19세기 초 유럽의 사상적 풍토에서 유래한 것이다. 생-시몽(Comte de Saint-Simon), 콩트(Auguste Comte), 로렌츠 폰 슈타인(Lorenz von Stein) 등이 그러한 풍토를 선도한 인물들이다.

특히 헤겔은 한 걸음 더 나아가 근대 시민사회의 특징을 그러한 사상적 경향에 입각해 철학적 근거를 마련하려 했던 사람이다. 다시 말해 헤겔은 시민사회의 탄생이 국가와 사회라는 두 공동체의 분리에 토대를 두고 있다고 보았다. 그러면서 국가를 정치의 장, 사회를 경제의 장으로 간주했다. 19세기 중후반에 활동했던 부르크하르트가 이러한 지적 분위기를 모를 리 없었을 것이다. 다만 경제를 거의 무시하거나 등한시했던 그가 사회에 경제 대신 도덕과 관습, 또는 일상생활 자체의 옷을 입히고자 했던 것은 그들과 다른 점이다.

어차피 헤겔이 또 거론되기에 한마디만 더 언급하고 넘어가면, 19세기 유럽의 국가담론과 관련하여 빼놓을 수 없는 인물이 바로 헤겔이다. 헤겔은 국가를 인간의 이성과 한 민족의 정신이 완벽하게 실현되는 최고의 장소, 즉 그것들의 이상적인 완성태로 보았다. 그러나 국가와 정치를 대체로 부정적으로 보았던 부르크하르트에게서는 이 같은 국가의 이상화, 또는 우상화 시도의 흔적은 아예 찾아볼 수 없다.

그러나 그렇다고 해서 부르크하르트를 국가에 대해 부정적인 생각만 전개했던 사람으로 보면 큰 오산이다. 국가가 인간들에게 베푸는 장점은 위에서 잠시 언급되었던 외적(外敵)으로부터의 보호나 자유의 신장 등에만 있는 것이 아니다. 더 큰 수혜는 국가가 개인으로 하여금 법치생활이 가능하도록 해준다는 점이다.

"국가의 좋은 점은 국가가 법의 수호자라는 사실에 있다."
(『세계사적 고찰』, 39쪽)

폭력의 계층적 체계로서 정치적 폭력을 행사하는 것도 국가지만, 법과 제도의 수호자로서 개인들을 사적인 폭력으로부터 보호해주는 것도 국가다. 국가의 양면성에 대한 이 같은 변증법적 통찰은 사물을 바라보는 부르크하르트의 독특한 관찰 방식의 한 단면에 불과하다. 어쨌든 그럼에도 그에게서 분명하게 드러나는 한계는, 서술의 전반부에 나오는 '폭력의 행사자'로서의 국가의 부정적 상이 국가의 현재, 즉 현실적 모습으로, 서술의 후반부에 나오는 '법의 수호자'로서의 국가의 긍정적 상이 앞으로 국가가 도달해야 할 목표점, 즉 국가의 당위의 모습으로 각각 그려지고 있다는 점이다. 이 점을 굳이 한계라고 지적한 이유는, 부르크하르트에게서 국가는 그 이상적인 모습이야 어떻든 현실적으로는 부정적으로 묘사되기 때문이다. 국가에 대한 부르크하르트의 부정

바젤 대학 수강생이 그린 부르크하르트의 강의실 풍경이다.

적 시각은 물론 다른 장들에서 더 자세히 밝혀지겠지만, 그가 역사를 바라볼 때 정치보다도 문화나 예술을 더 중시했기 때문에 나타난 현상이다.

형이상학적 욕구의 표현, 종교

종교에 대한 설명에서는 그에 대한 정의가 전면에 등장한다.

 "종교란 인간의 영원하고 파괴될 수 없는 형이상학적 욕구의 표현이다.
 종교의 위대성은 종교가 인간의 완전히 초감각적인 보완, 즉 인간이 스스로에게 줄 수 없는 모든 것을 재현한다는 점이다. 동시에 종교는 모든 민족들과 문화시기들이 또 다른 거대한 민족과 문화시기 안에 반사된 것이거나, 아니면 모든 민족들과 문화시기들이 영원한 것 안으로 끌어들여 만들어내는 복제(複製)이자 윤곽이다."(『세계사적 고찰』, 39~40쪽)

일반적 의미의 종교란 유한한 존재로서의 인간이 무한한 능력을 가진 초인간적 존재에 기대어 고민, 질병, 죽음 등 불가항력적 요소들을 극복하려는 시도라 할 수 있다. 이때 초월적 존재로서의 신(神)은 종교와 뗄 수 없는 관계에 있다. 바로 이 신에 의지하려는 마음, 즉 인간의 형이상학적 욕구의 표현을 부르크하르트는 종교로 본 것이다. 이로 미루어 볼 때 그의 종교관은 그 이전의 베이컨이나 파스칼, 또는 동시대의 헤겔, 스펜서(Herbert Spencer) 등 대부분의 기독교적 전통을 지닌 사상가들의 주장과 크게 다르지 않은, 지극히 평범하고 보편적인 성격을 띤다. 약간 특이한 면이 있다면, 아버지가 목사인 독실한 기독교 집안에서 성장해, 물론 중도에 포기하기는 했지만 한때 대학에서 신학을 공부했던 초급 신학생답게 종교에 대해 상당히 이상적인 관념을 가지고 있었다는 점이다. '종교의 위대성'이니 '영원한 것으로의 반영'이니 하는 표현들이 이를 방증한다.

이어 종교의 탄생 또는 기원에 대한 사변이 이어진다.

"종교의 생성과 관련해서 볼 때, 우리가 정신적인 것의 원시적 탄생을 상상하는 것은 완전히 불가능한 일처럼 보인다. 왜냐하면 우리는 훨씬 나중에 태어난 사람들이기 때문이다. 르낭(J.E. Renan)은 '공포가 무엇보다 먼저 신을 만들어낸다' (primus in orbe deos fecit timor)는 견해를 다음과 같이 주장함으로써 반박한다. 만일 종교가 단순히 공포를 염두에 두고 탄생했다면, 인간이 높은 경지에 도달했을 때 종교적일 수 없었을 것이라고 말이다. 또 종교는, 16세기의 이탈리아 소피스트들이 생각했던 것처럼, 단순한 사람들이나 나약한 사람들에 의해 고안되지는 않았으리라는 것이다. 만일 그랬다면 가장 고귀한 성격의 사람들이 가장 종교적인 사람들이 되는 일은 생기지 않았을 테니 말이다. 그래서 종교는 오히려 보통사람의 창조물이라는 것이다. 르낭의 이 말은 물론 맞는 말이기는 하지만, 불안의 종교는 얼마든지 있다. 우리는 원시종족들에게서 자연물, 자연력, 자연현상에 대해 일부는 경탄에서, 또 일부는 공포에서 우러나온 숭배의식, 다음으로는 조상에 대한 숭배의식과 물신 숭배의식을 발견하게 되는데, 여기서는 인간이 자신의 의존적 감정을 자신에게 개인적으로 속해 있는 개별적 대상물들 안에 두게 된다.〔……〕

신에 대한 하나의 근원적인 의식을 가정하는 것보다는 어쨌든 하나의 오래된, 무의식적인 형이상학적 욕구를 가정하는 것이 더 옳다. 하나의 위대한 또는 끔찍한 순간이, 또는 종교를 창시할 능력을 지닌 한 사람이 이 욕구를 의식하도록 만든다. 그러한 능력을 더 많이 지닌 종족들에게서 지금까지 감추어져 있던 바로 그것이 자신을 표현하게 된다. 이 과정은 민족들이 새롭게 혼합되고 분리되면서 반복될 수 있다."(『세계사적 고찰』, 41~42쪽)

우리가 지금껏 보아온 대로 부르크하르트는 특정 대상을 그 기원이나 탄생의 관점에서 사유하는 것을 극도로 경계해왔는데, 그 일관된 태도가 종교 부문에 와서는 약간 흐트러진 모습을 보여준다. 위의 인용문에서 보이듯이 종교는 여러 각도에서 그 기원과 탄생이 추측되고 있기 때문이다. 그런데 이러한 태도 변화에 대한 비판에도 한계는 있다. 다시 말해 그 변화에 나름대로의 이유를 추정할 수 있다. 앞서 보았던 역사 일반이나 국가는 그 탄생을 밝힐 수 있을 만한 사료가 별로, 또는 거의 존재하지 않는다. 그러나 종교의 경우는 다르다. 종교창시자들이나 종교개혁가들은 역사적으로 실존했고, 그들에 대한 기록 또한 많은 경우 풍부하게 남아 있다. 따라서 위의 인용문 다음에는 의존감정, 폭력행위, 불안, 공포, 두려움을 근거로 한 물신숭배 등 다신교의 탄생에 대한 사변, 종교 창시와 전파과정에 대한 사변 등이 쭉 이어진다.

이후 역사적 관찰에 근거한 종교의 다양한 모습들에 대한 부르크하르트의 일반적인 생각들이 전개된다. 여기서 '일반적인 생각'이라는 의미는 아주 독특하거나 특별히 깊이 있는 사상보다는 평범하거나 경험적인 사실에 근거한 사유를 말한다. 종교의 위기, 종교의 제도, 전도 행위 등에 대한 고찰이 그에 해당한다. 심지어 경우에 따라서는 다른 사상가들의 견해를 그대로 옮겨놓고 언급하기도 한다. 이미 앞서 본 대로 종교의 생성과 관련한 르낭의 생각 외에, 종교의 종류에 대한 라조(Ernst von Lasaulx)의 분류방식 등이 그 예들이다. 그러다 후반부로 갈수록 부르크하르트 특유의 독특한 사유가 서서히 등장하는데, 가령 민족종교와 세계종교의 대립에 관한 다음의 마지막 설명을 보자.

"세계종교란 가장 커다란 역사적 위기를 야기하는 종교다. 이들 종교는 처음부터 자신들이 세계종교라는 점을 알고 있고, 또

그렇게 되고자 한다."(『세계사적 고찰』, 50쪽)

여기서 '세계종교'란 불교, 기독교, 이슬람교 등 다신교나 민족종교 이후 나중에 등장하여 크게 성공한 후발 종교, 즉 '보편종교'를 말한다. 이들이 등장하면서 역사적으로 언제나 박해, 고문, 살육, 전쟁, 내전, 정복 등과 같은 엄청난 피바람이 휘몰아쳤다는 것은 누구나 다 아는 얘기이다. 그 점을 부르크하르트는 보편종교의 등장과 역사적 위기를 연결시켜 고찰한 것이다. 우리는 세계종교를 언급할 때 대체로 그 자체의 등장 과정과 성공의 이야기에만 주목할 뿐, 그 뒤에 숨겨진 암울한 역사에 대해서는 잘 알지 못하거나 아예 관심조차 기울이지 않는 경향이 있는데, 부르크하르트는 바로 이 틈새를 공략한 것이다.

이어서 여러 종교들이 일상생활에서 갖는 다양한 의미에 대한 언급을 거쳐, 종교가 효력을 발휘하는 단계들이 논의된다.

"하나의 동일 종교가 시간에 따라, 그리고 신도들의 계층에 따라 효력을 발생해가는 각각의 단계에 대해 평가하는 일은 〔종교의 의미를 평가하는 일보다〕 훨씬 더 어렵다.

시간적으로 원초적 신앙을 갖는 최초의 단계 또는 순박한 단계와 신앙이 전통이 되어버린 제2단계, 그리고 신앙이 자신의 근거를 고대에서 찾고 동시에 민족적 기억들과 아주 강력하게 결합되는, 그래서 단계적으로 민족적 거점이 되어버리는 제3단계로 나눌 수 있을 것이다.

계층에 따른 종교의 효력에 대해서는, 고등 문화민족들의 종교는 사회적 계층에 따라, 그리고 문화의 영향에 따라 언제나 위의 세 단계 또는 그보다 더 많은 단계를 거치며 공존한다고 주장될 수 있을 것이다."(『세계사적 고찰』, 50~51쪽)

하나의 종교가 어떻게 시간에 따라, 그리고 사회계층에 따라 효력을 발휘해가는지에 대한 이 고찰에서도 역시 부르크하르트의 대단히 경험적이고 역사적인 관찰방식이 빛을 발한다. 물론, 위의 인용문 바로 뒤에 고등 문화민족으로서의 로마인들이 대표적 사례로 언급되고 있다는 점에서, 그 준거가 대체로 '기독교'라는 한계가 엿보이기는 하지만 말이다. 이러한 한계는 19세기까지의 서양에 속하는 거의 대부분의 사상가들이 갖고 있는 것인 만큼 특별한 비판거리가 되지는 못한다.

다음으로 부르크하르트는 종교의 저항, 이단, 종교적 투쟁, 박해, 개혁자들을 언급한 후, 마지막에 종교의 몰락에 대한 자신의 견해를 피력한다.

"이제 종교의 몰락에 대한 것이다. 이러한 몰락은 사람들이 내적인 해체라고 일컫는 것, 즉 주민의 개별 집단들에서의 정신적 방향 전환(그것이 주민 내부의 종파들이거나 아니면 교육받은 성찰적 사회집단이든 간에)에 의해서만 이루어지는 것은 아니

1860년경 에른스트 슈튀켈베르크(Ernst Stückelberg)가
유화로 그린 부르크하르트의 초상화 습작.

다. 하나의 새로운, 그때마다의 형이상학적 욕구에 훨씬 더 잘 상응하는 종교의 현존조차 아직은 충분한 설명이 될 수 없다.

종파란 박해를 당할 수도 있고, 절멸될 수도 있으며, 아니면 스스로 불안정해질 수도 있고, 변형될 수도 있다.〔……〕

고차원적 수준으로 정교하게 형성된 모든 종교는, 아마도 그 적대자들이 그에 맞서 전력을 다해 싸울 능력이 있지 않은 다음은 상대적으로 영원할 것이다(다시 말해 그 종교를 믿는 민족들의 생명이 지속되는 만큼 영원할 것이다)."(『세계사적 고찰』, 56쪽)

아무리 니체와 같은 인물이 격렬한 공격을 가하고, 세속화가 빠른 속도로 진행되어가던 19세기라 하더라도, 2천 년 가까이 생명을 이어온 보편종교가 쉽게 소멸할 것이라고 속단하는 우를 범할 사람은 많지 않을 것이다. 급격하게 변화된 근대의 문명사회 속에서 종교의 의미가 어떻게 변해가는지, 그리고 기독교가 어떤 미약한 위치를 점해가는지 잘 의식하고 있었던 부르크하르트 역시 예외가 아니었다. 출몰을 거듭하는 이단과 같은 여러 종파들은 몰라도, 적어도 보편종교로 인정받는 고등종교의 몰락은 쉽게 오지 않을 것이라는 그의 견해는 어쩌면 19세기만이 아니라 21세기인 오늘날에도 여전히 유효한 것처럼 보인다.

자유로부터 탄생한 정신의 총합, 문화

드디어 문화다. 종교에서처럼 먼저 문화에 대한 다양한 정의가 처음부터 이어진다.

"우리는 자발적으로 발생하고 어떠한 보편적인 강제적 힘도 요구하지 않는 그러한 정신의 발전들의 전체 총합을 문화라 부른다.

문화는 수정과 해체를 통해 끊임없이 두 개의 안정적인 생활제도〔국가와 종교〕에 영향을 미친다. 물론 이들 두 개의 생활제도가 문화를 완전히 자신들에게 봉사하도록 만들거나 자신들의 목적을 위해 제한시키는 경우를 제외하고 말이다.

그렇지 않은 경우에 문화는 그 둘에 대한 비판이자, 그 제도들 안에서 형식과 내용이 더 이상 일치하지 않을 때의 시간을 알려주는 시계다.

문화는 더 나아가 순진하고 인종적인 행위가, 문화의 최후이자 최상의 단계인 학문에서, 무엇보다 철학에서 성찰된 가능성으로, 즉 순수한 성찰로 변화되는 수백만 개의 얼굴을 지닌 과정이다."(『세계사적 고찰』, 57쪽)

우선 문화의 개념을 천착하기 이전에, 부르크하르트의 포텐츠론에서 차지하는 문화의 위상에 대해 짚고 넘어가자. 그가 세 개의 포텐츠 중에서 문화를 제일 나중에 고찰한 이유는 무엇보다 대비(對比)를 위해서였음이 위의 인용문에서 분명하게 드러난다. 즉 정태적인 생활제도로서의 이전 두 개의 포텐츠에 맞서서 문화는 아주 역동적인 포텐츠로 파악된다. 이럴 때 써먹으려고 아껴두었던 포텐츠론 서두에 나오는 다음 인용문을 보자.

> "이 세 개의 포텐츠들은 아주 이질적일 뿐 아니라 서로 조화를 이룰 수도 없다. 그리고 만일 두 개의 정적인 포텐츠, 즉 국가와 종교를 하나의 계열로 간주할 수 있다면, 문화는 그것들과는 본질적으로 다른 어떤 것일지 모른다."(『세계사적 고찰』, 29쪽)

굳이 이러한 대비가 아니더라도 수많은 얼굴을 갖는 문화는 그 자체로 가장 중요한 포텐츠로 파악된다. '아무리 강조해도 지나침이 없다'는 표현은 이런 경우를 위해 생겼나보다. 그럼 원래의 인용문으로 다시 돌아가 부르크하르트의 문화 개념을 꼼꼼히 따져보자.

위의 인용문에서 문화 개념은 크게 '상태' '비판' '과정' 등 세 방향에서 정의된다. 첫 번째 '상태로서의 문화'는 스스로 발생하고 그 어떤 강제적 권위나 힘을 요구하지 않는 정신 발전의 총합으로 이해된다. 물론 여기까지만 보면 헤겔적 관념론의 영향을 다분히 받은, 그리고 고급문화, 엘리트문화, 정신문화만을 진정한 문화로 간주한 부르크하르트의 19세기적 한계가 빤히 눈에 보인다. 오늘날 이런 식으로 문화를 정의하거나 그러한 정의에 동조할 사람은 아마 눈 씻고 찾아봐도 없을 것이다.

이러한 분위기를 부르크하르트도 눈치 챘는지, 바로 이어서 두 번째 단계의 정의, 즉 '비판으로서의 문화'가 이어진다. 워낙 막강한 힘을 갖는 국가나 종교에 비해 문화는 자유로부터 탄생하고 자유를 향해 나아가기에 그 두 개의 포텐츠들이 전면에 나서서 힘을 과시할 때는 조용히 있다가 그들이 한 발짝 물러나면 두 개의 권력지향 포텐츠를 향해 비판의 포문을 연다. 그리고 그들의 형식과 내용이 일치하지 않을 때도 역시 무엇이 잘못되었는지를 알려주는 알림판 또는 지시계 역할을 하는 것도 문화다. 문화의 최대 무기는 바로 자유와 자율인 셈이다.

이러한 문화의 비판성에 대한 부르크하르트의 관점은 그 자체로 매우 '독일적'이면서도 '현대적'이다. 그 이유는 그것이 문화의 반성능력 또는 자정능력(自淨能力)에서 연유하며, 또 그 점에서 그것이 20세기 중반 전후로 활약했던 아도르노나 호르크하이머(Max Horkheimer)의 비판이론으로 대표되는 '문화비판'이라는 현대 문화철학의 한 경향과 직접 연결되어 있기 때문이다.

세 번째는 '과정으로서의 문화'인데, 이 역시 부르크하르트 문화 개념의 현대성을 예고해주는 요소다. 물론 역사를 자연과 인간의 삶의 과정에 비유하여 이해하려는 유기체적 사관은 그 자체로 오랜 전통을 갖고 있지만, 그것이 하나의 학설 형태로 자리 잡은 것은 근대에 들어와서의 일이다. 역사와 마찬가지로 문화를 유기체적 관점에서 이해하고 이를 이론적으로 체계화한 인물로는 헤르더를 들 수 있다. 부르크하르트가 자주 인용한 라조도 이 계열에 드는 인물이다. 부르크하르트는 헤르더에게서 문화가 그 자체의 역사성을 갖는다는 이론을 받아들인 후, 이를 역사의 '연속성'에 대한 믿음을 근거로 복잡하고 다양한 과정 개념으로 확대 발전시킨다. 그 점에서 부르크하르트의 문화 개념은 문화의 순환이나 단절에 기반을 둔 슈펭글러(Oswald Spengler)나 토인비(Arnold J. Toynbee)와 같은 20세기 문명사가들의 '문화형태론'과 분명한 차이를 보인다.

문화 개념에 이어 문화를 구성하는 각 요소에 대한 고찰이 이어진다. 먼저 언어이론이 전면에 등장한다.

"모든 문화의 정점에는 정신적 경이인 언어가 놓여 있다. 언어의 기원은 개별 민족과 개별 언어와는 무관하게 영혼에 있다. 그렇지 않다면 사람들은 어떤 농아도 말하도록 할 수도 없고, 그리고 언어를 이해하도록 할 수도 없었을 것이다. 이 가르침은 생각에 단어의 옷을 입히고자 하는 영혼의 기꺼운 내적 갈망을 통해서만 설명될 수 있다.

나아가 언어들은 민족정신의 가장 특별한 발현이자, 민족정신의 이상적인 상이며, 각 민족 자신의 정신적 삶의 실체가 특히 위대한 시인과 사상가들의 단어들 속에 적혀 있는 지속적인 기록이다."(『세계사적 고찰』, 58쪽)

언어가 민족정신의 표현이라는 테제는 이미 헤르더나 훔볼트 등 19세기 전후의 언어학자들을 통해 자주 표현된 평범한 사상이다. 일종의 독일적 민족주의의 반향인 셈이다. 그러나 부르크하르트가 언어를 문화의 제1요소로 간주한 것은 비록 그만의 생각은 아닐지 몰라도 분명 독특한 면이 있고, 또 정확한 지적임이 틀림없다. 오늘날의 관점에서 보더라도 언어를 빼놓고는 사실 어떠한 문명이나 문화의 탄생을 생각할 수도 논할 수도 없기 때문이다. 언어에 이어 문화의 다른 영역들에 대해서도 개괄적인 고찰이 이어진다.

"라조(28쪽)[1]에 따르면, 문화의 진행 순서는 다음과 같았을 것이다. 광산(즉 금속 가공의 한 단계) 뒤에 축산, 농경, 해운, 무역, 상업, 시민 복지 등이 뒤따랐을 것이다. 그다음에는 수공업으로부터 예술이, 그리고 예술로부터 마지막에 학문이 탄생했을 것이다. 이 목록은, 위의 항목 중 일부가 그 기원을 물질적인 욕구에, 그리고 다른 일부가 그 기원을 정신적인 욕구에 두고 있는 만큼, 겉보기에 일종의 혼합이다. 그 상호 연관성은 사실상 매우 밀접하며 그것들은 따로 분리될 수 없다. 순수히 종속적이지만은 않은, 자체의 열정을 가지고 추진되는 모든 물질적 행위에는, 종종 적은 양이기는 하지만 하나의 정신적인 여분의 힘이 방출된다."(『세계사적 고찰』, 59쪽)

부르크하르트는 라조의 견해를 빌려 문화를 정신적인 것과 물질적인 것의 결합으로 이해한다. 여기서 흥미로운 점은 그에게서 경제적인 요소들이 문화의 구성성분으로 간주되고 있다는 것이다. 흔히 부르크하르트는 역사에서 경제를 거의 언급하지 않은, 또는 중시하지 않은 19세기의 대표적인 역사가로 평가되어왔기 때문에 위의 인용문은 그 반증자료로 많이 활용된다. 그러나 아무리 그렇더라도 그런 문장 한두 개로 그가 경제 부문을 등한시했다는 사실이 부정될 수 있는 것은 아니다. 따라서 위의 인용문에서 우리가 더 눈여겨보아야 할 부분은, 문화의 각 요소들이 탄생하는 데 물질적인 욕구와 정신적인 욕구가 함께 작용하면서 그 둘이 서로 밀접히 연관되어 있다는 지적이다. 그 안에는 부르크하르트 특유의 독특한 변증법적 관찰방식이 깃들어 있기 때문이다.

다음으로는 위에서도 지적된 문화의 마지막 요소들, 즉 예술과 학문에 대한 설명이 이어진다. 여기와 다른 몇 군데서 언급되는 회화, 조각, 건축 등 세 가지 조형예술과 거기에 시와 음악을 더한 이 다섯 가지 장르에 대해서는 별도의 장에서 자세히 관찰될 것이기 때문에, 여기서는 학문에 대해서만 간단히 짚고 넘어가자.

"학문이란 한편으로는 실제로 없어서는 안 될 것의 정신적인 측면이자 무한히 많은 것의 체계적인 측면, 즉 **그것이 특별히 어떤 일을 가하지 않아도 사실적으로 현존하는 것의 거대한 수집가이자 정리자**다. 다른 한편으로 학문은 앞을 향해 뚫고 나가면서, 개별이든 법칙이든 그 현존하는 것을 발견한다. 마지막으로 철학은 모든 존재자들, 그러니까 철학 없이도, 그리고 철학 이전에, 즉 영원히 지속하는 것의 최상의 법칙들을 규명하고자 노력한다."(『세계사적 고찰』, 60~61쪽)

여기서 학문은 원래 없던 것을 만들어내는 예술과 달리 현존하는 것을 수집하고 조사하고 체계화하는 일을 하는 문화영역이다. 예술이 창조하는 분야라면 학문은 정리하는 분야다. 학문 중에서도 철학이 단연 최고의 지위를 차지한다. 부르크하르트의 철학 이해는 그의 헤겔에 대한 이해와 마찬가지로 역시 일면적이지만, 다른 한편 핵심을 찌르고 있다. 그에게서 철학은 현존하는 사물들의 질서의 원칙이나 법칙을 밝혀내는 임무를 부여받은 최고의 학문이다. 역사를 가장 비학문적인 학문이라고 본 것과는 명백한 대조를 이룬다.

다음으로 부르크하르트는 문화의 본질에 대해 공시적이고 통시적으로 고찰해나간다. 먼저 '교역, 교환, 교제' 등은 문화의 교류와 활성화에 기여하는 조건이다.

"다양한 지역에서의 개별 문화 요소들과 문화 단계들은 처음에는 주로 교역을 통해서 서로 간에 영향을 주고받는다. 교역은 더 고차원의, 그리고 특별히 일정한 분야에서 발전을 이룩한 사람들의 생산물들을 그 나머지 지역에 전파시켜준다."(『세계사

적 고찰』, 63쪽)

"끝으로 우리는 아테네나 피렌체 같은 거대한 정신적 교환장소를 알게 된다. 그곳에서는 여기에서야말로 사람들이 모든 것을 할 수 있어야 한다는, 그리고 여기에 최상의 사회와 최대의, 실로 유일한 자극과 가치가 존재한다는 강한 지역적 선입견이 형성되어 있다."(『세계사적 고찰』, 64쪽)

"보다 상위의, 완성된 모든 문화의 주요 조건은, 물론 그러한 일급의 교환장소들[아테네, 피렌체]을 염두에 두지 않는다면, 교제이다.〔……〕

교제는, 아무리 신분제도가 잘 유지되어 있는 곳이라 할지라도, 최고의 정신적인 활동에서부터 최저의 기술적 활동에 이르기까지 문화의 모든 요소들을 크건 작건 서로 접촉하도록 만든다. 그럼으로써 이 요소들은, 일종의 전기충격과 같은 것을 통해서 크건 작건 그 개별 부분들에 자극[영향]이 전달되는 하나의 거대한, 수천 겹으로 서로 뒤섞여 연결되어 있는 고리를 형성한다."(『세계사적 고찰』, 64~65쪽)

'교역, 교환, 교제' 등을 하나의 현대용어로 묶어 표현하면 '커뮤니케이션' 정도가 되지 않을까? 서로 다른 지역의, 또는 서로 다른 시대의 문화가, 그리고 한 사회나 시대 안에서의 서로 다른 계층의 문화들이 어떻게 서로에게 영향을 주고받으며 변화해가는지에 대한 설명으로 이만큼 명료한 것도 없을 것이다. 여러 문화들이, 또는 문화의 여러 요소들이 서로 영향을 주고받으며 변화해간다는 생각은 분명 문화 자체의 역동성을 강조한 것이고, 이러한 생각은 당연히 관점 자체의 역동성으로부터 기인한다. 그리고 여기서 굳이 '발전'이라는 말 대신에 '변화'라는 표현을 거듭 사용한 이유는, 부르크하르트가 현대문명을 총체적으로 비판하는 과정에서 '진보'나 '발전' 개념을 철저히 거부했기 때문이다.

'문화와 도덕(관습)과의 관계'에 대한 고찰은 이러한 19세기적 진보관에 대한 부르크하르트의 비판의 정수를 보여준다.

"이제 마지막으로 도덕에 대한 문화의 진정한, 그리고 명목상의 관계다.[……] 사람들은 모든 것을, 그것 없이는 우리가 생존할 수 없는 외형상의 생활 안전성 정도에 따라 평가하고, 이러한 삶의 [안전한] 분위기가 당시에는 없었다는 점을 근거로 과거를 탄핵하지만, 사실은 오늘날에도 가령 전쟁에서와 같이 안전성이 정지된다면 곧바로 모든 잔혹한 일들이 보고된다. 인간의 영혼이나 정신 중 그 어떤 것도 역사시대를 통틀어 입증될 수 있을 만큼 증가하지 않았고, [인간의] 여러 능력들은 어쨌든 이미 일찍이 완성되어 있었다! 따라서 이상적인 의지의 자유로운 힘이 수백 개의 첨탑을 갖는 성당들 속에서 하늘 위로 치솟던 모험적인 시대들과 비교했을 때 우리가 도덕적인 진보의 시대에

살고 있다는 가정은 아주 우스꽝스러운 것이다.〔……〕

사람들이 도덕의 진보로 간주하곤 하는 것은 결국 문화의 다양함과 풍부함을 통해, 그리고 엄청나게 비대해진 국가권력을 통해 야기된 개인의 속박이다. 이러한 속박은 특히 모든 주도권을 완전히 흡수해버리는 화폐 취득이 일방적으로 지배할 때에는 개인의 형식적 소멸로까지 발전해갈 수 있다.〔……〕

개개인의 지적인 발전이 이루어진다는 것조차 심히 의심스러운데, 그 이유는 문화가 진전해감에 따라 발생한 노동 분화가 개인의 의식을 점점 더 협소하게 만들어버릴 수 있기 때문이다."
(『세계사적 고찰』, 65~66쪽)

근대 민족국가의 거대한 힘, 근대 자본주의 체계의 삭막한 물신풍조, 또는 근대 시민사회의 메마른 전문성이 어떻게 문화 전개의 핵심 조건으로서 개인의 창조적 자유를 침해, 또는 완전히 제거하는 데까지 나아갈 수 있는지를 표현한 이 문장들은 부르크하르트적 현재비판의 또 다른 진수를 보여준다. 부르크하르트의 '진보관 비판'은 당대에 내로라하는 지식인들 중에서는 거의 독보적인 위치를 차지하고 있었고, 바젤 대학 시절 스물여섯 살 연하의 동료 교수였던 니체에 직간접적인 영향을 주게 되며, 그러한 정신은 20세기 전반기 브레히트(Bertolt Brecht), 베냐민, 아도르노와 같은 사상가들에게서 다시 부활해 오늘날, 즉 포스트모더니즘 시대까지 이어진다.

부르크하르트의 마지막 고찰은 자신이 살고 있던 시대의 문화에 대한 것이다.

"만일 우리가 19세기의 문화를 세계문화로 간주한다면, 우리는 이 문화가 모든 시대, 모든 민족, 모든 문화의 전통들을 소유하고 있음을 발견한다. 우리 시대의 문학은 세계문학이다."(『세계사적 고찰』, 68쪽)

비록 오늘날의 기준이나 규모로 보면 유럽과 그 이외의 일부 지역으로 제한된 것이기는 하지만, 분명 부르크하르트에게서는 그가 근대를 이미 세계화된 시대로 바라보고 있었음을 암시하는 문장이 여기저기서 발견된다. 물론 어느 역사가나 자기 시대로 가까이 올수록 역사를 바라보는 시야가 넓어진다. 따라서 자기 시대를 가장 광범위한 세계로 인식할 가능성이 큰 것은 사실이다. 그러나 다른 한편 그러한 관념이 어느 역사가에게서나 구체적이고 체계적인 역사사상의 형태로 표현되는 것은 아니라는 점 또한 사실이다. 이 점을 인정하든 하지 않든, 어쨌든 부르크하르트의 사상 안에는 비록 제한된 의미이긴 하지만 이러한 현대성의 요소가 다분히 담겨 있음을 부인할 수 없다.

1846년 봄 부르크하르트가 고대 로마의 일곱 언덕 가운데 가장 신성하다고
불리던 로마의 카피톨리노 언덕에 있는 성을 스케치한 것이다.

포텐츠는 상호 작용하고 상호 제약한다

세 개의 포텐츠에 대한 고찰 이후 부르크하르트는 이제 이 세 개의 잠재적 힘들이 서로를 어떻게 제약하고 제약당하는지 관찰해나간다. 그 개별 항목을 보면 국가를 통해 제약받는 문화, 종교를 통해 제약받는 문화, 종교를 통해 제약받는 국가, 문화를 통해 제약받는 국가, 국가를 통해 제약받는 종교, 문화를 통해 제약받는 종교 등이다. 이 모든 것은 철저히 역사적인 접근방법, 즉 개별 역사적 사례를 통해 하나하나의 주장을 증명해나가는 식으로 이루어진다. 이 모든 고찰을 일일이 다 열거해가며 자세히 살펴볼 수는 없고, 6개의 고찰에서 각각을 대표하는 문장 또는 절 한 개씩만을 발췌해보자.

"문화는, 그것이 부정적이든 긍정적이든, 오직 국가를 통하여 상당한 정도로 많이 규정당하고 지배당했다. 그것도 국가가 모든 개인에게 무엇보다 시민임을 요구하면서 말이다. 모든 개인은 국가(Polis)가 자신 안에 살고 있다는 느낌을 가졌다."(『세계사적 고찰』, 88쪽)

"종교는 문화의 모체임을 강력히 주장한다. 종교는 정말이지 그 이름값을 하는 모든 문화의 전제조건이다. 그리고 종교는 심지어 유일하게, 현존하는 문화와 동시에 발생할 수 있다."(『세

계사적 고찰』, 98쪽)

"종교가 사회를 유지시켜주는 그러한 도덕적 상태의 충분한 보호자인 만큼 인간사회의 주요 결속체라는 주장이 나중에 인정되었듯이, 종교는 국가가 창건될 때—아마도 끔찍한 위기 뒤에—확실히 강력하게 영향력을 행사했고, 이를 통해 국가의 전체 삶의 과정에 지속적으로 영향력을 주장해왔다."(『세계사적 고찰』, 106쪽)

"18세기에 와서야 근대문화가 시작되었고, 그리고 이 문화는 1815년 이래 거대한 위기를 향해 거침없는 행보를 거듭해나간다. 국가가 겉보기에 아직 국가로 남아 있던 계몽주의 시대에 이미 국가는 매일의 사건들에 대해서는 단 한번도 논쟁을 벌이지 않고 오히려 세계를 지배했던, 즉 볼테르나 루소 같은 사람들을 통해서 실제로 암흑에 빠졌다. 루소의 사회계약론은 아마도 7년전쟁보다 더 큰 사건이었을 것이다. 무엇보다 국가는 성찰, 즉 철학적 추상의 가장 강력한 지배를 받게 된다. 주권의 이념이 등장하고, 상업과 교통의 세계시대가 시작되었으며, 이러한 관심은 점점 더 세계를 규정하는 인자로 지속되어간다."(『세계사적 고찰』, 132쪽)

"자신의 교회를 국내에서는 대부분 국가제도로 변형시키고,

국외에서는 정치적 도구로 사용한 국가가 러시아다. 국민은 이에 대해 무감각하고 관용적이었지만, 국가는 개종시키는 자이자 (폴란드의 가톨릭과 발트 해 지역의 개신교에 대해서는) 박해자였다."(『세계사적 고찰』, 143쪽)

"일찍이 어떠한 종교도 해당 민족과 해당 시대의 문화로부터 완전히 독립적이지 않았다."(『세계사적 고찰』, 145쪽)

이같이 각 포텐츠들을 개별적이고 평면적으로 설명하는 것을 넘어서 그 포텐츠들 사이의 상호 관계와 상호 작용까지 역사적인 사례를 들어 복합적이고 다면적으로 파헤쳐나간 부르크하르트의 진정한 의도는 아마도 역사의 모든 요소들이, 그리고 삶의 각 영역들이 서로를 규정하고 또 서로에 의해 규정당하는 다원적 관계에 있다는 점을 보여주는 데 있었을 것이다. 아울러 포텐츠들 사이의 상호 제약을 다루고 있는 이 6개의 고찰을 통해 우리는 역사를 관찰하는 부르크하르트의 방식이 매우 변증법적이었음을 다시 한 번 확인하게 된다.

또 이 6개의 고찰은, 연구와 서술에서의 보편적 방법론 부재와 예비학문으로서의 인문학적 성격을 이유로 역사학의 비학문성을 그렇게 강조했던 부르크하르트의 평소 생각과는 다르게, '역사에 대한 매우 체계적이고 구조적인 접근 방법'으로 특징지어진다. 원래는 의도하지 않았던 것처럼 보이는 이러한 평가를 본인이 다시 살아 돌아와 들었다면 어땠을까? 기가 막히겠지만, 어쩔 수 없이 수긍했으리라.

포텐츠론, 셸링과 몽테스키외의 경우

이제 부르크하르트의 이 독특한 이론의 앞뒤 영향관계를 살펴보며 글을 마무리하자. 먼저 '포텐츠'라는 명칭 부분이다. 사실 동시대에 그 명칭이나 관련 이론을 제시한 인물로는 단연 셸링(F.W. J. Schelling)이 손꼽힌다. 독일 관념론적 자연철학자였던 그의 포텐츠론이 19세기 정신사에서 차지하는 위치는 거의 독보적이다. 그러나 셸링은 어디까지나 자신의 자연철학 안에서 이 이론을 전개한다. 그에 따르면, 자연과정은 포텐츠에 따라 단계별로 생성과 변화를 거치며 일정한 목적을 향해 나아간다는 것이다.

학창 시절 부르크하르트가 베를린 대학에서 셸링의 강의를 들었거나 그의 이론에 대해 이미 알고 있었을 가능성이 없는 것은 아니다. 그러나 아무리 그 명칭을 셸링에게서 차용했다 하더라도 역사를 소재 삼아 펼쳐지는 부르크하르트의 포텐츠론은 그 대상, 내용, 접근 방법 등에서 셸링의 그것과 전혀 다르다. 독일 학계는 그 둘 사이의 영향관계를 인정하는 쪽과 부정하는 쪽 두 부류로 나뉜다. 어쨌든 이에 대한 논란은 접어두고, 거듭 말하지만 설령 영향을 받았다 하더라도 그것은 명칭 정도에만 머물고 만다. 그리고 정작 더 중요한 그 명칭을 사용한 이유에 대한 문제는 미해결로 남는다. 왜냐하면 부르크하르트는 그 이유에 대해 어떠한 설명도 남겨놓지 않았기 때문이다.

부르크하르트 이후 '포텐츠'라는 용어를 이용하여 이론이 형성된 사례는——적어도 내가 아는 한에는——아직까지 없다. 또 부르크하르트의 이 이론은 명칭뿐 아니라 이념이나 콘셉트에서도 매우 독특한 모습을 보여준다. 19세기 이전의 사상가로, 그와 동일하지는 않지만 매우 유사한 접근을 보인 사상가가 있다면 바로 18세기 프랑스의 계몽사상가 몽테스키외(C. Montesquieu)다. 그는 자신의 주저 『법의 정신』에서 역사나 사회를 몇 개의 주요 요소들(rapports)로 서로 엮여 구조화되어 있는 실체로 간주했고, 나아가 이들 요소들이 역사나 사회를 구성하고 이끌어가는 기본적인 힘으로 작용 또는 상호 작용을 하면서 해당 사회의 법과 제도를 형성한다고 보았다. 그러나 몽테스키외에게서는 정치와 종교, 즉 국가와 교회와 관련된 요소 외에 (경제를 제외하면) 문화적인 요소들에 대해 고찰하거나 고민한 흔적이 별로 눈에 띄지 않는다.

결론적으로 역사의 한 구성요소를 다른 요소들의 제약을 통해 관찰하는 방식, 그것도 그같이 세부적이고 단계적으로 접근하면서 하나의 거대한 체계를 이룬 점에서 부르크하르트의 포텐츠론은 19세기 이전이나 이후의 문헌을 통틀어 그 유례를 찾아볼 수 없을 만큼 독창적이다.

역사에서는 무엇을 위기라 하는가

역사에서의 위기

"화려하고 거대하게 부풀어오른 돛은 스스로 배를 움직이는 힘이라 자처하지만, 사실은 방향을 틀거나 배를 멈출 수 있게 하는 바람을 맞아들이는 일이 고작이다."

'위기'는 급격한 불연속이다

역사상의 큰 변화는 보통 그 이전 시기의 위기로 인해 야기된다. '위기'(crisis)는 '가르다' '구별하다'는 뜻을 갖는 그리스어의 동사 'krínein'에서 파생된 명사로, 본래 큰 병이 생사(生死)를 가를 만큼 중대한 고비로서의 분기점에 이른 상태를 지칭하는 의학용어였다. 그러던 것이 안정된 상태가 어떤 한계에 도달하여 더 이상 지속되지 못하고 일정한 변화가 필요해질 만큼 성숙해진 상태 또는 시점을 가리키는 일상용어로 전용된 것이다. 다시 말해 위기란 어떤 커다란 변화의 직전 단계를 말한다. 흔히 '위기'가 '기회'이기도 하다는 말들을 자주 하는데, 그 말을 하는 사람들이 그 단어의 어원을 정확히 알고 사용하든 모르고 사용하든 중요한 점은, 위기라는 말 안에는 이처럼 생과 사, 즉 재생과 몰락의 극단적인 상황이 모두 담겨 있다는 것이다.

그래서 역사용어로서의 위기의 시대는 곧 전환의 시대, 또는 한 시기에서 다른 시기로의 이행의 시대이기도 하다. 특히 역사상의 위기는, 그것의 결과로서의 혁명이나 반란 등과 더불어 시간의 흐름 속에서 크고 작은 변화에 관심을 갖게 마련인 역사가들이 즐겨 찾는 연구 테마이자 서술 주제이기도 하다.

자신이 살던 시대를 위기의 시대, 곧 전환기로 인식한 부르크하르트는 19세기와 유사한 성향을 보이는 역사상의 여러 시대들을 관찰하고 나름의 분석을 통해 종합하는 과정, 이른바 역사의 위기에 대한 이론을 제시하기에 이른다. 이른바 위기의 시대에 대한 개별적인 연구 성과물도 이미 발표한 상태였다.

1853년에 발표한 최초의 대작 『콘스탄티누스 대제 시대』는 고대에서 중세로의 전환기에 해당하는 시기를, 그리고 1860년에 출판한 『이탈리아 르네상스의 문화』는 중세에서 근대로의 이행기를 각각 연구한 결과물이다. 일반적으로 역사 전체를 두고 해석하고 평가하는 과정에서 형성되는 '거시적 역사이론'으로서의 부르크하르트의 '역사위기론'은 1868년 강의 「역사 연구에 대하여」 안에서 처음 선보인다. 이 이론 안에는 역사에서 위기란 무엇이고, 그것은 어느 때 오며, 그 징후와 특징들은 무엇인지가 예리한 감각과 통찰력으로 무장한 부르크하르트 특유의 필치로 아주 자세히 설파되고 있다. 이번 장에서는 그의 역사 위기에 대한 생각들을 추적해나가고자 한다.

가장 먼저 눈여겨보아야 할 점은 위기에 대한 개념 정의이다. 강의록 「역사 연구에 대하여」의 서두에는 앞으로 전개될 내용들을 소개하면서 '역사적 위기들'이라는 제목이 붙어 있는 장에 대해 다음과 같이 설명한다.

"[……] 이어서 우리는 세계의 전체 과정 중 가속화된 운동, 즉 위기와 혁명의 학설, 또 모든 여타 운동들의 급격하고 일시적인 흡수, 나머지 전체 삶과의 혼합, 단절과 반동에 관한 학설, 이른바 사람들이 폭풍설(暴風說, Sturmlehre)이라고 부르는 것

을 다룰 것이며,〔……〕"(『세계사적 고찰』, 3쪽)

 너무 길어 앞뒤를 잘라내고 필요한 부분만 인용한 이 문장 안에는 '위기'와 '위기에 대한 이론'의 다른 명칭들이 명기되어 있다. 그 정의들 하나하나를 해석해보면, 먼저 '세계의 전체 과정 중 가속화된 운동'으로서의 위기란 하나의 전체 흐름에서 그 전후와 비교했을 때 갑자기, 또 급격하게 빨라지는 변화를 뜻한다. 다음으로 '모든 여타 운동의 급격한, 일시적인 흡수'로서의 위기는 운동들의 연속체 속에서 그 전과 후, 또는 주변의 다른 모든 운동들을 한꺼번에 빨아들이는 블랙홀과 같은 현상을 의미한다. 또 '나머지 전체 삶과의 혼합'으로서의 위기는 하나의 삶이 주변의 모든 삶과 뒤섞이는 모습을 말하고, '단절과 반동'으로서의 위기는 갑작스럽고 급격한 불연속을 나타낸다.

 끝으로 앞으로 전개될 역사위기론 자체를 부르크하르트는 '폭풍이론' 또는 '폭풍설'이라 불렀다. 그 이유는 무엇일까? 나는 위에서 위기란 '큰 변화의 직전 단계'라고 정의했다. 그러나 보기에 따라서 위기란 부르크하르트가 보았던 것처럼 큰 변화를 가져온 전제조건만이 아니라 변화과정 자체와 결과, 즉 변화된 사회가 몰고 온 혼란, 반란, 폭동, 격동, 혁명, 내전, 전쟁 등까지 모두 포함시켜 이해할 수도 있을 것이다. 이는 위기를 어디에서 어디까지로 보느냐의 문제로, 관찰자의 이념의 차이에 따라 위기가 다르게 정의될 수 있기 때문에 의외로 중요한 문제를 제기한다.

가령 프랑스혁명의 경우, 내 정의에 따르자면 위기란 혁명 발발 직전의 구체제의 위험하고 혼란스러운 모습만으로 제한되고 있는 반면, 부르크하르트는 그것을 넘어서 혁명의 전 과정과 결과를 위기로 보고 있는 셈이다. 그 구체적인 실상을 지금부터 좀더 자세히 살펴보도록 하자.

역사 속에서는 어디서부터 어디까지가 '위기'인가

우선 부르크하르트에게서 위기는 커다란 변화와 급속한 운동을 야기한 역사상의 모든 과정들을 뜻한다. 큰 틀에서 보자면 민족이동, 침입, 전쟁, 혁명 등이 모두 여기에 속한다. 그럼 전쟁에 대한 부르크하르트의 생각부터 살펴보자.

"다음으로 여기서 민족의 위기로서의, 그리고 더 상위의 발전을 위해 불가피한 순간으로서의 전쟁이 거론될 수 있다.

각 개인이 스스로를 타인과 비교할 때에만, 그리고 상황에 따라서 이 같은 타인이 실제로 있다고 느낄 때에만, 자신의 가치를 완전히 느끼게 된다고 믿는다는 사실이야말로 모든 세상사(世上事)의 서글픔에 속한다.〔……〕

한 민족은 자신의 완전한 민족적 힘을 오직 전쟁 속에서만, 다른 민족과 자신을 견주는 투쟁 속에서만 진정으로 알게 되는데, 그 이유는 그 힘이란 오직 그때에만 존재하기 때문이다.

〔……〕

 철학적인 형식으로 전쟁의 유익성을 주장하기 위해서 사람들은 헤라클레이토스의 '싸움은 모든 일의 아버지다'라는 문구를 인용한다.

 그에 따라 라조는 적대주의가 모든 생성의 원인이고, 여러 힘들의 상호 경쟁으로부터 조화가 탄생하며, 불화 속에는 조화가, 또는 조화 속에는 불화가 있기 마련이라고 주장했다(85쪽).[1] 〔……〕 그렇다. 전쟁은 신적(神的)인 것이고 세계법칙이며, 이미 모든 자연 속에 존재한다는 것이다.〔……〕

 우리의 결론은 다음과 같다. 인간은 전쟁 시기일 때나 평화 시기일 때나 똑같은 인간이다. 지상의 비참함은 두 상태 모두 똑같이 바로 인간에게 달려 있다.〔……〕

 모든 생활과 재산을 하나의 일시적인 목적에 종속시켜버리는 것과 같은 전쟁은 개인의 강압적인 이기주의를 넘어서는 거대한 도덕적 수월성을 갖는다. 즉 전쟁은 여러 힘을 하나의 보편적인 것, 그것도 최상의 보편적인 것에 봉사하도록 만들면서, 그리고 동시에 최상의 영웅적인 덕성이 펼쳐질 수 있는 규율 안에서 발전시킨다. 그렇다. 전쟁만이 인간에게 하나의 보편적인 것 아래에 모든 것을 종속시키는 위대한 안목을 보증해준다.

 나아가 오직 현실적인 권력만이 장기적인 평화와 안정을 보증해줄 수 있고, 전쟁이 그러한 현실적인 권력을 확립해주기 때문에, 결국 미래의 평화는 바로 그러한 전쟁 속에 놓여 있다.〔……〕

그러나 아주 특이하게도 오늘날의 전쟁들은 비록 하나의 거대한 일반적인 위기의 일부인 것은 맞지만, 그 낱낱은 진정한 위기로서의 의미와 영향력을 갖지 못한다. 시민생활은 전쟁 중에서도 자기 궤도를 따라 움직이고, 비참한 비상사태는 생활 속 모든 이들에게 머물러 있다. 이 전쟁들은 막대한 부채를 유산으로 남긴다. 즉 그것들은 미래를 위해 핵심적 위기를 절약시켜준다. 그들의 짧은 기간도 역시 그들에게서 위기로서의 가치를 빼앗아버린다."(『세계사적 고찰』, 161~164쪽)

중간에 많은 문장들을 생략했는데도 꽤 길게 늘어진 위의 인용문은 역사상 가장 일반적인 위기로서의 '전쟁'의 여러 의미, 사례, 특징 등에 대해 말하고 있다. 눈치 빠른 독자들은 이미 알아챘겠지만, 이 인용문은 상당히 철학적이고 사색적이다. 전쟁과 평화, 권력과 위기 등에 대해 깊이 숙고하지 않고는 도저히 나올 수 없는 문장들의 연속이 아닐 수 없다. 전쟁 중에나 평화 속에서도 인간은 언제나 동일한 상태로 남아 있다는 점, 전쟁 속에 평화가 있고 평화 속에 전쟁이 있다는 점, 진정한 위기로 보이지 않는 19세기의 여러 전쟁이 사실은 앞으로 다가올 더 커다란 전쟁과 위기를 예고하고 있다는 점 등을 설파한 그의 예리한 통찰력이 돋보인다.

역사철학을 너무도 강력히 거부했던 이력 때문에, 또 그 스스로 갖고 있던 문학적이고 예술적인 성향 때문에 흔히 비(非)철학적,

부르크하르트의 「역사 연구에 대하여」 강의록 가운데
가장 많이 인용되고 있는 『사실들의 진리에 근거한 하나의 오래된
역사철학에 대한 시론』의 저자 에른스트 폰 라조(1805~61).

또는 반(反)이론적 역사가로 분류되어온 부르크하르트에 대한 전면 재해석이 필요한 이유도 바로 여기에 있다. 행여 전통적 해석에 동조하거나 익숙해져 있는 독자라면 위의 문장들을 다시 한 번 더 읽어보고 그러한 오해나 편견을 이번 기회에 말끔히 씻어 없애버리기를 강력히 권한다.

다음은 '위기의 일반적 특징'이라는 제목 아래 역사상 위기의 여러 사례들에 대한 언급이 이어진다. 사례는 시대 순서에 따라 나열되고, 따라서 가장 먼저 그리스 시대가 나온다.

"이리하여 그리스 국가들에 수많은, 이미 우리에게 자세히 알려진 위기들이 발생했는데, 그 위기들은 군주정, 귀족정, 참주정, 민주정, 전제정 등을 두루 거친다. 비록 이들은 진짜 위기이기는 하지만 지엽적이었고, 단지 부수적으로만 서로 비교될 수 있을 뿐인데, 그 이유는 그리스에서는 그 과정이 그저 순전히 지역적인 개별 과정으로 분산, 소멸되어버렸기 때문이다. 심지어 펠로폰네소스 전쟁조차 하나의 거대한 민족적 위기로서의 자리를 차지하지 못했는데, 그 민족적 위기는 아마도 하나의 거대한 국가로의 전환에 놓일 수 있을 것이다.〔……〕

로마에서는 그 모든, 이른바 혁명이라고 불리는 시기에도 본래의 거대한 근본적인 위기, 즉 역사가 집단지배〔대중지배〕 체제로 관통해가는 일이 언제나 회피되었다.〔……〕

로마 문제로 돌아가본다면, 어쨌든 여기서는 민족이동이 진정한 위기였다. 이 이동은 그러한 위기의 성격을 가장 많이 갖고 있었다. 즉 하나의 새로운 물질적인 힘이 하나의 오래된, 그러나 하나의 국가로부터 하나의 교회로 옮겨갔던 일종의 정신적인 변형작용 속에 계속 존속했던 힘과 융합했던 것이다."(『세계사적 고찰』, 165~167쪽)

로마는 몰라도 그리스의 경우는 좀 보충설명이 필요해 보인다. 부르크하르트는 그리스에서의 진정한 위기가 서양 역사상 최초이자 최대의 내전이라고 할 수 있는 펠로폰네소스 전쟁이 아니라 오히려 거대국가로의 전환, 즉 페르시아 전쟁에서 승리한 아테네의 거대국가화 또는 제국주의화에 있다고 단언한다. 아테네가 제국주의화하면서 그전까지 보여주었던 시민정의 순수하면서도 효율적인 모습이 사라지고 타락해가기 시작했다는 점, 펠로폰네소스 전쟁은 그 위기가 표면적으로 드러난 결과일 뿐이라는 점, 그리고 그 전쟁의 진정한 승자가 스파르타가 아니라는 점, 그 후로 그리스 세계가 급속히 쇠퇴일로를 걷기 시작했다는 점을 감안하면, 우리는 부르크하르트의 날카로운 통찰력에 다시 한 번 찬사를 보내지 않을 수 없게 된다.

이같이 부르크하르트는 각 시대별로 진정한 위기를 하나씩 규정해놓고 있는데, 구체적으로는 그리스와 로마 이전의 아득한 고대에는 여러 국가의 '계급과 세습계급의 봉기'에 의한 몰락이, 그리스의 경우는 이미 말한 대로 '대국가 체제로의 전환기'가, 로마제국의 경우는 게르만 족의 '민족이동'이, 중세에는 '십자군'이, 근대 초에는 '종교개혁'과 '종교전쟁'이, 근대에는 '프랑스혁명'과 '나폴레옹전쟁' 등이 각각 거기에 해당된다.

배를 움직이는 것은 화려한 돛이 아니다

역사상 대표적인 위기들이 사례로 거론된 이후에는 이제 위기들의 여러 양상, 본질, 특징과 유형 등의 일반화 이론이 전개된다. 먼저 '위대한 문화민족들의 위기들'에서 나타나는 일반적 현상에 대한 논의가 펼쳐진다.

"국가, 종교, 문화가 아주 변형된 형태로 서로 수평적으로 또는 수직적으로 조직화된, 그리고 대부분의 사물들이 그것들이 처한 상태 속에서 자신들의 기원(起源)과 맺은 정당한 연관성을 상실해버리게 되는 그런 엄청나게 복합적인 생활 상태에서는, 오래전부터 하나의 요소〔국가〕가 과도하게 연장되거나 권력 장악에 이르게 되고, 지상의 모든 양태에 따라 그 연장과 권력을 악용하는 반면, 다른 요소들〔종교, 문화〕은 지나치게 제한을 당하는 고통을 감내할 수밖에 없다."(『세계사적 고찰』, 167~168쪽)

상당히 까다로운 문체로 쓰인 이 인용문에서는 평범한 국가뿐만 아니라 위대한 문화를 창조한 문화민족들에게서조차 역사상의 위기의 순간이 오면 국가로 표현되는 정치 부분이 강력한 힘을 발휘하게 되고, 그에 따라 종교와 문화 등 비정치적 요소들은 상대적으로 위축될 수밖에 없음이 강조된다. 여기서 세 개의 포텐츠(Potenz)가 요소(Element)로 표현된 것이 특이해 보이고, 앞쪽의 '하나의 요소'를 국가로, 그리고 뒤쪽의 '다른 요소들'을 종교와 문화로 본 것은 나름대로 이유가 있는 내 해석에 근거한 것임을 밝혀둔다.

그렇다면 이러한 위기들은 과연 차단될 수 있을까? 만일 그것이 가능하다면 어떠한 위기들에서 그러하며, 만일 불가능하다면 왜 그럴까?

"로마제국의 위기는 차단될 수 없었다. 왜냐하면 그 위기는 거대한 생산력을 지닌 더 젊은 민족들이 몇 사람밖에 살지 않는 남쪽의 땅을 소유하고자 밀고 들어오면서 발생했기 때문이다. 그것은 부분적으로는 맹목적으로 수행되는 일종의 생리학적인 균형작용이었다.

이와 유사한 상태였던 것이 이슬람의 확산이었다.〔……〕

이에 반해 종교개혁은 본질적으로 차단될 수 있었을지 모르고, 프랑스혁명도 상당히 온건하게 진행될 수 있었다.〔……〕"
(『세계사적 고찰』, 168쪽)

생략된 부분 안에는 여러 이유와 근거, 상황 등이 언급되고 있지만, 뒤에 또 중복되어 나오기 때문에 여기서는 그냥 생략시켰다. 어쨌든 역사상 어떤 위기들이 불가피했고 어떤 위기들은 불필요했는지에 대한 생각은, '역사에서의 우연' 또는 '역사적 필연성'에 대한 담론과 맞물려 해당 역사가의 이념적인 성향을 드러낸다. 가령 종교개혁은 개신교의 교리에 충실한 사람에게는 필연적인 사건으로 비쳐지는 반면, 골수 가톨릭교도 또는 종교에 대해 상대적으로 무관심하거나 어느 종교나 다 포용하는 자유주의적 종교관을 가진 사람에게는 당연히 불필요한 사건으로 치부될 것이다. 부르크하르트는 바로 후자의 경우에 해당한다. 프랑스혁명은 좀더 복잡한 사건이고 그에 대한 다양한 입장들에 대한 해석도 신중하게 접근해야 하며 뒤에 더 자세히 나오기 때문에 여기서는 일단 다음 테마, 즉 위기의 전제조건에 대한 주제로 넘어가도록 하자.

"위기를 불러오는 외관상 근본적인 조건은 하나의 잘 정비된 교통체계가 있어야 한다는 것, 그리고 다른 문제들에 대해 유사한 사고방식이 이미 다른 넓은 지역으로 확산되어 있어야 한다는 것이다.

그래서 그 시기가 무르익고 또 진정한 문젯거리가 발생하면, 그것은 전파(電波)와 같이 엄청나게 빠른 속도로 수백 마일 거리까지 확산되고, 그리고 보통 때라면 서로 거의 모르고 지낼 매우 다양한 종류의 주민들 사이로 퍼져나간다. 그 소식은 바람을 가르며 퍼져나가 문제가 되는 그 사안에 대해 갑자기 모든 사람들이 알게 되고, 그래서 '그것은 달라져야 한다'라는 말조차 무딘 말이 될지 모른다."(『세계사적 고찰』, 169~170쪽)

여기서 부르크하르트가 위기의 전제조건으로 꼽은 '잘 발달된 교통망'과 '유사한 사고방식의 공유'는 어쩌면 위기 자체의 조건이라기보다 위기가 멀리 확산되기 위한 전제조건처럼 보인다. 부르크하르트도 어쩌면 그것을 염두에 두고 이런 말을 했을지 모른다. 그의 진정한 의도가 어디에 있든 일단 우리는 위기의 조건이라면 흔히 억압, 탄압, 착취, 고통 등의 상황을 떠올리게 되고, 그것에 대한 공감대가 광범위하게 확산되어 있거나 또는 그러한 생각과 감정의 통로가 잘 갖추어진 교통망을 따라 확산되어갈 때 위기가 빨리, 그리고 널리 찾아올 수 있다는 것은 당연한 이치다. 어쨌든 위의 조건에 부합하는 위기의 역사상의 사례로 부르크하르트는 제1차 십자군원정, 농민전쟁, 프랑스혁명 등을 들고 있다. 이것이 적절한 예인지에 대한 논쟁은 여기서 접어두고 다음 테마로 넘어가보자. 이후에는 위기의 각 단계마다의 모습들의 정형화 또는 범주화 작업이 이어진다.

"위기가 시작되는 시점의 모습에 대해 말하자면, 우선 부정적, 고발적 면모가 드러난다. 그 모습은 기존의 것들에 대한 쌓이고 쌓인 저항으로, 보통은 보다 더 큰, 알려지지 않은 억압 앞

에서 전율을 일으키게 하는 상들이 뒤섞여 나타난다. 〔……〕

어떤 하나의 문제 때문에 시작되는 위기는 다른 많은 문제들의 거센 바람을 동반하는데, 이때 여기에 참여하는 사람들은 이 사태를 결정적으로 지배하게 될 힘에 대해서는 전혀 모르게 된다. 개개의 인간들과 대중은 자신들을 억압하는 그 모든 것의 책임을 기존의 것들 중 마지막 상태에 전가시킨다. 사실은 그 대부분의 일들이 인간의 불완전성 자체에 속하는 문제인데도 말이다."(『세계사적 고찰』, 170~171쪽)

"이제 시작 단계에서의 **긍정적인**, 이상적인 면들이다. 이 측면은 가장 비참한 사람들이 아니라 엄청나게 노력하는 사람들이 〔위기를〕 시작한다는 사실에 달려 있다. 이들은 연설을 통해서든, 아니면 그밖의 개인적인 능력을 통해서든 막 시작된 위기에 이상적인 빛을 부여해주는 사람들이다.

하나의 위기의 정도와 가치, 특히 그 위기의 시작 단계에서 미치는 확산력을 올바로 평가하는 것은 영원히 불가능한 일이다. 왜냐하면 여기서 결정적인 것은 프로그램이 아니라 불타오를 수 있는 현존 재료들의 총량, 즉 고통 받고 있는 사람들만이 아니라 전반적인 변화를 지향하는 사람들의 수와 동원 가능성이기 때문이다. 단 한 가지 확실한 점은, 진정한 위기는 물질적 저항을 통해서만 비로소 불타오르고, 거짓의 또는 불충분한 위기는 아마도 선행했던 소란이 지나치게 크고 시끄러운 다음에 부르크하르트의 조카인 야코프 외리는 부르크하르트가 1868년에 「역사 연구에 대하여」라는 제목으로 강의했던 강의록을 편집, 집필해 『세계사적 고찰』을 출간했다. "모든 권력은 그 자체로 악이다"라는 유명한 문구가 들어 있는 육필원고의 일부분이다.

는 바로 마비되어버린다는 점이다.〔……〕

위기의 공식적인 경기장은 거대한 국민의회다.〔……〕

한때 억압적이었던 옛날 세력이 사라지고 그 세력의 대표자들이 쫓기는 위기의 첫 단계에서는, 최초의 지도자들이 제거되거나 대체되는, 어리석은 놀라움을 야기하는 현상이 시작된다. 〔……〕

화려하고 거대하게 부풀어오른 돛은 스스로를 배를 움직이게 하는 원인으로 자처하지만, 사실은 고작 매 순간 방향을 틀거나 멈출 수 있게 하는 바람을 맞아들이는 일을 할 뿐이다."(『세계사적 고찰』, 172~176쪽)

위기의 시작 또는 초기 단계는 이같이 그 이전 시기의 억압적 모습을 고발하는 '부정적인 면'과 새로운 사회를 건설하겠다는 '이상적인 면' 등 두 가지 측면을 갖는다. 그리고 대부분의 위기는 누적되고 잠재된 사회의 모순적 모습들의 총합이 하나의 단순한 사건을 계기로 촉발되어 전체로 확산된다는 점, 위기의 강도는 사회 변혁의 프로그램이 위기를 담당할 세력의 숫자에 의존한다는 점, 모든 진정한 위기는 물질적인 원인에 의해 야기된다는 점, 위기를 주도해가는 것처럼 보이거나 스스로 느끼는 세력들이 사실은 그들보다 더 큰 보이지 않는 힘에 의해 이끌려 간다는 점 등 지극히 현실적인 통찰들이 줄줄이 이어진다. 다음은 위기의 본격적인 단계다.

"다음 단계에 이르면 하나의 거대한 위기가 이상주의적 위기 창조자들을 소름끼치도록 만들 그런 '사회적인 것', 즉 궁핍과 욕심이 함께 작용하는데, 이러한 현상은 일부는 시민적 교류[거래]가 중지되는 것을 통해서, 일부는 제멋대로의 강도질을 통해서, 또 일부는 처벌이 이루어지지 않는 것을 통해서 나타난다.〔……〕

그렇다. 이 세상의 모든 **여타**의 생활은 소용돌이치면서 위기와 친화적이면서도 적대적인 수천 가지의 관계를 맺으며 뒤섞이게 된다.〔……〕

만일 두 개의 위기가 **중첩**되면, 순간적으로 더 강한 위기가 더 약한 위기에 의해 먹혀버리고 만다.〔……〕"(『세계사적 고찰』, 176~177쪽)

"이제 반항하는 세력들에 대해 살펴보자. 그 세력들이란 오래전부터 존속하던 권리들, 즉 법이 되어버린, 그리고 그 존재가 도덕과 문화를 모든 방식으로 연결시켜주는 그런 기존의 모든 제도들이자, 더 나아가〔그 제도들을 이끌어가던〕당대의 책임자들이자, 의무와 장점을 통해 그 제도에 묶여 있는 개인들이다.

그 때문에 이 **투쟁**은 끔찍하고, 열정은 양쪽 편에서 모두 쏟아져나온다. 각 파벌은 그들이 '가장 신성시하는 것'을 방어하는데, 이쪽에 추상적인 충성의무와 종교가 있다면, 저쪽에는 하나의 새로운 '세계원리'가 있다.〔……〕

이 시기에는 모든 대가를 치르고서라도 반드시 성공을 거두어야 하는 필연성이 수단을 완전히 무시하게 만들고, 〔위기의〕 초기에 도입한 원리들을 철저히 망각하게 만든다. 그리하여 사람들은 이 모든 진짜의, 열매를 가져다줄, 건설적인 사건들을 완전히 불가능하게 만드는, 이 모든 위기를 곤경에 빠뜨려버리는 테러리즘에 이르게 된다. 이 테러리즘은 자신의 기원(基源)을 외부로부터의 위협이라는 잘 알려진 변명에 두곤 하지만, 사실 부분적으로는 내부의 적들을 향해 극도로 치솟은 분노에서, 또는 손쉬운 통치수단을 갖고자 하는 욕구에서, 또는 자신들이 소수에 지나지 않는다는 점증하는 의식으로부터 나온다.〔……〕

그리하여 적대자의 절멸이 잘못된 사람들의 눈에는 유일한 구제책으로 보인다.〔……〕 진짜 유령 보기(Gespenstserherei)와 같은 일이 지배하게 되면, 사람들은 범주별로 원칙적인 선택 기준을 가지고 완전히 파괴하게 되지만, 익명으로 무차별적으로 자행되는 이 거대한 대량학살은 아주 작은 효과만을 얻을 뿐이다. 그 이유는 그 학살이 기회가 될 때마다, 그런 처형은 주기적으로, 그리고 끝없이 자행될 것이기 때문이다.〔……〕

그러나 가끔씩 테러리즘의 반격은 위기 그 자체에 해당된다. 혁명은 그 자신의 자식을 잡아먹는다. 위기의 단계마다 그 직전까지 있었던 단계의 대표자들을 온건파로 몰아세우며 잡아먹어 버리기 때문이다."(『세계사적 고찰』, 177~179쪽)

여기서는 위기가 본 궤도에 오르면 폭력이 난무하게 되고, 그 폭력을 잠재우기 위한 또 다른 폭력, 즉 테러리즘이 횡행하며, 그러한 행위들이 다시 위기를 고조시킨다는 점을 지적하고 있다. 다음은 역시 위기의 본 과정으로서 폭력주의에 대한 반발과 저항 단계의 서술이다.

"위기가 어쩌면 동일한 문화권의 몇몇 민족들에게 영향을 주고(특히 위기는 작은 국가들을 기꺼이 감동시킨다), 그곳의 응집된 힘과 정열과 결합하며, 그곳의 사람들에게 독특한 반향을 불러일으키는 반면, 그것이 발생한 국가에서는 이미 마비와 붕괴가 막 시작될 수 있다. 그래서 위기의 원래 경향이 반대 방향으로 흘러갈 수 있다. 사람들이 반동이라고 부르는 것이 등장한다."(『세계사적 고찰』, 179쪽)

이 반동의 원인으로 부르크하르트는, 엄청난 과열상태 뒤에는 곧바로 피곤과 권태가 찾아온다는 점, 위기의 전반부에 활약했던 대중이 곧 무너지고 될 대로 되라는 식의 태도를 취한다는 점, 폭력이 판을 칠 때는 잠자코 있던 세력들이 위기에 의해 각성되면서 갑자기 자기들 몫의 전리품을 요구하며 급부상하게 된다는 점, 초기의 강력한 세력들이 몰락하면서 이제 허약하고 아류적인 위기의 제2세대가 등장한다는 점, 그 와중에 살아남은 생존자는 이제 목숨과 향락을 갈구하면서 내면적으로 변질된다는 점 등을 든다.

다음은 평정을 되찾는 단계에 대한 서술이다.

"믿을 수 없는 것은 그러고 난 후에 찾아오는 냉정함이다. 이 것은 심지어 모든 경우의 비참함과도 무관하게 나타난다. 사람들은 최대의 인내심을 가지고 가장 측은한 정부조차 받아들이고, 바로 얼마 전까지만 해도 모두 폭파시켜버렸을지 모르는 그 모든 사항을 조용히 참아낸다."(『세계사적 고찰』, 181쪽)

이 냉정함은 사실 위 인용문 바로 직전에 언급했던 '반동'과 맞물려 나타나는 현상이다. 그도 그럴 것이 사람들은 격렬한 변화 뒤에 자신을 뒤돌아보게 되고, 격한 변화에 대한 반작용으로 반동 또는 반혁명이 발생하게 마련이며, 이제 이 모든 사태에 지친 사람들은 어떤 형편없는 정부라도 용인하게 되어 있기 때문이다. 이어 부의 분배, 그것이 불러올 후폭풍 등에 대한 언급이 나오고, 다음에는 전쟁과 군국주의에 대한 단계로 넘어간다.

"그리고 이제는 전쟁과 군국주의가 그 역할을 수행한다.[……] 위기가 전복되면, 그리고 모두가 너무도 지친 시대가 찾아오면, 곧바로 예전의 일상, 경찰, 군대 등 이전 시기의 권력수단들이 과거의 모습 그대로 재조직된다.[……]
이제 쿠데타가 등장한다. 쿠데타란 합법적으로 간주되는, 위기로부터 살아남은 국가의 대표를 국민의 동의 아래서건 무관심 상태에서건 군사적 힘으로 제거하는 것을 말한다. 마치 기원전 49년의 카이사르, 1653년의 크롬웰, 그리고 두 명의 나폴레옹이 감행했던 것처럼 말이다."(『세계사적 고찰』, 185쪽)

여기서 전쟁이란 내부에서 벌인 전쟁, 즉 내전이 될 수도 있고, 외부 세력과 싸우는 전쟁이 될 수도 있다. 그러나 특별한 경우를 제외했을 때, 부르크하르트가 말하는 위기에서는 성격상 내전을 말한다. 물론 그 전쟁과 군국주의조차 결과적으로 쿠데타로 끝나는 경우가 대부분이긴 하지만 말이다. 그럼 이 뒤에 이어지는 마지막 단계들을 살펴보자.

"위기 뒤의 전제주의는 먼저 합목적적 명령체계와 순종적 복종체계의 수립을 의미하는데, 이 과정에서는 그동안 풀렸던 국가의 끈이 다시 새롭고 견고하게 묶이게 된다. 이 전제주의는 사람들이 스스로 통치능력이 없다는 직접적인 자기고백적 통찰에 근거한다기보다는 오히려 최초이자 최상의 자들, 가장 무자비한 자들, 무시무시한 자들로부터 체험하게 된 지배에 대한 공포에 근거한다.[······]

전제군주는 수많은 좋은 일들을 행할 수 있지만, 그가 할 수 없는 단 한 가지는 합법적인 자유를 수립하는 일이다.[······]

전제주의 아래에서의 다음 현상은 하나의 거대한 물질적 번영이 될 수 있다. 이와 함께 위기에 대한 기억은 사라지게 된다.

〔……〕"(『세계사적 고찰』, 185~186쪽)

위기 이후 가장 먼저 오는 것은 전제주의다. 전제주의는 위기 뒤에 쿠데타를 통해 집권한 철권 통치자가 국가의 재건과 영광을 위해 노력하는 단계다. 물론 이러한 체제를 묵인하는 국민 정서의 근저에는 바로 무자비한 권력에 대한 공포가 자리 잡고 있다. 그리고 이 체제는 기본적으로 독재체제이다 보니 인권 수립과는 거리가 멀 수밖에 없다. '합법적 자유의 수립'을 이 독재체제가 할 수 없는 유일한 일로, 즉 읽기에 따라서는 별로 큰 문젯거리가 아닌 것으로 표현된 것은, 부르크하르트 자신이 보수적 자유주의자였다는 점을 감안했을 때 상당히 역설적이다.

그렇지만 이 독재체제 아래서 경제번영의 성과를 이루면서 위기에 대한 기억이 사라진다는 지적은 매우 적확하다. 멀리 갈 것도 없이 1960~70년대 박정희의 개발독재를 떠올려보면 이 말의 진의를 금세 깨달을 수 있으리라.

"그다음에는 왕정복고가 뒤따른다.〔……〕여기서는 동일한 민족 안에서 패배를 당한 당파의 건설, 즉 위기 이후에 되돌아온 망명객들을 통해 이루어진 부분적인 정치적 왕정복고가 문제가 된다.

왕정복고는 아마도 그 자체로 정의의 확립, 즉 그동안 중단되었던 민족 총체성의 확립일지 모르지만, 실제로는 위기가 광범

위하면 할수록 더욱더 위험해진다.〔……〕

사람들이 파괴된 과거의 잔해들과 원칙들을 재건하고자 노력하는 한편, 이제는 위기 이래 성장해온, 그리고 이미 젊음의 특권을 갖고 있는 새로운 세대가 등장한다. 그리고 이 모든 새로운 현실은 이미 지나간 것들의 파괴 위에 근거하고, 이 현실의 많은 부분은 더 이상 그 자신의 책임이 아니며, 그 때문에 이 현실은 사람들이 그 현실에 요구하는 복구를 하나의 획득된 권리의 침해로 간주한다.

바람직한 것은 망명자들이 돌아오지 않거나 돌아오더라도 최소한 보상 요구는 하지 않는 것, 그들이 고통당한 일을 지상의 운명의 일부로 수용하는 것, 그리고 단순히 시간에 따라서만이 아니라 균열의 크기에 따라서도 판결할 시효 만료의 법을 인정하는 것이다."(『세계사적 고찰』, 186~187쪽)

이 왕정복고로 넓은 의미의 위기의 전 과정은 종료된다. 이 시기에는 과거와 현재, 옛것과 새것의 혼재 또는 결합이 주목된다. 특히 위기와 더불어 성장한 '새로운 세대'에게 아무런 책임도 전가하지 않는 부르크하르트의 노련함이 돋보이고, 망명자들이 돌아오지 않는 것을 바람직한 현상으로 간주하는 것으로 미루어 역시 그의 자유주의적 이념을 엿볼 수 있다.

마지막 부분은 그냥 끝내기가 아쉬웠는지 '위기에 대한 칭송'으로 장식되어 있다. 그 안에는 우리 모두가 새겨들을 만한 다음과 같은 내용들이 나온다.

"위기를 칭송하기 위해서는 무엇보다 열정, 즉 단지 옛것의 파괴만이 아닌 어떤 새로운 것을 원하는 진정한 열정이 바로 위대한 일의 어머니라는 점이 먼저 언급되어야만 한다.〔……〕

위기와 심지어 그 위기에 대한 열광조차 (물론 해당 민족이 처해 있는 연령대에 따라 다르긴 하지만) 삶의 진짜 표식으로 간주될 수 있다. 그리고 위기 자체는 자연의 보완적 힘으로 열병과 같은 것이다. 그 열광은 사람들이 재산과 생명보다도 더 높이 평가하는 사물들을 알고 있다는 표식으로 간주된다. 다만 사람들은 다른 사람들에 대항한 열광적인 반대자이거나 자신을 위한 끔찍한 이기주의자가 될 필요는 없을 것이다.

모든 정신적인 발전은 마치 개인에게서처럼 여기서는 그 어떤 전체 속에서 급작스럽고 느닷없이 발생한다. 위기는 하나의 새로운 발전의 매듭으로 간주될 수 있다.〔……〕

위기는 문학 그리고 예술과 특별한 관계를 맺는다. 적어도 위기가, 이슬람이 조각, 회화, 시를 불가능하게 했던 것처럼 파괴적으로 작용하지 않는 이상, 또는 정신적인 개별 힘들에 대해 부분적으로는 지속적으로 억압하지 않는 이상 그렇다는 말이다.〔……〕

힘이 있는 사상가, 시인, 예술가들이 그들이 힘이 있기 때문에 위험한 분위기를 사랑하고 좀더 신선한 공기의 흐름 속에 잘 존재한다는 점이 드러난다. 커다란 비극적인 체험들은 정신을 성숙시키고, 그 정신에 사물을 측정하는 하나의 다른 척도, 지상의 것에 대한 보다 더 독립적인 평가기준을 제공한다. 아우구스티누스의 『신국론』은 서로마제국의 몰락이 없었더라면 그렇게 의미 있는, 그리고 독립적인 책이 되지 못했을 것이다. 단테도 망명생활 중에 『신곡』을 지었다."(『세계사적 고찰』, 188~189쪽)

전혀 그럴 것 같지 않은 보수주의자 부르크하르트는 여기서 여러 전거들을 끌어들이며 위기 자체를 찬양하고 있다. 물론 여기서 전개되는 위기의 긍정적인 면은 '역사위기론'의 처음부터 줄곧 이어져온 위기의 부정적인 면에 대한 반작용, 즉 위기에 대한 변증법적 사유의 시도로 간주될 수 있을 것이지만, 그런 점을 감안하더라도 칭송의 강도는 일반적인 정도를 넘어서 있다. 그동안 관행적으로 각인되어온 부르크하르트의 사상적 면모를 생각하면 전혀 새로운 모습이 아닐 수 없다.

역사위기론 뒤에 부르크하르트는 '오늘날 위기의 기원과 속성'이라는 제목의 부가문을 첨가해 1830년 7월혁명, 1848년 2월혁명, 3월혁명 등 19세기의 주요 위기들에 대해 개괄적으로 묘사해나간다. 그러나 그 내용은 이미 앞에서 언급했던 현재비판과 많은 부분이 중복되기 때문에 여기서는 생략하기로 한다.

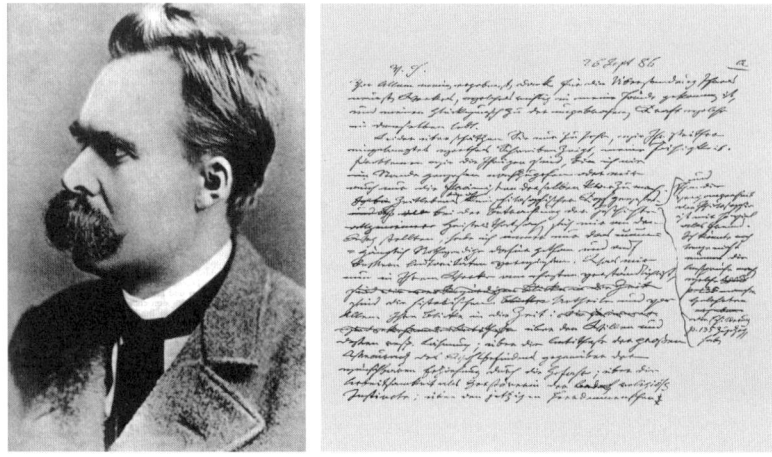

부르크하르트의 역사사상에서 많은 영향을 받았던 1887년의 프리드리히 니체(왼쪽)와
1886년 9월 26일, 부르크하르트가 니체에게 보낸 편지의 초안 가운데 첫 장.

모든 과거는 유죄다

눈치 빠른 독자는 이미 알아차렸겠지만, 지금까지 살펴본 부르크하르트의 '역사위기론'의 배경과 탄생의 모델이 된 것은 프랑스혁명이다. 그 각 단계들을 프랑스혁명과의 비교연관 속에서 다시 요약해보자.

1. 위기의 초기 단계에서 사회의 부정적인 모습이 고발된다→ 1789년 삼부회의 소집을 위해 제3신분 대표들을 선출하는 과정에서 구체제의 여러 모순을 적시한 카이에(Cahier) 작성.
2. 위기의 초기 단계에서 누적된 사회의 총체적 모순이 하나의 사건에 의한 촉발된다→ 바스티유 감옥 습격사건.
3. 위기의 초기 단계에서 새로운 사회 건설을 향한 열정이 담긴 긍정적이고 이상적인 모습이 표현된다→ 봉건제 폐지 선언과 인간과 시민의 권리 선언.
4. 진정한 위기는 오직 물질적 저항을 통해 야기된다→ 파리의 서민층 여인들이 "우리에게 빵을 달라"며 베르사유 궁전으로 행진한 사건.
5. 위기의 중간 단계에서 사회적인 것, 즉 궁핍과 욕심이 등장한다→ 식량난과 물가고 등으로 인한 경제위기와 이를 해결하기 위한 국민의회의 교회와 수도원 재산 몰수 및 아시냐 지폐 발행.
6. 위기의 중간 단계에서 위기들이 중첩된다→ 입법의회 단계

에서 혁명전쟁의 시작.

7. 위기의 중간 단계에서 반항과 저항 세력들이 등장한다→ 입법의회 단계에서는 공화주의자들 또는 자코뱅파가, 국민공회 단계에서는 입헌군주제 옹호자들 또는 지롱드파가 각각 반항과 저항 세력으로 등장.

8. 위기의 중간 단계에서 테러리즘이 등장한다→ 국민공회 단계에서의 자코뱅파에 의한 공포정치.

9. 위기의 중간 단계에서 반동이 발생한다→ 프랑스혁명에 반대하며 일어난 방데 지방에서의 반혁명 반란.

10. 위기의 중간 단계에서 냉정함과 침착함을 근거로 한 진정국면이 등장한다→ 방데 반란 진압 이후 로베스피에르의 공포정치 아래서와 테르미도르파가 로베스피에르를 제거한 이후 총재정부 아래서의 국민의 인내.

11. 위기의 결말 단계에서 전쟁과 군국주의가 등장한다→ 총재정부 아래서 지속된 전쟁과 군벌들의 횡행, 군국주의의 만연.

12. 위기의 결말 단계에서 쿠데타가 발생한다→ 총재정부를 붕괴시킨 나폴레옹의 쿠데타.

13. 위기의 결말 단계에서 전제주의가 등장한다→ 통령정부에서 제정으로 헌법을 바꾼 후 스스로 황제가 된 나폴레옹의 전제정치.

14. 위기의 결말 단계에서 왕정복고가 이루어진다→ 나폴레옹의 실각 후 루이 18세의 즉위로 이루어진 부르봉의 왕정복고.

이 내용들을 보면 부르크하르트가 현재의 위기를 자신의 역사위기론의 전범으로, 현재비판을 자신의 역사이론의 준거로, 그래서 간단히 말하면 결국 현재를 역사의 출발점으로 삼았음이 재확인된다. 또 한 가지 부정할 수 없는 사실은 부르크하르트가 자신의 역사위기론을 통해, 역사를 위기, 파국, 몰락, 종말 등의 부정적 또는 비판적 관점에서 바라보았던 아우구스티누스, 요아킴 피오레, 베르자예프(Nikolai Berdyaev), 니체, 베냐민, 코제브(Alexandre Kojève), 후쿠야마(Francis Fukuyama) 등 그 이전이나 이후의 서양의 비관주의적 또는 종말론적 역사관을 대표하는 사상가들의 계보 안에 한 자리를 차지하게 된다는 것이다. 이들 중 특히 부르크하르트와 친분관계를 맺고 있던 동시대의 사상가 니체와의 비교를 통해 그 내막을 좀더 자세히 살펴보자.

부르크하르트와 니체 사이의 수많은 공통점은 그들이 모두 쇼펜하우어의 철학에 매료되어 자신들의 사상을 전개했다는 사실, 그리고 니체가 부르크하르트로부터 역사사상적으로 많은 영향을 받았다는 사실에 근거한다. 그 둘은 감성을 중시하며 염세주의적 세계관을 갖고 있던 쇼펜하우어를 '우리 시대의 철학자'로 규정하고 이성 중심의 절대정신을 지향하던 헤겔 철학에 반기를 든다. 이에 근거하여 세상을 바라보는 두 사람의 눈은 대체로 비관적, 비판적으로 경도되어 있었는데, 그러한 사유 경향은 멀리는 과거의 역사를 해석하는 데서나, 가까이는 자신들이 살아가는 현재 상황 또는 미래의 전망까지 어두운 빛깔로 그려내는 데 일조한다.

그들은 특히 그리스 문화와 정신이 괴테나 실러(Friedrich von Schiller) 등 독일의 고전주의 작가들이 보았던 것처럼 우아하고 화려하며 낙관적으로 채색되어 있었던 것이 아니라, 오히려 생에 대해 고통스럽고 어두우며 비관적인 관점을 유지하는 데 있었다고 주장한다. 이러한 정신 경향이 바로 그리스 비극 등 위대한 예술작품을 탄생시켰다는 것이다.

자신들이 속해 있던 19세기에 대해서도 부르크하르트와 니체는 모두 국가와 종교를 불신했고, 당시의 국가주의, 민족주의, 군국주의 경향을 경고했으며, 이러한 경향들의 결실이자 결과라고 할 수 있는 1871년 독일민족의 통일, 즉 독일제국의 탄생을 강력히 비판했다. 왜냐하면 이처럼 국가와 민족 위주의 이념과 사건들이 바로 자유롭고 창조적이면서 자발적인 문화, 특히 독일문화의 전개와 발전을 저해한다고 보았기 때문이다. 간단히 말하면 그들은 프랑스혁명 이후 당대를 혁명의 시대, 즉 위기의 시대로 보았던 것이다.

둘 사이의 차이가 있다면, 니체가 부르크하르트보다 비관적이고 비판적인 관점을 더 극단적으로 밀고나갔다는 점이다. 과거나 당대의 역사를 비록 비판적으로 바라보기는 했을지언정 역사의 연속성을 신뢰하고 서양의 문화적, 지적 전통을 중시했던 부르크하르트와 달리 니체는 역사철학이나 역사주의뿐 아니라 역사문화 전반을 비판 또는 거부하는 데까지 나아간다. 특히 『반시대적 고찰』의 두 번째 작품인 「생에 대한 역사의 유용성과 폐단」에서 니체는 '역사'가 '삶' 위에 존재하는 역설을 꼬집고 그 둘의 위치와 가치를 전도시킨다. "모든 과거는 유죄 판결을 받을 만한 가치가 있다"는 니체의 구호 한마디[2]가 이 모든 것을 대변한다. 매 현재의 역사를 '비상사태'로 보았던 베냐민처럼 결국 부르크하르트와 니체도 역시 모든 역사를 '위기상태'로 보았던 셈이다.

역사에서는 누구를 위인이라 하는가

역사에서의 위인

"세계사의 개인들에게서 가장 찾아보기 힘든 것이 바로 영혼의 위대함이다. 영혼의 위대함은 도덕성을 위해 이익을 포기할 수 있는 능력 안에, 내면의 선의에서 나온 자발적 제한 안에 놓여 있다."

'위인'이란 대체할 수 없는 유일한 인물이다

개인은 과연 사회를 구성하고 변화시키는 '주체'인가, 아니면 전적으로 사회에 의해 규정되고 사회에 의존해서만 생존 가능한 나약한 '객체'인가? 사회는 개인에게 일정한 힘을 발휘하는 '실체'인가, 아니면 개인들을 떠나면 아무런 의미도 갖지 못하는 '허상'에 불과한가? 개인은 사회에게, 또는 사회는 개인에게 어떠한 영향을 주고받는가? 인간 역사가 시작된 이래 전개되어온 개인과 사회의 우열논쟁, 또는 둘 사이의 관계규정 논란은 오늘날까지도 여전히 미해결된 숙제로 남아 있고, 앞으로도 쉽게 풀릴 것처럼 보이지 않는다.

이제 사회를 역사로 대체시켜 '역사'와 '개인' 간의 관계를 살펴보자. 역사에서 개인을 언급했을 때, 이때 개인은 19세기까지만 해도 역사상 특별한 족적을 남긴 인물, 즉 위인이나 영웅을 말하는 것으로 이해되었다. 따라서 당시까지만 해도 역사란 기껏해야 "정치나 전쟁에서의 위인이나 영웅들의 전기"(E. H. Carr) 정도로 간주되었다. 다시 말해 프랑스혁명의 여파로 이제 막 민주주의 또는 자유주의 이념이 확산되기 시작한 19세기까지만 해도 사람들은 역사가 불과 몇 안 되는 위인들에 의해 좌우된다고 생각했다.

역사에서 개인보다 대중, 인간보다 사회에 더 관심을 기울이기 시작한 것은 겨우 얼마 전, 그러니까 20세기에 들어와서다. 최근에야 비로소 사회사 등의 영향으로 역사학의 연구대상이 개인의 행동에서 사회적 힘의 작용으로 전환하기 시작한 것이다. 그 점에서 19세기는, 적어도 이 테마에 한정해서만 말한다면 여전히 전근대적인 시대였던 셈이다.

19세기 한복판을 살았던 부르크하르트도 예외는 아니었다. 그가 역사에서 위인에 대해 논의했던 것은, 특히 그가 인간학적, 병리학적 관점에서 역사를 바라보았던 점을 감안하면 어쩌면 지극히 자연스러운 일이다. 앞서 보았던 대로 부르크하르트에게서 역사의 출발점은 "현재도 과거에도 미래에도 늘 견디면서 노력하고 행동하는 인간"에게 두어지기 때문이다. 그의 다른 이론들과 마찬가지로 역시 강의 「역사 연구에 대하여」 안에 수록되어 있는 부르크하르트의 '역사위인론'은 그 강의 이전에 행해진 '역사적 위대성에 대하여'(Über historische Größe)라는 제목의 대중강연이 기초가 된다. 동일한 내용의 강연록이 이제 강의 「역사 연구에 대하여」에서는 헤겔과 랑케를 동시에 연상시키는 '개체와 보편'(Die Individuen und das Allgemeine)이라는 제목 아래 전개된다. 개인을 개체로, 그리고 개인들이 모인 사회를 보편으로 이해한다면 전혀 터무니없는 제목이라고 할 수는 없다.

부르크하르트의 '역사위인론'은 역사적 위인을 다양한 측면에서 정의하는 서론부, 역사적 위인들의 등급과 서열을 규정하고 정치적 위인들을 중심으로 역사적 위인들의 특성과 유형을 고찰하는 본론부, 오늘날 위인의 의미와 필요성 여부를 논하는 결론부 등 크게 세 부분으로 나뉜다. 순서에 따라 먼저 서론부의 위인에 대한 정의부터 살펴보자.

"세계 포텐츠들(Weltpotenzen) 간의 지속적인 상호 작용에 대한 우리의 관찰은, 가속화된 과정에 대한 관찰로 이어진 후 개별 인간들 안으로 집중된 세계운동에 대한 관찰로 끝을 맺게 된다. 즉 우리는 이제 위대한 인물들을 취급하고자 한다.〔……〕

우리는 우리의 왜소함, 방만함, 산만함을 우리의 출발점으로 삼는다. 위대함이란 우리가 아닌 어떤 것이다. 풀숲의 딱정벌레에게는 개암나무가 (만일 그 벌레가 그 나무에 주의를 기울인다면) 아주 커 보일 수 있다. 왜냐하면 그것은 겨우 하나의 딱정벌레에 불과하기 때문이다.〔……〕

진짜 위대함은 하나의 신비다.〔……〕

결국 우리는 우리에게 위대하게 보이는 개인의 전체가 여러 민족과 여러 세기를 넘어서 나중에까지 우리에게 **마법적으로** 영향을 미친다는 사실을, 단순히 전승된 자료들의 경계를 훨씬 넘어 그 멀리까지 영향을 미친다는 사실을 알아채기 시작한다.

위대함에 대한 설명이 아니라 또 하나의 해석이 이 지점으로부터 **유일성과 대체불가능성**이라는 말들과 더불어 나온다. 위인이란 자기 시대와 환경 안에서 오직 그를 통해서만 특정의 거대한 업적들이 가능했고, 안 그러면 상상할 수 없기 때문에 그 없이는 이 세계가 우리에게 불완전하게 보일, 그러한 인간이다. 그는 본질적으로 원인과 결과의 거대한 주요 흐름 안에 엮여 있다. 속담에서는 '대체될 수 없는 인간은 없다'고 말한다. 그러나 대체 불가능한 몇 안 되는 사람들이야말로 위대하다.〔……〕

오직 엄청난 지적인 또는 도덕적인 힘으로 무장된 사람만이, 그리고 보편적인 것, 즉 전체 민족 또는 전체 문화, 그러니까 전체 인류와 관련된 일을 행하는 사람만이 유일하고 대체 불가능하다."(『세계사적 고찰』, 209~211쪽)

부르크하르트는 우선 '위인'을 정의하기에 앞서 '위대함'이 무엇인지부터 밝히고 시작한다. 위대함은 크게 다음 세 가지 차원에서 규정된다.

1. 비범함: 위대함은 우리가 아닌 어떤 것, 즉 우리 범인(凡人)들이 감히 범접할 수 없는 어떤 대상이다.

2. 신비함: 위대함은 신비 그 자체, 즉 너무나 신비롭기 때문에 쉽게 정의되거나 이해될 수 없는 성질의 것이다.

3. 영향력: 위대함은 민족과 시대, 즉 시간과 장소를 초월해서 광범위하게, 그리고 지속적으로 후세의 우리 범인들에게 영향을 미치는 그 어떤 것이다.

물론 이 세 가지 차원은 서로 연결되어 있고, 이 세 가지 자질을 모두 갖춘 사람이 바로 위인이 될 것이다. 그래서 부르크하르트는 이 세 성질을 하나로 집약시켜 위인을 '유일성'과 '대체불가능성'으로 정의한다.

풀어서 표현하면, 위인이란 '이 세상에 유일하기 때문에, 그 어떤 누구로도 대체가 안 되는 그런 인간'인 셈이다. 그 없이는 이 세계가 우리가 알고 있는 것처럼 되지 않았을 것이다. 따라서 오직 그를 통해서만 이 세계와 역사를 이해할 수 있는 그런 인물이다. 그리고 위인은 (나중에 정치적 위인들에 대한 설명 부분에서도 표현되겠지만) 전체 민족 또는 전체 인류와 관련된 어떤 '보편적인 것'을 실현하는 사람이다. 위인이란 바로 '보편성을 체현하는 개체'이다. 부르크하르트는 적어도 이 주제와 관련해서 헤겔에게서 지대한 영향을 받았고, 그의 역사위인론은 그 점에서 매우 헤겔적이다. 이에 대해서는 결론 부분에서 다시 자세히 설명될 것이다.

위인은 모범이 아니라 예외다

다음은 위인의 종류와 그들 각각의 특징이 논의된다. 먼저 위인의 종류는 부르크하르트의 '포텐츠론'에서 언급한 국가, 종교, 문화 등 세 개의 포텐츠에 입각해 정치적 위인, 종교적 위인, 문화적 위인 등으로 대별된다. 부르크하르트는 여기서 문화적 위인부터 논의한다.

"위인들에게서 정점에 이르거나 그들을 통해 변형될 그런 보편적인 것은 매우 다양하다.
먼저 연구자, 발견자, 예술가, 시인, 요컨대 정신의 대표자들이

따로 고찰될 수 있다.〔……〕

예술가, 시인, 철학자, 연구자, 발견자 들은 많은 사람들이 자신들의 세계관을 형성하는 데 의존하게 되는 '의도'와 충돌을 일으키진 않는다. 그들의 행위는 '생'에, 다시 말해 많은 사람들의 이익과 손해에 〔직접〕 영향을 주진 않는다. 사람들은 그들에 대해 어떤 것도 알 필요가 없고, 따라서 그들로 하여금 유용성을 발휘하도록 만들 수 있다.〔……〕

예술가, 시인, 철학자는 두 가지 기능을 갖는다. 즉 하나는 시간과 세계의 내적인 내용을 이상적으로 표현하는 것이고, 또 하나는 그 내용을 사라지지 않을 지식으로 후세에 전달하는 것이다."
(『세계사적 고찰』, 213~214쪽)

이 인용문 이후 부르크하르트는 그 스스로 문화 부문의 위인들로 간주한 발명가와 발견자, 학문적 연구자, 시인, 예술가, 즉 화가, 조각가, 건축가, 음악가 등을 차례로 논의해나간다. 그중 많은 내용들이 예술 자체의 특성 또는 특질과 겹치기 때문에 이 책의 예술 부문에 대한 장(章)에서 따로 자세히 논의하기로 하고, 여기서는 순전히 '위인'과 관련된 내용만 뽑아서 얘기하도록 하자. 다시 돌아와, 위의 인용문에서 부르크하르트는 예술가의 두 가지 기능을 말하고 있는데, 우리는 여기서 그의 사상가 또는 철학자다운 면모와 다시 맞닥뜨리게 된다. 어쩌면 예술가의 기능이 아니라 예술 자체의 기능처럼 보이는 그 두 가지 중 하나는 이 세계의 이상적 표현이고, 또 하나는 그것을 후세에 전달하는 것이다.

부르크하르트가 예술을 이 세계의 이상적 표현으로 정의한 것은 그가 예술에 관한 한 아주 고전적인 관점에 서 있음을 의미한다. 굳이 전통을 따지자면, 플라톤과 헤겔 계통보다는 아리스토텔레스와 실러 계통에 가깝다. 왜냐하면 이데아의 불완전한 모사로서의 자연을 다시 불완전하게 모사한 예술을 자연보다 더 낮게 평가한 플라톤과는 달리, 아리스토텔레스는 비록 자연을 모방했을지언정 예술을 새로운 세계를 창조해나가는 하나의 독창적이고 독립적인 영역으로 인정했기 때문이다. 그럼 문화적 위인들에 대한 설명 중 특기할 만한 것들만 간추려 순서대로 인용해보자.

"멀리 떨어져 있는 땅의 발견자 중에서는 콜럼버스만이 위대하다. 그는 자신의 생애와 엄청난 의지력을 하나의 가설(假說)에다 바쳤는데, 이 점이 바로 그를 가장 위대한 철학자들과 동일한 반열에 올려놓았다. 지구가 구형일 것이라는 확신은 그 이후로 모든 생각의 전제조건이 되었으며, 그 이후의 모든 생각은 오직 이 전제조건을 통해 퍼져나간 이상, 그 생각들은 어쩔 수 없이 콜럼버스의 덕을 입고 있다."(『세계사적 고찰』, 215쪽)

여기서 부르크하르트는 발견자 또는 발명가를 문화적 위인으로 분류하고 있는데, 특이하게도 다른 발견자나 발명가는 진정한 위인으로 불리기에 부적합하지만, 오직 콜럼버스만은 위인으로 간주되어야 함을 역설한다. 자신이 믿던 신념에 자신의 삶과 모든 것을 다 바쳤기 때문이라는 것이다. 납득할 만한 설명이긴 하지만, 그리고 발명가까지는 이해할 수 있지만, 먼 대륙의 발견자도 과연 문화 분야의 위인으로 분류될 수 있는지에 대해서는 의문의 여지가 남는다. 더구나 콜럼버스가 당시 아메리카 원주민들에게 엄청난 고통을 안겨준 최초의 서양인임을 감안한다면 위대함이라는 수식어가 왠지 어색해 보인다. 다음은 학자들이다.

"학문적 연구자들의 경우, 비록 각 학문 분야의 역사가 일정한 수의 상대적인 위인들을 갖고 있긴 하지만, 그 역사는 해당 분야의 관심으로부터 출발하지 세계 전체의 관심으로부터 출발하지 않으며, 그저 이 분야를 가장 많이 발전시킨 사람이 누구인가를 물을 뿐이다.

이밖에도 위대함이라는 칭호를 학문의 영역에 그 나름의 방식으로 부여하거나 거부하는, 전혀 다른 독립적인 평가방식이 존재한다. 그 평가는 절대적 능력이나 도덕적 공헌이나 일에 몰두하는 것이 아니라—왜냐하면 일에 몰두하는 데 존엄을 부여할지는 몰라도 아직 위대함을 부여하진 않기 때문이다—특정 방향에서의 위대한 발견자들, 즉 제1급의 생의 법칙들을 발견한 사람들을 최고로 꼽는다.

여기서 모든 역사학의 대표자들은 일단 제외되는 것처럼 보인다. 이들은 그저 단순히 문헌사적인 가치평가만을 부여받는데,

부르크하르트의 미술사 연구와 서술 방식에 지대한
영향을 미친 요한 요아힘 빙켈만(Johann Joachim Winckelmann).
초상은 안톤 폰 마론(Anton von Maron)의 작품이다.

그 이유는 그들 스스로가 어떤 위대한 지식을 얻거나 서술할 경우에도 세계의 부분들에 대한 인식만 다룰 뿐 법칙들을 정립하는 것과는 무관하기 때문이다. '역사적 법칙들'은 부정확하고 논란의 여지가 많다.〔……〕

그에 반해 수학과 자연과학 분야에서는 일반적으로 인정된 위인들이 있다.〔……〕

본래의 위대함, 유일성, 대체불가능성, 거대한 힘, 그리고 보편에의 연관성 등의 영역은 비로소 위대한 철학자들과 더불어 시작된다."(『세계사적 고찰』, 216쪽)

보통의 학자들은 부르크하르트의 눈에 위인으로 비쳐지지 않았음이 분명하다. 특히 그중에서도 그가 늘 강조했던바, 가장 비학문적인 학문으로서의 역사학 분야에서 위인이란 결코 있을 수 없는 것으로 공포된다. 역사는 전체를 연구대상으로 할 때조차 부분을 다룰 수밖에 없고, 더구나 역사법칙이란 것이 부정확하기 짝이 없기 때문에 그렇다는 것이다. 헤로도토스나 투키디데스가 살아서 이 말을 들었다면 통곡할 일이다. 역사학 중에서도 역사이론을 전공하는 내 입장에서도 몹시 듣기 거북한 말이지만, 뭐 어쩌겠는가. 그저 사회의 다른 모든 분야와 마찬가지로 학문 분야도 하루가 다르게 급속하게 변해가는 오늘날의 기준으로 봐서 죽은 지 벌써 120년이 다 돼가는 지구 저편 한 지성인의 개인적 견해로 치부해버리고 마는 수밖에. 더 서글픈 것은 이것이 전혀 틀린 말은 아니라는 점이다.

반면 수학과 자연과학, 특히 생의 제1급 법칙들을 발견하는 철학은 위대함이 발현되고 실현되는 곳으로 천명된다. 물론 여기서 말한 철학 안에 역사철학은 철저히 배제된다. 다음은 우리가 쉽게 예상할 수 있듯이 시인과 예술가에 대한 찬양, 그들의 위대함의 근거와 전거, 특징이 쭉 열거된다. 그중 몇 가지만 소개해보자.

"시와 예술 분야에서는 제1급의 대가들은 극히 드물지만, 다행스럽게도 제2급의 위대한 인물들이 있다. 이 영역에서 제1급의 거장들이 자유로운 창조로 선물해주는 것들은, 전승이라는 방식에 힘입어 뛰어난 제2급의 거장들에 의해 양식(Stil)으로 고정된다. 물론 해당 인물이 가지고 있는 소질이 제1급에 해당되고, 그가 이미 제1급의 자리를 차지하도록 되어 있는 상태라면 모르되, 그렇지 않다면 그 양식은 대체로 뚜렷이 제2급의 것임을 드러낸다.

제3급의 거장들, 즉〔창조물과 양식을〕외면적으로 표현하는 거장들은 적어도 위대한 인간이 얼마나 강력한지를 한 번 더 보여준다."(『세계사적 고찰』, 219쪽)

"다른 한편 사람들은 위대한 거장들에게 보통사람들보다 더 완벽하고 더 행복한 실존과 개성을 부여하려는, 특히 정신과 감각 사이의 행복한 관계를 부여하려는 유혹에 빠진다. 그러나 이

점에서는 많은 것이 그저 단순한 추측일 뿐이다."(『세계사적 고찰』, 221쪽)

"개별 예술에서의 위대함에 주어지는 다양한 인정(認定)에 대해 살펴보자.
시(詩)가 최고의 인정을 받는다.〔……〕"(『세계사적 고찰』, 221쪽)

"물론 개별 시인의 '위대성'은 그의 〔명성이나 작품의〕 '확산'이나 〔그 작품의 빈번한〕 '이용'과는 분명히 구별되어야 한다. 이 확산과 이용은 전혀 다른 근거들에 의해서도 결정되기 때문이다."(『세계사적 고찰』, 222쪽)

"다음으로는 위대한 화가와 조각가 들이 이어진다.〔……〕
이 분야에서 결정적인 발걸음을 떼어놓은 거장들은 아주 비범한 사람들이었다.〔……〕"(『세계사적 고찰』, 224쪽)

"건축가들 중에는 시인이나 화가 들처럼 분명하게 인정된 위대성을 소유한 사람이 하나도 없는 듯하다. 그들은 처음부터 명성을 건축주와 나누어 가져야만 한다."(『세계사적 고찰』, 224쪽)

"건축과 가장 일찍이 피상적인 연관성을 지닌, 예술의 가장 끝자락에 음악이 온다. 사람들은 그 본질의 기본에 도달하기 위해

텍스트와의 연결 없이, 더구나 연극적인 표현과는 전혀 상관없이 악기 연주로만 음악을 관찰해야 한다."(『세계사적 고찰』, 226쪽)

여기서는 세 가지 특기할 만한 내용이 나온다. 먼저 예술상의 위인들이 한 분야 안에서만이 아니라 분야들 사이에서도 서열화되어 있다는 것이다. 한 분야, 예를 들면 회화에서 제1급의 화가가 레오나르도 다 빈치라면, 제2급의 화가는 그의 수제자들, 제3급은 또 그들의 제자들이나 모방자들이다. 1급 거장이 주제, 소재, 형식 등을 창조하면, 2급 거장들은 그것들을 하나의 양식(스타일)으로 고정시키고, 3급 거장들은 그 양식에 의거해서 대상들을 표현해낸다. 그리고 예술 분야들 사이의 서열은, 대략 시와 예술과 철학을 거의 동열에 놓은 상태에서 예술을 다시 회화, 조각, 건축, 음악 등의 순서로 배치한다.

다음은 대가의 '위대함'을 해당인의 명성이나 작품의 확산 및 이용과는 구별해야 한다는 멋진 통찰이다. 베스트셀러가 반드시 위대한 작품은 아니라는 사실을 염두에 두면 이 말의 진의가 쉽게 와 닿을 것이다.

마지막은 위인들이 생전에 대체로 행복했을 것이라는, 그리고 멋진 개성을 소유했을 것이라는 일반인들의 터무니없는 가정과 추측에 대한 경고다. 이 논지는 이미 헤겔에게서, 특히 그의 '역사철학' 중 세계 역사상의 위인들에 대한 설명에서 등장한다. 이 장(章)의 결론에서 다시 논의하겠지만, 이로써 부르크하르트가 그 자신이 부정했던 헤겔의 영향을 여러 모로 받고 있음이 다시 한 번 입증된 셈이다.

이어 종교상의 위인들에 대한 설명이 이어진다. 신화상의 인물은 생략하고 종교창시자와 종교개혁가로 바로 넘어가보자.

> "본래의 역사적 위대함의 입구 쪽에 종교창시자는 매우 독특한 위치를 차지한다. 그들은 가장 높은 의미에서 위인에 속한다. 왜냐하면 수천 년에 걸쳐 자기 민족뿐만 아니라 어쩌면 수많은 다른 민족들까지도 지배할 수 있는, 즉 종교적으로 또 도덕적으로 그들을 함께 붙잡아줄 수 있는 능력을 유지하는 저 형이상학적인 것이 그들 안에 살아 있기 때문이다. 그들에게서는 무의식적으로 존재하던 것이 의식이 되고, 감추어져 있던 의지가 법칙이 된다.〔……〕
>
> 종교개혁가들의 특수한 위대함도 여기에 속한다. 루터 같은 사람은 추종자들의 도덕성, 즉 그들의 세계관 전체에 새로운 방향을 제시해주었다. 반면 칼뱅의 가르침은 그의 프랑스 민족에게는 불가능한 것이었다. 그는 주로 네덜란드와 영국에서만 추종자들을 얻었다."(『세계사적 고찰』, 228~229쪽)

부르크하르트가 종교창시자나 종교개혁가 들을 위인으로 분류한 것이 개신교 목사의 아들로서 대학 초년시절 신학을 전공한 그의 이력과 관련이 있을 것이라고 가정할 필요는 전혀 없다. 그는 곧 신학에서 역사학으로, 즉 종교적인 학문에서 아주 세속적인 학문으로 전공을 바꾸었을 뿐 아니라, 전공을 바꾼 이후로는 종교, 특히 기독교에 대해서 상당히 비판적인 입장을 취했기 때문이다. 따라서 그가 역사의 큰 변화에 일조한 종교상의 대가들을 위인으로 인정한 것은 서양 역사가의 입장에서 취해진 어쩌면 지극히 당연하고 평범한 결정임을 알아둘 필요가 있다.

마지막으로 정치상의 위인들이다. 이들에 대한 설명은 부르크하르트의 '역사위인론'의 백미(白眉)라고 할 수 있다. 그가 실제로 어찌 생각했든, 그의 의도가 어디에 있었든 말이다.

"마지막으로 그밖의 다른 역사적 세계운동에서의 위대한 사람들이다.

역사는 가끔씩, 갑자기 세계가 그 말에 복종하게 될 한 인간 안으로 자신을 응축시키는 것을 좋아한다. 이런 위대한 개인들은 보편성과 특수성, 지속적인 것과 운동 등이 한 인간에게서 동시에 나타난 현상이다. 그들은 국가, 종교, 문화, 위기를 요약한다."(『세계사적 고찰』, 229쪽)

정치상의 위인들, 엄밀히 말하면 문화와 종교상의 위인들을 제외한 그 모든 영역의 위인들에 대한 서두에서 다시 '위인'에 대한 멋진 정의가 등장한다. 위의 인용문에서는 이해하기 쉽게 풀어서 번역하긴 했지만, 원문을 직역하면 '위인'이란 '보편성과 특수성,

지속성과 운동성의 한 개인 안으로의 병존현상(Koinzidnez)'이다. 즉 서로 상반되는 그 두 가지 속성이 한 개인 안에 동시에 나타나는 현상을 일컫는다. 병존은 공존과도 같은 말이고, 그 단어는 그 이전에 나온 '응축하다'(verdichten)란 단어와 상응한다. 마치 '위기'가 온갖 변화와 운동이 하나로 모여 응축되어 나타난 현상이었다면, '위인'은 이제 보편성과 개별성이 한 개인 안에 한꺼번에 응축되어 나타난 현상인 셈이다. 요컨대 위인은 위기 등 역사상의 변혁이 한 인간 안에서 나타난 현상으로도 이해된다. 바로 '역사위기론'과 '역사위인론'의 유기적 결합 가능성을 시사하는 대목이다. 이 점을 나타내는 부분들을 좀더 인용해보자.

> "위기에서는 현존하는 것과 새로운 것(혁명)이 동시에 위대한 개인들에게서 절정에 이른다. 그들의 본질은 세계 역사의 진정한 미스터리로 남아 있다. 그들이 자기 시대와 맺는 관계는 히에로스 가모스(성스러운 결혼)다. 이 성스러운 결혼은 오직 끔찍한 시대에만 가능한데, 이렇게 끔찍한 시대는 위대함의 유일한 최고 척도를 제시하고, 또 오직 이런 시대만이 위대함에 대한 욕구를 갖는다."(『세계사적 고찰』, 230쪽)

'위기의 시대에 위인이 등장한다'는 구호는 동양에서 흔히 일컫는 이른바 '난세의 영웅'이라는 말을 실감케 한다. 사람들이 살아가는 본질적인 모습은 동양이나 서양이나 다를 게 없다. 여기서는 심지어 위기와 위인 사이의 밀접한 관계를 '성스러운 결합'으로까지 승화시킨다. 이제 부르크하르트가 미스터리라고 일컬은 '위인의 본질'에 대한 언급들을 살펴보자.

"위대성의 본질을 문제로 삼는다면, 무엇보다도 여기서 인류의 도덕적 이상들이 서술되어야 한다는 생각을 거부해야 한다. 왜냐하면 위대한 개인이란 모범이 아니라 예외로서 세계사의 무대에 세워지기 때문이다."(『세계사적 고찰』, 232쪽)

내가 개인적으로 선호하는 문장들 가운데 하나다. '위인은 세계사의 모범이 아니라 예외이다'라는 문구는 보면 볼수록 새록새록 그 의미가 되살아나는, 그래서 사람들이 마음속에 새겨둘 필요가 있는 명구가 아닐 수 없다. 역사 속에서 특이하게 드러난 활약 때문에 정치상 세속적으로 유명해진 인물을 과연 생의 모범으로 삼을 필요가 있을까, 나아가 위인전이니 영웅전이니 따위의 책들이 과연 어린이들에게 권장도서로 추천될 만큼의 가치가 있는 책일까, 라는 의문을 갖게 하는 문장이다. 위인이나 영웅이 누군지 알면 됐지, 따를 필요까지 있겠는가? 과연 생에 약간은 비관적, 염세적 관념에다 냉소적인 반응까지 보였던 부르크하르트다운 발상이 아닐 수 없다. 다음은 위대성의 본질을 구성하는 요소들이다.

예술사 수업을 듣는 학생들에게 보여주기 위해 그림첩을 들고 강의실로 향하고 있는 부르크하르트.

"자의식, 과제 들과 더불어 여러 능력들이 당연하고 완전한 것처럼 전개되거나 펼쳐진다. 위대한 인간은 어떤 자리에 있어도 완벽해 보일 뿐 아니라 어떤 자리든 그에게는 너무 작아 보인다. 그는 이 자리를 단순히 채울 뿐 아니라 그것을 뛰어넘을 수도 있다.〔……〕

위대한 개인은 전체적으로나 세부적으로, 또는 원인과 결과에 따라 모든 사태를 완전히 조망하고 꿰뚫어 본다.〔……〕

단순한 명상은 그런 소질〔위인의 정신적 능력〕과 일치하지 않는다. 이런 소질 안에는 무엇보다도 이 사태를 장악하겠다는 현실적인 의지가 들어 있다. 동시에 마법적 강제를 주변에 확산시키고, 권력과 지배의 모든 요소들을 자신에게로 끌어당겨 자기 밑에 굴복시키는 엄청난 의지력이 있다.〔……〕

가장 분명하고 반드시 필요한 보완요소로서 **영혼의 강인함**이 이 모든 것에 덧붙여진다. 그 영혼의 강인함만이 폭풍 속을 헤쳐나갈 수 있고 또 그 일을 좋아한다. 영혼의 강인함은 의지력의 수동적인 측면일 뿐만 아니라 의지력과는 구별된다.〔……〕

세계사의 개인들에게서 가장 찾아보기 힘든 것이 바로 **영혼의 위대함**이다. 영혼의 위대함은 도덕성을 위해 이익을 포기할 수 있는 능력 안에, 즉 단순히 영리함에서가 아니라 내면의 선의에서 나온 자발적 제한 안에 놓여 있다. 반면 정치적 위대함이란 이기적임이 틀림없고, 모든 이익을 철저히 이용하려 한다."(『세계사적 고찰』, 232~235쪽)

여기서 제시된 위대함의 요소는 어쩌면 위인들이 갖고 있는 자질로 바꾸어 이해해도 무방할 것이다.

그것들은 첫째, 사태를 냉철히 꿰뚫어 보고 적재적소에 힘을 집중시키고 발휘할 수 있는 '비상한 능력'이다. 주로 뛰어난 두뇌, 즉 이성과 판단력에 근거한다. 둘째, 어려움을 헤쳐나가려는 '강인한 의지력'이다. 이성과 판단만이 아니라 의지와 열정도 중요하다. 셋째는 일종의 보완요소로서 '영혼의 강인함'이다. 의지가 적극적 열정이라면, 영혼의 강인함은 의지의 수동적 열정이다. 의지의 감정적 측면이 아니라 이성적 측면을 말한다고 할 수 있다. 마지막 요소는 윤리와 도덕을 위해 모든 사사로운 이익을 포기할 수 있는 능력, 즉 '영혼의 위대성'이다. 이것은 그 어떤 위인들에게서도 거의 발견되지 않는 가장 최고의 요소다. 이 자질들을 모두 갖춘 인간만이 진정한 위인인 셈이다. 다음은 약간 반복되는 내용일 수 있는 위인의 운명과 규정이다.

"위대함의 규정은 다음과 같은 것처럼 보인다. 즉 위대함이란 개인적인 것을 넘어서는 어떤 의지, 즉 결과 지점에 따라 신의 의지, 민족이나 전체의 의지, 시대의 의지로 표현될 수 있는 그런 어떤 의지를 실행하는 것이다."(『세계사적 고찰』, 241쪽)

시대정신과 절대정신, 특히 그중에서도 시대정신을 대표하는 인물로서의 세계사적 위인에 대해 언급했던 헤겔의 냄새가 다시 물씬 풍기는 문장이다.

정치상의 위인들에 대한 논의와 관련해서 어쩌면 가장 주목해야 할 내용이 바로 이어서 나오는 위인과 권력과 범죄의 상관관계, 즉 일반 도덕적 법칙으로부터 벗어나 있는 정치상의 세속적 위인에 대한 승인 여부, 더 구체적으로는 '정치적 위인의 비도덕성 허용 여부' 문제다.

"여기서 통상적 도덕법칙의 면제라는 특이한 현상이 등장한다. 이런 면제는 민족이나 다른 거대한 전체에 관습적으로 허용되는 것이기 때문에, 전체를 위해 행동하는 개인들에게도 논리적으로 불가피하게 허용된다. 사실상 하나의 권력이 범죄 없이 수립된 예는 아직까지 없었다. 한 민족의 가장 중요한 물질적, 정신적 소유물은 오직 권력을 통해 확보된 현존재에 의존해서만 발전해간다.〔……〕

따라서 〔국가나 민족〕 전체에 위대함, 권력, 영광을 가져다준 사람에게는 범죄가, 즉 억지로 체결된 정치적 계약의 파괴가 용서된다. 전체의, 곧 국가나 민족의 이익이란 절대로 양도할 수 없는 것이고, 그 어떤 것을 통해서도 영원히 손상되어서는 안 되기 때문이다.〔……〕

여기서 모든 것은 성공 여부에 달려 있다. 동일한 개성을 지닌 것으로 생각되는 동일한 인간이라도 그런 〔성공적인〕 결과에 도달하지 못한다면 그가 저지른 범죄에 대해 어떠한 용서도 받지 못한다. 그가 위대한 것을 성취했기 때문에 비로소 그는 용서를, 심지어 개인적 범죄까지도 용서를 받는 것이다.〔……〕

민족이 정말로 어떤 무조건적인 것, 선험적으로 영원하고 강력한 현존을 위해 정당성을 부여받는 그 어떤 것이라면, 이런 면제에 대항해 그 어떤 이의도 제기될 수 없을지 모른다.〔……〕

위대한 개인들의 범죄에 대한 두 번째 정당화는 그들의 범죄를 통해 수많은 다른 사람들의 범죄가 종식되었다는 사실 속에 놓여 있다.〔……〕"(『세계사적 고찰』, 242~244쪽)

1급 역사가로서의 부르크하르트의 현실적 감각이 돋보이는 문장들이다. 우선 "어떤 권력도 사실상 범죄 없이 수립된 예는 아직까지 없었다"는 유명한 주장을 통해 "폭력 없는 권력은 없다"(Keine Macht ohne Verbrechen)는 테제가 제시된다. 여기에 근거해 위인들의 비인간적 행동들은 적어도 두 가지 관점에서 합리화되는데, 하나는 '전체 공동체에 위대함, 권력, 영광 등을 가져다준 사람의 범죄는 관용된다'는 입장이고, 또 하나는 '위대한 개인들에 의해 다른 수많은 사람들의 범죄 행위가 사전에 예방될 수 있었다'는 관점이다. 부르크하르트가 그렇게 생각한다는 뜻이 아니고, 역사와 사회를 둘러보니 일반적으로 관습적으로 그렇더라는 뜻이다.

그러나 위인의 범죄행위가 관습적으로 허용되거나 합리화된다고 해서 부르크하르트가 그것을 언제나 도덕적으로 정당화될 수 있는 것으로 간주했던 것은 아니다. 가령 그가 또 다른 작품『콘스탄티누스 대제 시대』에서 흔히 위인으로 알려진 콘스탄티누스의 위대성을 두고 회의와 의구심을 가졌던 것이 그 대표적인 예다.

"콘스탄티누스는 다음과 같이 말하곤 했다. '황제가 된다는 것은 운명의 일이다. 그 운명의 힘이 누군가를 필연적으로 제국을 지배하도록 앉혀놓았다면, 그는 제국이 제국답도록 하는 데 모든 노력을 기울여야 한다.'

모든 것을 잘 고려했을 때, 그는 사실 무엇보다도 자신의 동시대인들과 공동통치자들에게 어울리는 인물이었지만, 그는 이들을 가끔씩 너무도 끔찍하게 악용했다. 수많은 아첨꾼들에도 불구하고 단지 몇 안 되는 사람들에게만 붙어 다니는 '대제'(der Großen)라는 칭호는 그에게 논쟁의 여지 없이 남아 있었다. 그것에 결정적인 역할을 한 것은 기독교 〔연대기〕 작가들의 과도한 찬양보다도 오히려 콘스탄티누스의 로마 세계가 유지하고 있던 강력한 인상이었다.

로마 세계는 먼저 그에게 정복당했고, 그러고 나서는 신흥 종교와 화해되었으며, 가장 중요한 관계들이 새로이 설정되었다. 이러한 실천력의 증거들에 힘입어 로마 세계는 그가 행한 일이 모두 손해를 입혔을 때조차 그를 '대제'라고 불러주었다."(『콘스탄티누스 대제 시대』, 288쪽)

물론 여기서 콘스탄티누스 대제의 위대성에 대한 부르크하르트의 문제제기는 노골적이라기보다 간접적으로, 즉 '동시대인들에 대한 악용'이나 '로마 세계에 끼친 모든 해악' 등 행간을 통해 읽혀지긴 하지만, 그가 정치상의 위인들, 특히 '속칭' 위인들에 대해 은근히 반감을 갖고 있었음은 분명해 보인다. 이 책의 다른 곳에서 부르크하르트는 콘스탄티누스가 기독교를 공인한 것과 그의 기독교정책이 기독교에 대한 그의 종교적 열정이 아니라, 순전히 정치적인 책략의 결과였다는 유명한 테제를 제시한다(『콘스탄티누스 대제 시대』, 250쪽 이하).

이제 다시 『세계사적 고찰』로 되돌아와 정치적 위인들에게서 나타나는 마지막 특질들에 대해 살펴보자.

"위대한 개인의 내면적 박차(拍車)에 대해 말하자면, 사람들은 대체로 명예 감각 또는 그것의 통상적인 형태인 공명심, 곧 동시대에 명성을 얻으려는 욕구를 가장 먼저 제시한다. 그러나 명성은 이상적인 경탄이라기보다는 오히려 속박의 감정이다. 공명심은 단지 2차적으로만 작용하고 후세에 대한 생각은 겨우 3차적으로 작용하지만, 나폴레옹이 엘바 섬에서 '내 이름은 신의 이름만큼이나 오래 남을 것이다'라고 말했을 때처럼 그 표현은 가끔씩 노골적으로 들릴 때도 있다.〔……〕

결정적인 것, 성숙해가는 것, 모든 면에서 교육적인 것은 오히려 권력 감각이다. 권력 감각이란 회피할 수 없는 충동으로 위대한 개인을 만천하에 드러내 보여주지만, 또한 일반적으로는 더 이상 명성으로 종합되는 인간들의 의견이 아니라 그들의 종속과 이용가치를 노리고 내려지는, 인간들에 대한 그런 판단과 결부되기도 한다.

하지만 명성이란 그것을 좇는 사람에게서는 도망가고, 그것을 얻으려 애쓰지 않는 사람을 따라오게 마련이다."(『세계사적 고찰』, 244~245쪽)

위인을 추동시키는 내적인 힘은 '공명심'과 '권력욕'으로 규정된다. 공명심이 동시대인은 말할 것도 없고 그들을 넘어 후세 사람들에게 갈수록 본인의 의지와 전혀 무관하게 작동하는 원리를 갖는 반면, 권력욕은 위인으로부터 보편적인 것을 위한 행동을 유발시키는 내적인 추동력으로 작동하는 중요한 동인이다.

종합하면 세계운동을 주도한 정치적 위인들에 대한 부르크하르트의 평가는 이중적이다. 다시 말해 그는 한편으로는 위인들의 출현과 그들의 폭력적 행위를 불가피한 일로 인정하면서도, 다른 한편 그들의 비도덕성과 부작용 등을 비판한다. 결국 정치적 위인들은 '도덕을 위해서 이익을 포기할 수 있는 영혼의 위대함'을 지닌 인물이 아니라, 자신의 '권력과 명성에 대한 감각'을 지닌 권력추구형 인간들이다.

'명성은 그것을 얻으려고 노력하는 사람이 아니라 그렇지 않은 사람을 따르게 마련'이라는 지적은 우리에게 많은 것을 시사한다.

유명해지기 위해 어떤 일을 할 것이 아니라, 중요하다고 생각되는 어떤 일에 몸과 마음을 다 바쳐 전력을 쏟다보면 자연스레 유명해진 자신을 발견할 수 있을 것이다.

그럼에도 불구하고 나폴레옹은 소중한 자산이다

부르크하르트의 역사위인론의 결론부는 위인의 일반적 의미와 가치, 오늘날의 위인의 필요성 등에 대한 논의로 마무리된다. 먼저 위인의 일반적인 의미를 종합적으로 정리한 문구를 보자.

"이상적인 모습으로 계속 살아남은 위인들은 이 세상과 특히 그들이 속한 민족을 위해 대단히 높은 가치를 갖는다. 그들은 그들이 속한 민족에게 정열과 열광의 대상을 제공하고, 위대함에 대한 막연한 느낌을 갖게 함으로써 최하층의 사람들에 이르기까지 그 민족을 자극시킨다. 그들은 사물의 높은 척도를 올바로 정립하고, 가끔씩 패배해도 거기서 다시 일어나도록 도움을 준다. 나폴레옹은 프랑스 사람들에게 온갖 재앙을 가져다주었지만, 그럼에도 그는 그들에게는 이루 말할 수 없이 소중한 자산이다."(『세계사적 고찰』, 247쪽)

불과 몇 년 전에 겪은 황우석 사태와 새 정부 출범 이후 촛불시위 등 국정혼란으로 야기된 대통령 리더십의 난맥상을 보면 오늘날 우리에게 필요한 진정한 위인이나 영웅은 과연 어떤 사람들일까, 하는 의문을 갖도록 만든다. 위의 인용문에서 부르크하르트는 위인 또는 영웅이 어떤 사람들인지 그 내용을 뚜렷하게 제시한다.

위인이란 첫째, 지고한 이상적 모습으로 오늘날까지 살아왔고 또 앞으로도 계속 살아남을 그런 가치 있는 인간이다. 그것도 그냥 살아남는 것이 아니라 해당 민족의, 또는 전 인류의 이상(理想)으로서 살아남아야 한다. 마치 고전작품이 숱한 세월과 공간을 초월하여 오늘날 전 인류의 가슴에 살아남은 작품을 지칭하듯이, 진정한 위인도 그렇게 살아남은 사람들일 것이다.

둘째, 위인은 해당 민족 또는 전 인류에게 정열과 열정, 한마디로 그들의 삶에 무한한 에너지를 제공하는 사람이다. 그것도 사회의 최하층에 속한 사람들까지 모두 포함해서 말이다. 그리고 힘들 때, 위기일 때, 패배했을 때에도 포기하지 않고 다시 일어설 수 있도록 도움을 주는 사람, 간단히 말해 모든 인간들에게 살아갈 힘과 용기, 영감을 불어넣어주는 사람을 말한다.

셋째, 위인은 최고의 비전이나 아니면 특정한 목표 등의 형태로, 살아가는 데 필요한 높은 가치척도를 제시하고 세우는 사람이다. 사람들이 어려움에 처하고 힘들어할 때 어떤 목표와 이상을 제시해줌으로써 사람들에게 살아갈 희망과 비전을 불어넣어주는 사람이다. 아무리 목표와 이상이 좋아도 잘못된 수단과 방법으로 사람들을 현혹시키거나 호도하는 사람, 반대로 특정 목표도 제시함이 없이, 아니면 엉터리 비전을 제시하고서 사람들에게 열심히 살라고 독려만 하는 사람 등은 거짓 영웅 또는 '일그러진 영웅'에 불과하다. 바로 그런 이유 때문에 부르크하르트는 오늘날 위인, 영웅 따위가 필요 없다고 주장하는 사람들이 있음을 지적한다.

"오늘날에는 그 자신과 이 시대가 위인들을 갈망하는 욕구에서 해방되었다고 선언하는 계층의 사람들이 따로 존재한다. 그러니까 지금 시대는 자신의 일을 스스로 하길 원하고, 사람들은 위인에 의한 범죄 없이 올바른 미덕으로 일이 잘 이루어질 수 있다고 생각한다는 것이다.〔……〕

다른 사람들은 (본래 지적인 분야에 한정된 얘기이긴 하지만) 범용(凡庸)에 대한 일반적 보증, 일정한 중간 정도의 재능의 보장, 빠르게 빠져든다는 점에서 곧바로 식별 가능한, 그래서 곧 터져버릴 가짜 평판 등을 통해 그 〔위인에 대한 욕구로부터의〕 해방을 주도한다.〔……〕 강력한 정부는 천재적인 것에 대해 거부감을 갖는다. 국가에서 천재적인 것은 가장 잘 적응하는 것이 아니라면 거의 '쓸모'가 없다. 왜냐하면 여기서는 모든 것이 '유용성'에 따라 처리되기 때문이다.〔……〕

그사이에 가끔씩 위인들에 대한 강한 갈망의 소리가 나오기도 한다. 주로 국가에서 그러한데, 그 이유는 모든 큰 나라들에서는 평범한 군주들과 고위 관료들만으로는 더 이상 헤쳐나갈 수 없고, 특별한 인물들을 보유해야 하는 방식으로 일들이 진행되기 때문이다.

1841년 7월, 부르크하르트가 프랑크푸르트 시의 의사당 근처에 있는
성 니콜라이 성당을 스케치한 그림.
이 성당은 중세 독일의 신성로마제국 당시에 황제 선거를 했던 곳이다.

그러나 막상 위인이 등장한다면, 그리고 그가 일을 시작하려고 할 즈음에 곧바로 몰락하지 않는다면, 사람들이 그를 잘근잘근 씹지는 않을지, 그리고 그를 조롱함으로써 그를 지배하려고나 하지 않을지 하는 의문이 든다. 우리 시대는 〔상대를〕 완전히 진이 빠지도록 괴롭히는 힘을 갖고 있다."(『세계사적 고찰』, 247~248쪽)

오늘날은 위인이 등장하기 힘든 시대처럼 보인다. 보통선거권을 통해 확대된 민주주의에 대한 요구, 범용과 중간 재능이 보장받는 사회 분위기, 자기에게 별 쓸모가 없다는 이유로 거대한 국가가 천재적인 것을 거부하는 움직임, 그럼에도 불구하고 가끔씩 요구되는 천재나 전문가 들의 상승을 시기하여 그들을 짓밟아버리려는 보통사람들의 태도 등등. 이 모든 것들이 위인, 영웅, 천재의 등장을 방해한다는 것이다.

이러한 부르크하르트의 우려는, 프랑스혁명 이후 민주주의와 자유주의의 확산과 더불어 '평준화'와 '대중화'를 외치는 보통사람들의 힘이 팽배해진 당시 현실에 비추어 매우 정당한 것이었다. 이러한 경향이 아직 오늘날까지도 이어지고 있는 이상, 부르크하르트의 일침은 우리에게 많은 생각거리를 제공한다. 이제 부르크하르트 자신의 목소리로 진짜 결론을 들어보자.

"모든 시대가 그 자신의 위대한 인간을 발견하는 것도 아니고, 모든 위대한 능력이 자신의 시대를 발견하는 것도 아니다. 어쩌면 지금도 현재 존재하지 않는 일들을 해낼 수 있는 매우 위대한 인간들이 존재할지도 모른다. 어쨌든 우리 시대를 지배하는 열정, 곧 대중이 더 잘살고자 하는 욕구가 합쳐져 진정으로 위대한 인물이 만들어지기가 불가능하도록 만든다. 우리 눈앞에 보이는 것은 오히려 일반적 천박함이다. 위기가 언젠가 '소유하고 돈을 벌어라'라고 말하는 그 자신의 비참한 토양으로부터 갑자기 전혀 다른 토양으로 넘어가고, 마침내 '바로 그 사람'이 밤사이 나타날 것이라는—그런 인물이 나타나면 모두가 그쪽으로 달려갈 것이다—예감이 들지 않는 이상, 우리는 위대한 개인들의 등장은 불가능하다고 선언해도 될 것이다.

왜냐하면 위대한 인물은, 세계사적 운동이 이미 말라 죽어버린 삶의 형식과 성찰적 한담(閑談)으로부터 주기적으로, 또는 갑작스럽게 벗어나기 위해서라도 우리의 삶에 반드시 필요하기 때문이다.

그리고 사유하는 사람들의 입장에서는 지금까지 지나온 모든 세계사에 맞서 모든 위대함을 향해 정신을 활짝 열어놓으려는 개방적인 태도야말로 더 상위의 정신적 행복을 실현시켜주는 몇 안 되는 확실한 전제조건들 중의 하나가 된다."(『세계사적 고찰』, 248쪽)

결국 정치적 위인에 대한 평가와 마찬가지로 오늘날 위인의 필요성에 대한 부르크하르트의 견해도 양면적이다. 그는 한편으로 오늘날과 같이 산업화와 민주화로 일반적 평준화 및 대중화가 이룩된 시대에 과연 위인이 진정으로 필요한가, 하는 의문을 제기하지만, 다른 한편으로 그래도 위인은 한 민족, 나아가 인류에게 삶의 활력을 불어넣어줄 인물이기 때문에 반드시 필요하다는 입장을 취한다.

19세기 영웅담론사, 헤겔과 칼라일의 경우

부르크하르트의 '역사위인론'은 19세기 영웅담론사에서 가장 특이한 위치를 차지한다. 우선 독일 학계에서의 극히 예외적인 몇몇 경우를 제외하고,[1] 역사적 위인에 대한 부르크하르트의 생각들이 연구되거나 소개된 경우는 국내외를 통틀어 거의 없기 때문이다.

부르크하르트의 위인담론이 지금껏 거의 알려지지 않은 이유는, 먼저 부르크하르트에 대한 연구에서 역사이론적 접근이 독일어권 내에서조차 별로 활발하지 못했던데다, 그의 전체 역사사상에서 위인담론이 차지하는 비중이 매우 취약했고, 독일 이외의 지역, 특히 영미권에서의 그에 대한 연구도 대부분 그의 문화사와 예술사, 현재비판 등 한쪽으로 편중되어 이루어져왔기 때문이다. 그러나 이미 앞서 보았던 대로 부르크하르트의 위인담론은 강의 「역사 연구에 대하여」에서 별도의 장(章)에서 취급되면서 이른바

'역사위인론'으로 불려도 손색이 없을 정도로 탄탄한 내용을 담고 있다.

동시대의 사상가들 중에 유사한 담론을 제시한 인물로 헤겔과 칼라일(Thomas Carlyle)이 있다. 특히 부르크하르트는 이 장에서도 간간히 언급했던 헤겔로부터 많은 영향을 받았다.

헤겔의 영웅 또는 위인은 '더욱 높은 차원의 보편적인 것을 포착하여 이를 스스로의 목적으로 삼고 더욱 높은 차원의 정신 개념에 합치되는 목적을 실현하는 사람', 즉 '위대한 세계사적 개인'이다. 이 세계사적 개인은 무엇보다 '보편적인 것, 이른바 자기의 세계가 도달해야 할 최고의 필연적 단계를 인지하여 이를 스스로의 목적으로 삼고, 모든 에너지를 그 속으로 기울이는' 임무를 감당하는 사람이다.[2] 간단히 말해 헤겔의 영웅은 자기가 사는 시대가 필요로 하는 최고의 필연적인 것, 즉 보편적인 것을 실현하는 시대정신의 대변자인 셈이다. 부르크하르트도 바로 위인을 보편적인 것을 실천하는 개체로 정의하고 있다.

또 헤겔이 그랬던 것처럼 그도 역시 세계사적 위인들에게 개인적 행복의 여지를 남겨주지 않았다. 아니 세계사의 위업을 달성했기 때문에 나름의 행복을 가졌던 사람들로 보았던 헤겔보다도 더 가혹하게 부르크하르트는 그들을 불행했던 사람들로 묘사한다. 헤겔과 부르크하르트의 영웅 또는 위인 담론에서 드러나는 거의 유일한 차이는, 헤겔이 세계사적 위인을 거의 전적으로 인정했던 데 반해, 부르크하르트는 조금 유보적인 관점에서 조건부로서만 인정했다는 점이다. 즉 정치적 위인들을 어쩔 수 없이 역사 흐름상 불가피한 인간들로 보긴 하지만, 그들의 범죄와 다를 바 없는 행태를 비인간적이고 비도덕적인 것으로 간주했던 것이다.

반면 영국 사상가 칼라일의 '영웅숭배론'은 헤겔이나 부르크하르트의 영웅담론과 여러모로 차이를 보인다. 칼라일은 "위인의 내면에 있을 수 있는 가장 으뜸이 되는 기초는 바로 진실이다. 미라보, 나폴레옹, 번스(Robert Burns), 크롬웰과 같이 어떤 일을 하기에 적합한 인물은 누구나 그 일에 대해 무엇보다도 진실했다. 그들은 성실한 사람이었다"라고 말한다.[3] 칼라일이 말하는 영웅은 한마디로 '도덕적 성실성 또는 진실성으로 무장한 사람'이었다.

헤겔이나 부르크하르트, 심지어 나중의 니체까지 이어지는 19세기의 독일적 사상 전통에서 영웅 또는 위인은 '비범한 인물', '예외적 존재' '특출한 사람', 한마디로 '천재'나 '초인'이었지만, 칼라일은 자신이 하는 일에 성실성과 진실성 및 통찰력을 갖고 있는 사람이라면 누구나 영웅 또는 위인이 될 수 있다고 생각했다. 그가 말하는 '영웅숭배'도 그러한 성실한 인간에 대한 '존경' 또는 '예우'의 의식(儀式)일 뿐이다.

위인담론에서 칼라일이 독일 사상가들과 이렇게 큰 차이를 보이는 가장 중요한 이유는 아마도 그의 영웅숭배론의 출발점이 '기독교적 윤리'에 있었기 때문이 아니었나 싶다. 왜냐하면 칼라일은 역사상 최고의 영웅을 예수로 설정하면서,[4] 도처에 기독교적 도덕관념을 제시하고 있기 때문이다. 헤겔은 모르겠지만 적어도 탈도덕, 탈관습, 탈종교를 열심히 부르짖었던 니체는 말할 것도 없고, 이미 그 이전의 부르크하르트에게서도 탈기독교적인 냄새는 진하게 배어나온다. 누구의 입장이 더 타당한지에 대한 판단은 독자 여러분에게 맡긴다.

근대의 출발, 르네상스

르네상스

"도시라는 자유로운 환경, 재능과 경쟁을 부추기는 분위기, 국가가 교회로부터 분리되는 세속화 경향 등은 유럽 최초로 이탈리아에서 개인주의를 탄생시켰다. 이 같은 '자신'에 대한 인식으로부터 르네상스는 시작되었다."

'르네상스' 개념을 '재생'시키다

"르네상스에 대한 우리의 관념은 야코프 부르크하르트의 창조물이다."

20세기 독일 역사가 브란디(Karl Brandi)가 했던 말이다. 정상적인 교양교육을 받은 사람이라면 사실 '르네상스'라는 말을 딱 들었을 때 곧바로 부르크하르트를 머릿속에 떠올릴 것이다. 그만큼 그 둘의 관계는 필연적이고 숙명적이다. 그렇게 된 원인은 무엇일까?

1860년, 부르크하르트는 그동안 틈틈이 이탈리아를 방문하고 자료를 수집하며 연구해온 것들을 약 2년에 걸쳐 집필한 『이탈리아 르네상스의 문화』라는 대작으로 발표한다. 이 작품에서 저자는 인간과 세계의 발견, 개인주의의 성장, 고대의 부활 등 중세와 근대를 가르는 경계선이자 유럽 근대문명의 출발점으로서 이탈리아의 '르네상스'라는 독특한 역사 개념을 제시한다. 이 작품의 출간은 곧 세기적인 사건이 되어버렸다. 이 작품의 성공은 '르네상스=부르크하르트'라는 공식을 탄생시켰고, 이후 르네상스에 대한 대부분의 관념과 논의는 부르크하르트의 이 저술에서 언급된 것을 준거로 형성되었다.

그러나 여기서 우리는 본래 '재생' 또는 '부활'의 뜻을 갖는, 그리고 역사용어로는 '14세기에서 16세기 사이에 이탈리아에서부터 시작해 그밖의 유럽지역으로 퍼져나간 고전 고대의 문예부흥

운동'의 의미를 갖는 '르네상스'(Renaissance)라는 단어가 이탈리아어나 독일어가 아닌 프랑스어였고, 부르크하르트에 의해 처음으로 만들어진 것도 아니었으며, 르네상스에 대한 학문적 논의 역시 부르크하르트 이전이나 이후에도 계속 있어왔다는 점에 주목할 필요가 있다. 간단히 말하면, 증기기관을 제임스 와트가 처음 발명한 것이 아닌 것처럼, '르네상스'라는 술어 역시 부르크하르트의 창작품이 아니었다는 것이다.

그렇다면 왜 사람들은 르네상스 하면 마치 부르크하르트가 만들어낸 개념처럼 생각하는 것일까? 그것은 마치 와트가 그 이전에 발명되어 있던 증기기관을 멋지게 개량하고 또 개선함으로써 그 기계에 관한 한 그를 빼놓고는 얘기할 수 없을 정도로 그 분야에서 독보적이고 독점적인 위치를 차지하고 있는 이유와 같다.

부르크하르트의 이 작품이 나오고 거의 150여 년이 지난 오늘날에도, 무엇보다 그 이후 그의 르네상스관을 비판하거나 반박하면서 수많은 수정주의적 견해가 제기되고 논쟁이 벌어지고 있는 현재 상황에서도, 그 작품은 여전히 이 분야의 고전일 뿐 아니라 문화사의 전범이자 인문학의 명작으로 남아 있다. 지금도 미국에서는 르네상스를 언급할 때, 언제나 해당 연구자가 부르크하르트주의자냐 아니냐의 여부를 기준으로 논의를 시작한다고 하니 그 영향력을 실감케 한다.

이 장에서 나는 부르크하르트의 이 기념비적 대작에 나타난 르네상스에 대한 그의 관념과 입장을 종합적으로 정리해나가려 한다. 그런데 이 작품을 천착하기에 앞서 다른 작품들에서 밝힌 르네상스에 대한 그의 개념 정의부터 살펴보도록 하자. 먼저 『세계사적 고찰』이다.

"고급문화들의 독특성은 르네상스들(Renaissancen)에 대한 그들의 능력에 있다. 하나의 동일한 민족이, 아니면 나중에 등장한 민족이 일종의 상속권을 가지고, 아니면 예찬권을 가지고 과거의 문화를 부분적으로 자기들 것으로 만든다.

이 르네상스들은 지역에 따라서 이들과 동시에 발생하기도 하는 정치-종교적 복고(Restaurationen)와 구별된다.〔……〕샤를마뉴에게서 이 둘은 동시에 나타난다. 즉 로마제국 말기의 복고운동과 후기 로마제국의 기독교 문학과 예술의 부활운동이 그것이다.

반면 순수한 르네상스는 바로 15세기와 16세기에 일어난 이탈리아-유럽의 르네상스다. 이것의 특별한 징표는 자발성, 그것〔르네상스〕이 승리할 수 있도록 만들어준 명백함의 힘, 가령 국가관과 같이 삶의 가능한 모든 영역 위에 〔때론〕 강력하게 또 〔때론〕 미약하게 널리 퍼진 점, 마지막으로 그것의 유럽적 성격 등이다."(『세계사적 고찰』, 67~68쪽)

여기서 '르네상스'란 한 민족이 자신들의 과거 문화, 또는 자신들의 것으로 취하고자 하는 다른 민족의 찬란했던 과거 문화를 특정 시기에 다시 되살려내는 문화운동으로 정의된다. 그것은 고급 문화에서만 발견되는 현상이다. 그것은 또 과거의 특정 정치체제나 종교제도를 다시 되살려내고자 하는 정치나 종교상의 부활운동으로서의 '복고'(復古)와 엄밀하게 구별된다.

또 한 가지 흥미로운 점은 앞부분에서 르네상스가 복수명사, 즉 보통명사로 쓰였다는 점이다. 물론 바로 뒤에 우리가 교과서에서 배운 단수명사, 즉 고유명사로서의 르네상스가 언급되고 있긴 하지만 말이다. 독특한 부르크하르트적 르네상스 용어 사용법이라 할 수 있다.

다음은 『역사적 단상』에서의 해당 구절이다.

"이탈리아와 그곳으로부터 분출된 유럽 정신의 거대한 변화: 르네상스. 르네상스는 도처에서 중세의 지식, 사유, 시각을 뚫고〔깨뜨리고〕나왔다. 고대의 것들과 곧이어 근대의 것들은 권위를 갖고서 스콜라 신학을 시작으로 중세를 완전히 내쫓아버렸다. 전체의 정신적 세계도 새로 조직되었다. 그와 더불어 곧 전 유럽을 지배하거나 양분할 예술도 등장했다. 이탈리아 최고의 생산적 시기는 주기적인 침략과 맞아떨어진다. 이른바 평온은 에스파냐의 결정적 지배와 더불어 비로소 이루어진다."(『역사적 단상』, 65쪽)

여기서는 교과서적 의미의 르네상스 개념으로 다시 돌아온다.

이때 르네상스는 이탈리아에서 출발해 유럽 전역으로 확산된 근대 정신세계의 일대 변혁 사건으로 정의된다. 물론 예술운동과 더불어 말이다. 정신과 예술로서의 르네상스 문화! 문화를 한때 정신적인 것과 물질적인 것의 결합으로 정의하기도 했던 그였지만, 그래도 문화를 얘기할 때면 언제나 정신적인 것, 한마디로 정신문화, 고급문화, 엘리트문화가 중심을 이루고 있음은 부르크하르트의 문화개념이 갖는 어쩔 수 없는 한계처럼 보인다. 특히 이런 편향과 애착의 병(病)이 그리스나 이탈리아 문화를 다룰 때 더욱더 도지는 것을 어렵지 않게 확인할 수 있다. 두 인용문을 종합했을 때, 전체적으로 '르네상스'란 부르크하르트에게서 '문화적 부활운동'으로 이해된다.

르네상스 국가는 계산된 인공물이다

이제 본격적으로 고전의 세계로 들어가보자. 부르크하르트의 대표작 『이탈리아 르네상스의 문화』는 총 6부(部)로 구성되어 있다. 각각의 부는 다시 적게는 4개에서 많게는 11개의 장(章)으로 이루어진다.

제1부에서는 '인공물로서의 국가'라는 제목 아래 당시의 정치상황이, 제6부에서는 '풍습과 종교'라는 제목 아래 당시의 사회상황이 묘사되어 있고, 나머지 제2~5부는 '개인의 발전' '고대의 부활' '세계와 인간의 발견' '사교와 축제' 등의 제목 아래 문화적

인 내용들이 망라되어 서술된다. 먼저 정치사 부분부터 보자.

"중앙집권화를 이루어가고 있던 황제〔중세 독일 지역의 신성로마제국 프리드리히 2세〕외에 가장 특이한 형태의 찬탈자가 등장하는데, 바로 그의 보좌관이자 사위였던 에첼리노 다 로마노였다.〔……〕그 당시까지 이어져온 중세의 모든 정복과 찬탈은 실제의, 또는 자기 것이라고 주장된 상속권과 그밖의 권리에 입각하거나 아니면 비신도(非信徒)나 파문된 사람들에 반대하면서 행해졌다. 그러나 에첼리노 때 와서 처음으로 왕권의 기초 설립이 대량학살과 끝없는 만행을 통해, 즉 오로지 목적만을 염두에 둔 모든 수단의 동원을 통해 시도되었다. 범죄의 엄청난 규모로 보자면 그 이후 어느 누구도, 심지어 체사레 보르자도 에첼리노를 따라가지 못했다. 어쨌든 이로써 선례는 남겨졌다. 즉 에첼리노의 몰락은 민중들로 봐서는 정의의 건설이 되지 못했고, 또 미래의 범법자로 봐서는 경고가 되지 못했던 것이다. 〔……〕

14세기의 크고 작은 전제국들은 이 같은 인상이 틀리지 않았음을 〔여러 사례를 통해〕 충분히 자주 드러내 보여준다. 그들의 만행은 하늘을 찌를 듯했으며, 역사가 그것을 자세히 기록해놓았다. 스스로의 기반 위에 세워진, 그리고 나서 조직된 국가로서 이 전제국들은 어쨌든 한층 더 큰 흥미로운 점을 갖고 있다.

모든 수단을 의식적으로 계산에 넣는 것, 당시 이탈리아를 제외한 지역의 어떤 군주도 생각하지 못했던 이러한 행동은, 전제국 내부의 거의 절대적인 권력과 결합하여 아주 특별한 인간들과 생활양식을 탄생시켰다."(『이탈리아 르네상스의 문화』, 6~7쪽)

제1부에서는 이 같은 14세기의 정치상황을 필두로 이후 15세기의 정치상황, 대소 군주들의 행태, 대소 군주국들과 베네치아나 피렌체 같은 공화국들의 행보, 전쟁과 외교정책 들, 교황과 교회국가, 그리고 이들 모든 지배자들에 맞서 싸운 적대자, 애국자 들의 활동이 매우 다양한 사료를 근거로 아주 자세하고 다채롭게 묘사된다. 그러면서 당시 이탈리아에서 정치적으로 성공한 사람들의 태도와 행동의 기준이 언제나 이기(利己)와 타산(打算), 단호한 결단력, 냉혹한 행동 등 비도덕적이고 비합법적인 것이었음이 한결같이 강조된다. 이를 뒷받침해주는 아주 인상적인 사례를 몇 가지 더 뽑아보자.

"15세기의 전제정치는 변화된 모습을 보여준다.〔……〕 약소 참주(僭主)들은 든든한 배경을 보장받기 위해 자진하여 강대국들에 봉사하고 그곳의 용병대장이 되었다. 그럼으로써 돈도 벌었고, 많은 악행을 저질러도 처벌받지 않았으며, 심지어 영토를 확장하기까지 했다. 전체적으로 볼 때 참주들은 대국가나 소국가를 막론하고 더 노력해야 했고, 더 신중하고 더 타산적으로 행동해야 했으며, 대규모의 잔학한 짓을 자제해야만 했다. 또 그들이 저지르는 많은 나쁜 짓도 그것이 그들의 목적에 기여한다는 점이 입증되는 한에서만 허용되었고, 그럴 때에만 그 일과 상관없는 사람들도 그들을 용서해주었다. 서양의 정통 군문(君門)들에게 유용한 기반이 되어주었던 경건함이라는 자산은 이제 흔적도 없이 사라졌고, 기껏해야 주요 도시의 대중적 인기에 영합하는 정도만을 찾아볼 수 있었다. 이탈리아 군주들에게 근본적으로 도움을 주었던 것은 언제나 재능과 냉철한 타산이었다."(『이탈리아 르네상스의 문화』, 15쪽)

"[밀라노의 로도비코 일] 모로는 이 시기의 가장 완벽한 전제군주적 유형의 인물로서 우리가 무조건 화를 낼 수만은 없는 자연의 산물처럼 보인다. 그는 자기가 취한 수단이 가장 심각하게 부도덕할 때에도 그 수단을 사용하면서 아예 아무것도 모르는 것 같았다. 만일 누군가가 그에게 목적만이 아니라 수단에도 도덕적인 책임이 존재한다는 점을 납득시키고자 했다면, 그는 아마도 이것을 매우 이상하게 여겼을 것이다."(『이탈리아 르네상스의 문화』, 39~40쪽)

"고대가 당시의 도덕적 문제와 특히 정치적 문제에 미친 영향에 대해서는 더 자주 언급되겠지만, 이와 관련해서 지배자들은 그들의 행동뿐 아니라 국가 이념에서도 자주 명시적으로 고대의 로마제국을 모델로 삼아 스스로 본보기를 보여주었다. 마찬가지로 그들의 적대자들도 이론으로 무장하고 일에 착수할 때면, 곧바로 고대의 폭군 살해자들을 전례로 택했다."(『이탈리아 르네상스의 문화』, 55쪽)

특히 이 마지막 인용문을 보면, 당시에는 예술가나 문헌 수집가만이 아니라 통치자나 행정가 들조차 고전 고대의 지배자들 또는 그들의 통치 방식을 행동의 모델로 삼았음이 분명하게 드러난다. 르네상스라는 메커니즘은 정치 분야에도 작동했던 것이다. 유사한 문장들을 몇 개 더 보도록 하자.

"그 무렵 피렌체가 밀라노의 필리포 마리아 비스콘티에게 대항하기 위해 베네치아와 동맹을 맺고자 했을 때, 베네치아는 이를 거절했다. 밀라노와 베네치아 사이의 그 어떠한 전쟁, 즉 구매자와 판매자 사이의 전쟁은 모두 바보짓이라는 분명한, 특히 여기서는 면밀한 상업적 계산에 근거한 확신이 있었기 때문이다."(『이탈리아 르네상스의 문화』, 67쪽)

"피렌체 사람들은 여러 위대한 분야에서 이탈리아인들과 근대 유럽인들 전체의 모범이자 최초의 대표자였지만, 이것은 어두운 면이라고 해서 다르지 않았다. 단테가 끊임없이 헌법을 개정하는 피렌체를 고통에서 벗어나려고 계속해서 자세를 바꾸는

15세기 무렵의 피렌체 전경. 메디치 가문이 권력을 휘두르기 시작한
15세기 초부터 실질적인 메디치가(家) 독재체제가 확립되었고,
피렌체는 이탈리아 르네상스 문화의 중심으로 그 황금시대를 맞이했다.

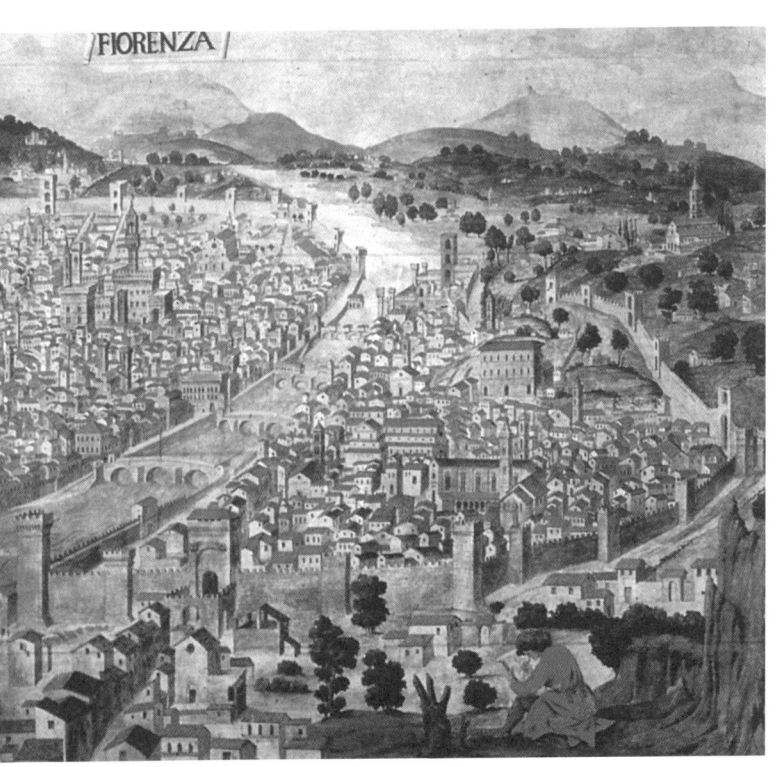

병자에 비유했을 때, 이는 그가 이 나라 정치생활의 근본적인 특성을 표현한 것이다. 인간이 헌법을 만들 수 있다는 생각, 현재의 국력과 방향을 계산하여 헌법을 새로이 제정할 수 있다는 근대의 커다란 오류는 피렌체에서 격동의 시기마다 매번 등장했고, 마키아벨리도 이 오류에서 자유롭지 못했다."(『이탈리아 르네상스의 문화』, 78~79쪽)

"영토를 확장하고 무언가 활동해보려는 욕구는 모든 비정통적인 국가들의 고유한 현상이다. 따라서 이탈리아는 '외교정책'의 본향(本鄕)이 되었고, 이 정책은 서서히 다른 나라에서도 공인된 법률적 지위를 얻게 되었다.〔……〕 이러한 음모, 동맹, 무장, 매수, 배신 등은 당시 이탈리아의 외적(外的) 역사를 결정했다."(『이탈리아 르네상스의 문화』, 83쪽)

정도의 차이만 있을 뿐 어느 시대 어느 지역을 막론하고 나타나는 한결같은 현상이기는 하지만, 그래도 르네상스 시기 이탈리아의 정치영역에서 보인 이같이 철저히 이해타산에 입각한 무자비한 행태들이 부르크하르트의 눈에는 19세기에 출현한 중앙집권적이고 권력지향적인 민족국가들의 근대적 원형(Prototype)으로 비쳐졌다. 바로 이 점이 현재비판적 역사가였던 그로 하여금 르네상스 연구에 몰두하도록 만든 핵심 동인(動因)이기도 했다. 르네상스는 그가 보기에 자신이 살던 현대의 출발점이었던 것이다. 그러나 이 모든 인용문을 한꺼번에 보여주는, 마치 하나의 압축 파일과도 같은 문장이 역시 제1부에 나온다.

"대부분의 이탈리아 국가들이 내부적인 면에서 인공물(Kunstwerke), 즉 성찰에 의존하고 정확히 계산된 가시적인 토대들에 근거하는 의식적 창조물이었듯이, 이 국가들 사이의 상호관계나 외국과의 관계도 역시 일종의 인위의 산물(ein Werk der Kunst)이었음이 분명하다."(『이탈리아 르네상스의 문화』, 83쪽)

개인적으로 나는 제1부의 제목에 딱 부합하는 이 문장을, 부르크하르트의 『이탈리아 르네상스의 문화』를 대표하는 몇 안 되는 중요한 문장들 중 하나라고 생각한다. 정치사에서의 이러한 특징은 이후 전개되는 르네상스 문화의 독특한 면면을 암시하고 있기 때문이다. 다시 말해 위의 문장에서 쓰인 것처럼 '예술'(Kunst)이라는 단어가 '아름다운 창작물'과 '인위적인 가공물'이라는 이중적 의미를 지닌 만큼, 당시의 문화 역시 빛과 그림자를 모두 안고 있음이 다양한 방식으로 표현되고 있기 때문이다.

가령 철저히 이해타산에 근거한 사고방식이 다방면에 발휘되어 당시의 예술과 문화 영역에는 긍정적 영향을 미친 반면, 사회생활에는 이기심, 사행심, 복수욕 등 부정적인 결과로 나타나기도 했다는 식이다. 여기서도 중의법(重意法)을 활용한 변증법적 고찰방식이 빛을 발한다.

정치영역에 대한 이 뛰어난 설명들은 뒤에 이어질 르네상스 문화의 모든 영역에서 나타난 다양한 양상들의 아주 중요한 기반을 이룬다. 다시 말해 이러한 정치적 특징들이 이후 각 장(章)에서 당시 이탈리아의 문화와 예술의 발전과 어떠한 영향을 주고받았는지가 납득할 만한 자료를 근거로 아주 자세히 설명된다. 이 점은 부르크하르트의 문화사를 읽을 때 가장 유념해서 보아야 할 특징이기도 하다. 왜냐하면 그동안 부르크하르트의 문화사는 정치영역이 아예 누락되어 있을 것이라거나 정치가 중요한 위치를 차지하지 않을 것이라는 식의, 또는 반대로 그 안에는 이름에 걸맞지 않게 왜 정치영역이 '맨 앞'이라는 중요한 자리를 차지하고 있는지 모르겠다는 식의 오해와 편견을 불러일으켜왔기 때문이다. 나중에 해당 부분에서 자세히 언급되겠지만, 부르크하르트의 문화사는 예외 없이 정치가 문화의 기반을 이루고 있음을, 그리고 둘 사이에는 밀접한 상관관계가 있음을 전제로 서술된다.

'개인'에 대한 인식으로부터 르네상스는 시작된다

제2부부터는 문화의 각 영역에 대한 다양한 묘사가 이어진다. 먼저 개인의 발전 부분이다.

"중세에는 의식의 두 측면—세상을 향한 의식과 인간의 내면을 향한 의식—이 하나의 공통된 베일에 감싸여 꿈을 꾸거나 아니면 반쯤 깨어 있었다. 그 베일은 신앙심, 어린애 같은 집착, 망상(妄想) 등으로 짜여 있어서, 그것을 통해서 내다본 세상과 역사는 기묘하게 채색되어 있었고, 인간은 자신을 오직 종족, 민족, 당파, 단체, 가족, 아니면 그밖에 어떤 보편적인 형상으로만 인식했다. 바로 이탈리아에서 맨 먼저 이 베일이 바람에 날아갔다. 국가와 이 세상의 모든 사물이 객관적으로 관찰되거나 취급되었고, 그와 더불어 주관적인 것도 강하게 고개를 들기 시작했다. 인간은 정신적인 개체가 되고 스스로 그 사실을 깨닫게 되었다."(『이탈리아 르네상스의 문화』, 123쪽)

중세와 르네상스라는 두 시기에 인간들이 자신을 각각 어떻게 인식했는지, 그 양상과 태도의 차이에 대한 설명으로 이보다 더 명료한 문장도 없을 듯싶다. 이 차이는 사실 중세와 근대의 가치관, 세계관의 차이로 확대되어 이해될 수 있는 근간을 이룬다. 이탈리아의 정치상황이 만들어낸 유럽 최초의 근대인의 탄생을 부르크하르트는 같은 쪽에서 '이탈리아인이야말로 근대 유럽인의 맏아들'이라는 비유로 설명한다. 그 구체적인 양상을 좀더 살펴보자.

"13세기 말에 오면서 이탈리아는 갑자기 개성적인 인물로 넘쳐나기 시작했다. 개인주의 위에 걸린 주술이 여기서는 완전히 풀렸다. 수천의 개별 얼굴들은 거침없이 자신들을 특별한 존재로 만들어나갔다. 단테의 위대한 시문학은 아마도 다른 나라에 서라면 아직도 종족이라는 주술 아래 놓여 있다는 이유 때문에라도 불가능했을 것이다. 그러나 이탈리아에서 이 숭고한 시인은 바로 그 풍부한 개성으로 인해 자기 시대 최고의 국민적인 전령(傳令)이 되었다."(『이탈리아 르네상스의 문화』, 124쪽)

"과시와 경쟁이 허락되는 한에서의 부와 교양, 여전히 거대한 도시적 자유, 비잔틴제국과 이슬람 세계에서처럼 국가와 동일시되지 않던 교회의 존재, 이 모든 요소들은 의심의 여지없이 개성적 사고방식의 출현에 최적의 조건을 마련해주었고, 당파들 사이의 싸움이 없었던 것도 그에 필요한 여유를 보태주었다."(『이탈리아 르네상스의 문화』, 125쪽)

"풍부한 사상을 소유한 추방자들 사이에서 발전한 세계시민주의는 개인주의의 최고 단계를 이루었다."(『이탈리아 르네상스의 문화』, 127쪽)

전제군주들뿐 아니라 용병대장들, 심지어 일반인들을 포함한 모든 개인들 간의 경쟁과 투쟁이 일상화되어 있던 당시 이탈리아의 정치상황, 중북부를 중심으로 많이 퍼져 있던 도시에서의 자유로운 환경, 재능과 경쟁을 부추기는 분위기, 국가가 교회로부터 분리되는 세속화 경향 등은 유럽 최초로 이탈리아에서 개인주의를 탄생시켰다. 수많은 개인들이 자신의 개성을 드러내고 알리면서 확산되어간 개인주의는 마지막 단계에 이르러 세계시민주의로 발전한다. 마치 헬레니즘 시대에 전쟁이 잦아지면서, 그리고 동방과 서방의 문화가 결합하면서 몇 안 되는 대국가들의 시민들 사이에 개인주의와 회의주의, 나아가 세계시민주의가 보편화되었던 것처럼 말이다. 르네상스는 이처럼 자신에 대한 인식으로부터 시작되었다. 그렇다면 이러한 개성은 어떻게 완성되어갔을까?

"만일 최고의 개성 완성을 향한 이러한 충동이 당시 교양의 모든 요소들을 섭렵한, 정말로 강력하고 다양한 모습의 본성과 만나게 되면, 오직 이탈리아에서만 볼 수 있는 '만능인'(l'uomo universale)이 등장한다."(『이탈리아 르네상스의 문화』, 128쪽)

스스로를 인식하는 한 개인의 인격이 당시의 다양한 문화적 요소들을 섭렵하면서 탄생하는 이 '만능인'의 예로 부르크하르트는 단테, 레온 바티스타 알베르티(Leon Batista Alberti), 레오나르도 다 빈치 등을 거론한다. 여기서는 그중에서도 알베르티가 자세히 언급된다. 체조술, 운동, 말타기, 웅변, 세속법과 교회법 연구, 회화와 조소, 기억력, 문필활동, 발명, 감수성, 예언능력, 관상술, 의지력 등에서 탁월한 능력을 지녔던 알베르티의 면면이 그에 대한 무라토리(Muratori)의 전기를 근거로 묘사된다.

그러나 더 놀라운 것은 흔히 르네상스 만능인의 대표자로 알려진 레오나르도 다 빈치에 비하면 그 다재다능했던 알베르티조차 그저 초보자 또는 아마추어에 지나지 않았다는 점이다. 그렇다면 도대체 레오나르도는 얼마나 뛰어난 인물이었을까! 하지만 그에 대해서는 아쉽게도 바사리(Giorgio Vasari)의 전기에서의 내용 부족을 이유로 그냥 '대가'라고 칭송한 후 생략해버리고 만다. 어쨌든 르네상스기에 이탈리아에서 그렇게 수많은 천재들이 한꺼번에 쏟아져나왔다는 사실은 역사의 수수께끼임이 틀림없다.

이후 부르크하르트는 명성에 대한 근대적 관념 또는 감각이 이탈리아에서 처음 생겨난 경위, 근대적인 조소, 경멸과 기지 등이 당시의 개인주의 일반에 미친 영향 등을 서술해나간다. 특히 조소, 기지 등에 대한 설명은 당대 이탈리아 최고의 논객 아레티노(Pietro Aretino)를 사례로 아주 흥미롭게 펼쳐진다.

"악의적 험담들이 아직은 한창일 무렵, 근대 최고의 독설가 피에트로 아레티노가 로마를 주무대로 성장해가고 있었다. 그의 존재를 잠깐 살펴보는 것은 우리에게 그와 동류에 속하면서 그보다 못한 사람들을 다루는 수고를 덜어줄 것이다.

우리가 알고 있는 아레티노는 그로서는 유일한 피난처였던 베네치아에서 보낸 생애 마지막 30년(1527~56)의 모습이 대부분이다. 그는 이곳으로부터 그 유명한 이탈리아 전체를 일종의 포위상태 아래 두었고, 그의 필설을 필요로 했거나 두려워했던 외국 군주들의 선물은 바로 이곳으로 흘러들어왔다. 〔신성로

> O Roma nobilis
> Orbis & domina,
> Cunctarum urbium
> Excellentissima,
> Roseo martyrum
> Sanguine rubea,
> Albis & virginum
> Liliis candida,
> Salutem dicimus
> Tibi per omnia!
> Te benedicimus,
> Salve per saecula!
>
> (Hymnus ad almam urbem Romam)

부르크하르트는 젊은 시절 한때 직업 시인이 되는 문제에 대해 심각하게 고민했고, 나중에 출판까지 했을 정도로 수많은 시를 지었다. 사진은 그의 시 가운데 「오 고귀한 로마여」(O Roma nobilis)의 필사본.

마제국의〕 카를 5세와 〔프랑스의〕 프랑수아 1세는 각자 아레티노가 상대 군주를 골탕 먹일 것이라는 기대 때문에 그에게 연금을 지급했다.〔……〕 그는 또 그 속사정을 자세히 다 안다는 이유로 교황청을 철저히 무시하는 체했다. 그러나 진짜 이유는 로마가 그에게 더 이상 보수를 지급할 능력도 의사도 없었기 때문이다. 그에게 거처를 마련해준 베네치아에 대해 그는 현명하게도 침묵했다. 그가 나머지 위대한 인물들과 가졌던 관계는 순전히 구걸과 비열한 협박이었다.

아레티노는 그러한 목적을 위해 대중매체를 악용한 최초이자 최대의 사례다.〔……〕 어떤 의미에서 그는 저널리즘의 시조 가운데 한 사람이었다."(『이탈리아 르네상스의 문화』, 153~154쪽)

마치 정치영역에서 군소 군주들이 냉철한 자기 인식, 철저한 이해타산에 맞추어 행동했듯이, 지식인들 또한 그 당시에는 자신의 장단점이 어디에 있는지, 그로부터 어떻게 처신하면 상대를 자신에게 유리한 방향으로 이끌 수 있는지를 머릿속에 계산하며 생활했다.

현실정치와 자본주의가 판을 치던 19세기 한복판의 부르크하르트가 이와 유사한 행태를 보이던 르네상스기의 이탈리아인들에게서 최초의 근대적인 모습을 발견한 것은 결코 우연이 아니었다. 그래서 대중매체니 저널리즘이니 하는 매우 현대적인 비유도 나올 수 있었을 것이다.

다음 특징은 르네상스의 핵이라 할 수 있는 '고대의 부활'이다. 먼저 해당 부(部)의 앞부분에 나오는 근사한 인용문부터 살펴보자.

"우리의 문화사적 개관이 이 지점에 이른 지금, 우리는 고대를 생각하지 않을 수 없다. 고대의 '부활'이 일방적으로 이 시대를 총칭하는 이름이 되었기 때문이다. 지금까지 서술한 것들은 고대가 없었더라도 이탈리아 국민을 뒤흔들면서 성숙시켰을 것이다. 그리고 후술될 새로운 정신적 방향들도 대부분은 고대 없이도 가능했을 것이다. 다만 지금까지 서술한 것이나 앞으로 서술할 것들은 고대세계가 개입됨으로써 다양한 색으로 채색되었다.

비록 사물의 본질이 고대세계 없이 이해될 수 있고 존재할 수 있다 하더라도, 그것이 삶에서 표현되는 방식은 오직 고대세계와 함께, 그리고 그것을 통해서만 그 이해와 존재가 가능하다. 만일 우리가 고대세계를 등한시했더라면, 원래 커다란 세계사적 필연으로서의 '르네상스'는 그러한 필연에 이르지 못했을 것이다.

그러나 우리는 고대세계만이 아니라, 그 곁에 함께 병존하며 고대와 밀접한 유대관계를 맺고 있던 이탈리아 민족정신 또한 서양세계를 완전히 압도했다는 사실을 이 책의 핵심 문장 중의 하나로 주장하고자 한다. 그 과정에서 이탈리아 민족정신이 지켜갔던 자유는 [어느 영역에서나] 동일하지는 않았다. 예를 들어 근대의 라틴어 문학만을 놓고 본다면 이 자유는 종종 아주 미약한 것처럼 보이지만, 조형예술과 다른 많은 영역들에서 보면 그 자유는 두드러지게 큰 것이었다. 결국 같은 민족이 긴 시간 차를 두고 이루어낸 두 개의 문화시대의 결합은 지극히 독자적인 것이었기에 정당하고도 생산적인 결합이었음이 입증된다."(『이탈리아 르네상스의 문화』, 161쪽)

단지 고대세계의 부활만이 아니라 고대부터 르네상스기까지 줄곧 이어져온 이탈리아 민족정신 또한 르네상스기, 또는 그 이후 근대의 이탈리아만이 아니라 유럽 전체, 나아가 서양세계를 사로잡았다는 것이다. 위의 인용문은 바로 이 책의 핵심 문장이다. 르네상스가 단지 고대세계의 기계적 재생, 모방적 부활이 아니라 근대세계와 세속적인 민족정신의 토대, 즉 새로운 기반 위에서의 고대라는 통로를 통한 근대문화의 새 출발이었음이 이로써 다시 분명해졌다. 바로 여기서 르네상스는 '위대한 문화민족이 긴 시간 차를 두고 행한 두 문화시기의 생산적 결합'으로 정의된다. 그 실상을 좀더 살펴볼 필요가 있다.

"이탈리아에서는 고대가 북유럽과는 다른 방식으로 다시 깨어났다. 야만의 시대가 끝나자마자 아직 절반쯤 고대의 모습을 간직하고 있던 이 민족에게서 과거에 대한 인식이 일어났던 것이다. 그들은 과거를 찬양했고 과거를 재생산하길 원했다. 다른 나라에서는 고대의 개별적 요소들이 학문과 성찰의 목적으로 이용되었지만, 이탈리아에서는 고대가 그들의 위대함을 상기시키는 것이었기에 학자와 동시에 일반 대중까지 고대 전반에 실질적으로 다가갔다. 라틴어에 대한 손쉬운 이해와 아직 남아 있는 수많은 기억과 기념물이 이 같은 경향을 강하게 밀고 갔다. 이 경향으로부터, 그리고 그사이 달라진 게르만-롬바르드 족 국가들의 민족정신, 보편적인 유럽의 기사도, 북유럽 문화의 영향, 종교와 교회 등의 반작용으로부터 새로운 전체가 싹트기 시작했다. 즉 서양 전체의 표준적 본보기가 될 운명을 안고 태어난 근대 이탈리아의 정신이 바로 그것이었다."(『이탈리아 르네상스의 문화』, 163쪽)

흔히 르네상스를 그리스-로마 문화전통인 헬레니즘과 기독교적 종교전통인 헤브라이즘의 근대적 결합으로 이해해도 무방한 이유가 바로 여기에 있다. 물론 부르크하르트는 여기에다 게르만-롬바르드 족의 문화전통까지 첨가하긴 했지만 말이다.

이후 폐허의 도시 로마가 어떻게 고대의 부활 열풍과 향수를 자극했는지, 고대의 고전작가들이 어떻게 르네상스기 인문주의자들의 지식의 보고(寶庫) 역할을 했는지, 그리고 이들 인문주의자들이 어떻게 고대와 당대를 연결해주었는지 등에 대한 자세한 설명이 이어진다. 14세기 인문주의에 대한 다음 묘사를 보자.

"그들은 오늘은 이 얼굴, 내일은 저 얼굴을 보여주는 백 가지 얼굴을 가진 사람들이었다. 그러나 시대도 그들 자신도 자기들이 시민사회의 새로운 요소라는 사실을 알고 있었다.〔……〕이 새로운 교양의 활동적인 담당자들은 중요한 사람들이다. 그들은 고대 사람들이 알았던 것을 알았고, 고대 사람들이 썼던 방식으로 쓰려고 했으며, 고대 사람들이 생각하고 느낀 방식대로 생각하고 느끼기 시작했기 때문이다. 그들이 자신을 다 바쳐서 일군 전통은 수많은 곳에서 모방된다."(『이탈리아 르네상스의 문화』, 185~186쪽)

당대의 인문주의에 대한 설명은 그것을 대표하는 인물(인문주의자들), 기관(대학, 학교, 궁정), 양식(시, 서간문, 연설문, 논문, 역사서) 등을 사례로 아주 다채롭게 펼쳐진다. 이 당시에 다시 살아나 당대의 이탈리아 문화 곳곳에 스며든 고대는 부르크하르트가 특별히 '문화의 일반적인 라틴화'[1] 경향이라고 불렀을 정도로 활성화되었다. 이 부분을 읽고 있노라면, 인류 역사상 인문학의 최대 전성기가 있었다면 바로 이 시기가 아니었을까 하는 느낌을 받게 된다. 더구나 인문학이 최대 위기에 처해 있다고들 떠들어대는 요즘이기에 그러한 느낌은 더욱더 강렬하게 다가온다.

르네상스 문화의 세 번째 중요한 특징은 이 책 제4부의 제목이기도 한 '세계와 인간의 발견'이다. 이 부분을 시작하는 짤막한 다음 문장을 보자.

"다른 나라들에서 행해지는 진보를 가로막는 수많은 장애물로부터 벗어나 개인적으로는 고도의 발전을 이루고, 고대를 학습함으로써 무장된 이탈리아 정신은 이제 바깥 세계의 발견에 몸을 돌리면서 그 세계를 말과 형식으로 표현하는 일을 감행한다."(『이탈리아 르네상스의 문화』, 263쪽)

세계를 발견하고자 했던 이탈리아인들의 다양한 시도와 노력은 바깥 세계로의 여행, 자연의 관찰과 연구, 자연 경치의 아름다움의 발견과 묘사 등을 통해 구체화된다. 세계와 더불어 인간의 발견도 이 시대 이탈리아에서 이루어진 근대 문화운동의 성과로 논의된다.

"세계의 발견에 덧붙여 르네상스 문화는 그보다 더 큰 업적을 세우는데, 그것은 처음으로 인간의 완전한 내용을 찾아내고 그것을 드러내 보여주었다는 점이다. 우선 앞에서 이미 보았듯이, 이 시대는 개인주의를 가장 강하게 발전시켰다. 또 모든 단계에서 개인을 아주 열정적으로, 그리고 다방면에 걸쳐 인식하도록 개인주의를 선도했다. 개성의 발전은 본질적으로 자신의 개성과 다른 사람의 개성을 인식하는 일과 결부되어 있다."(『이탈리아 르네상스의 문화』, 284쪽)

이후 시문학, 전기문학, 철학, 사상 등에서 르네상스기의 인간

내면과 외면에 대한 다양한 관찰과 상세한 묘사는 이 시기를 근대적 또는 진정한 의미의 '철학적 인간학'의 탄생기로 간주하는 데 모자람이 없도록 만든다. 이 경향의 대표자로 단연 조반니 피코 델라 미란돌라(Giovanni Pico della Mirandola)가 손꼽힌다. 르네상스기의 신플라톤주의를 이끈 마르실리오 피치노(Marsilio Ficino)의 제자로 「인간의 존엄성에 대하여」라는 명연설문을 남긴 피코는 인간에 대한 기존의 중세적·종교적 관점을 세속적·현대적으로 바꾸어놓은 인물로 유명하다. 이 점을 몰랐을 리 없는 부르크하르트도 그를 거론하며 그의 연설문 서문을 제4부 '세계와 인간의 발견' 마지막 부분에서 다음과 같이 인용한다.

"이와 관련해 피코 델라 미란돌라는 르네상스가 남긴 가장 고귀한 유산의 하나라고 해도 좋을 「인간의 존엄성에 대하여」라는 연설에서 그의 예감을 당당히 피력해놓았다.〔……〕

창조주는 아담에게 이렇게 말한다. '내가 너를 세계 한가운데 세운 것은, 네가 더욱 쉽게 사방을 둘러보고 거기에 있는 모든 것을 보도록 하기 위해서다. 내가 너를 천상의 존재도 지상의 존재도 아닌 것으로, 죽는 존재도 죽지 않는 존재도 아닌 것으로 창조한 이유는, 네가 너 자신을 만들어가는 존재가 되고 스스로 극복하는 존재가 되도록 하기 위해서다. 너는 짐승으로 타락할 수도, 신과 비슷한 존재로 다시 태어날 수도 있다. 짐승은 어미의 몸에서 나올 때 제가 가져야 할 모든 것을 가지고 나오고, 고귀한 영혼은 태어나면서부터, 아니면 태어나 얼마 지나지 않아서부터 영원 속에 머물게 될 그런 존재가 된다. 너만이 자유의지에 따라 발전하고 성장할 수 있으며, 온갖 종류의 삶의 씨앗을 네 안에 가지고 있다.'"(『이탈리아 르네상스의 문화』, 330~331쪽)

여기서 인간은 단순히 신의 피조물도 아니요, 그렇다고 신의 대체물도 아닌 그런 존재, 짐승도 아니요, 그렇다고 신도 아닌 존재, 즉 이 세계 안에서 자신의 존재 의미와 목적을 찾아 끊임없이 방황하고 고민하며 부유하는, 그럼에도 자신의 정체성을 쉽사리 찾지 못할 운명에 처한, 한마디로 불확정적인, 비규정적인, 미완성의 존재로 정의된다. 무한한 자유의지를 지닌 채, 자신을 스스로 만들어가는 창조적인 능력에 따라 짐승이 될 수도 있고, 신과 유사한 존재로 거듭날 수 있는, 그 모든 가능성을 한 몸에 안고 살아가는 유한한 존재, 그가 바로 인간이다.

실로 근대적인 인간상이 아닐 수 없다. 일찍이 그 어떤 서양의 근대 사상가도 피코만큼 인간을 '열린' 존재로 규정하지 않았다. 또 인간을 그처럼 짐승과 신에 비유하면서 나약함과 강인함, 비천함과 위대함 등 '이중적' 관점에서 본 근대 철학자도 드물다. 그 점에서 르네상스적 인간관을 대변하는 피코의 인간관은 선구적이고 독보적이다.

개인주의는 성장하고 개인은 타락한다

『이탈리아 르네상스의 문화』의 마지막 두 부(部), 즉 제5부와 제6부는 오늘날의 용어로 르네상스기의 이탈리아 사회사에 해당한다. 당시 이탈리아인들의 신분, 사회, 사교, 가정, 일상, 여성, 축제, 도덕, 종교, 미신 등의 테마가 매우 다양한 실례와 함께 흥미롭게 펼쳐진다. 이를 한데 묶어 대표적인 몇 개의 주요 문장에서 살펴보자.

"이탈리아 르네상스의 풍습은 가장 중요한 부분에서 〔중세와〕 상반된 상이다. 우선 그 토대부터가 달라서, 고급 사교계에서는 더 이상 신분들 사이의 차이가 존재하지 않았고, 오히려 근대적인 의미의 교양계층만 있었다. 출생과 혈통도 부의 상속이나 여가의 보장과 관련된 경우에만 교양계층에 영향을 주었을 뿐이다."(『이탈리아 르네상스의 문화』, 335쪽)

르네상스기에 오면, 특히 이탈리아에서는 신분이나 혈통에 의해서가 아니라 재산이나 교양 정도에 의해서 출세하거나 신분이 상승하는 인간들이 생겨나기 시작한다. 바야흐로 근대가 열린 것이다. 비록 불완전한 형태이긴 하지만, 이제 신분사회가 아닌 자유로운 시민사회가 도래할 여건이 마련되었다고 할 수 있다. 이를 뒷받침하는 여러 사회사적 전거들이 제시된다. 약간 지루해 보이는 사교와 관련된 것은 생략하기로 하고, 여성, 가정, 축제에 대한 장에서 몇 문장을 인용해보자.

"르네상스기의 고급 사교를 이해하기 위해서는 여성이 남성과 동등하게 대접받았음을 아는 것이 중요하다.〔……〕
무엇보다 최상류층에서의 여성의 교육수준은 근본적으로 남성의 그것과 동등했다. 문학 수업과 심지어 문헌학 수업을 아들과 딸에게 똑같이 받도록 하는 것이 르네상스기의 이탈리아인들에게는 전혀 이상한 일이 아니었다. 그들은 이 새로운 고대의 문화 속에서 인생 최고의 자산을 보았기 때문에, 그 문화를 여자 아이들에게도 기꺼이 허용했다."(『이탈리아 르네상스의 문화』, 368~369쪽)

"르네상스기는 처음으로 가정까지도 의식적으로 하나의 질서의 산물로, 즉 하나의 인공물로 구축하고자 시도했다. 매우 발달한 경제와 합리적인 가옥구조도 이런 변화에 일조했지만, 중요한 요인은 공동생활, 양육, 살림, 하인과 관련된 모든 문제에 대한 사려 깊은 성찰이었다."(『이탈리아 르네상스의 문화』, 374~375쪽)

"만일 우리가 다른 나라와 비교하여 이탈리아 축제의 근본적 장점을 찾고자 한다면, 우선 개성을 표현하는 개인의 발달된 감각, 즉 완벽한 가면을 고안하여 쓰고 연기하는 능력이 가장 돋보인다. 다음으로 화가와 조각가는 무대장식은 물론 등장인물의 치장에도 도움을 주면서 의상과 분장, 여타의 장식을 제시했다."(『이탈리아 르네상스의 문화』, 379~380쪽)

위의 인용문들 중에서 가장 주목되는 것이 바로 여성에 대한 부분이다. 비록 문헌자료를 통해 추적할 수 있는 상류층 여성에 관심이 집중되어 있다는 한계는 있지만, 19세기에, 그것도 별도의 한 장(章)에서 '여성의 지위'라는 제목을 달아 독립적으로 취급하고 있다는 점은 상당히 이례적이다. 더구나 후반부에는 매춘부에 대해서도 지면을 할애함으로써 독자들을 배려하는 세심함을 엿볼 수 있다.

여성사 또는 페미니즘 관점에서의 역사 연구자들이 눈여겨보아야 할 대목이 아닐 수 없다. 비록 부르크하르트의 사례가 이 분야의 최초인지 여부는 정확히 알 수 없지만, 선구적인 위치를 차지하고 있음은 분명해 보인다.

다음으로 언급되는 내용이 도덕인데, 르네상스기 이탈리아인들은 도덕관념이 매우 희박했던 것으로 묘사된다.

"16세기 초, 그러니까 르네상스 문화가 정점에 달하고 동시에 이탈리아 민족의 정치적 불행이 돌이킬 수 없는 방향으로 결정되었을 때, 이 불행을 국민의 부도덕과 결부시킨 진지한 사상가가 없지 않았다. 그것은 어느 민족 어느 시대에나 나타나 난세를 탄식하는 것이 자기 의무라고 믿는 참회설교사들이 아니라 바로 마키아벨리와 같은 사람이었다. 그는 자신의 핵심 사상을 피력해놓은 글〔『로마사 논고』(*Discorsi*)〕에서, '그렇다, 우리 이탈리아인은 무엇보다 신앙심이 없고 사악하다'고 노골적으로 말한다──어떤 사람은 이렇게 말했을지도 모른다. '우리는 특히 개인적으로 성장했다. 우리 민족은 도덕과 종교의 속박에서 해방되었고, 외적 법률들을 무시한다. 왜냐하면 우리의 통치자들은 부당하게 권력을 잡은 자들이고 그들의 관리와 재판관들도 부패한 인간들이기 때문이다.'──마키아벨리 자신은 여기에 덧붙여 '왜냐하면 교회가 그 대표자들을 통해 최악의 본보기를 보였기 때문'이라고 말한다."(『이탈리아 르네상스의 문화』, 404~405쪽)

개인주의의 발달로 자의식이 성장하면서 자연스럽게 형성된 이탈리아인들의 이러한 부도덕한 심성은 갖가지 부정적인 형태로 표출된다. 이기심, 명예욕, 도박, 사행심, 복수, 질투, 강도, 강간, 살인, 청부살해와 같은 각종 비행과 범죄 등이 도처에서 발생했다는 것이다. 부르크하르트는 이러한 사악한 행동의 원인으로 '양심과 이기심의 기묘한 혼합'인 '명예심', 풍부한 '상상력', 사법과 사법당국에 대한 경멸과 무시의 태도 등을 꼽는다. 이 수많은 악행 중에서도 나에게 가장 인상적이었던 것은 복수심에 얽힌 다음과 같은 끔찍한 일화다.

"아쿠아펜덴테 지방에서 세 명의 목동이 가축을 돌보고 있었는데, 그중 한 아이가 어떻게 사람을 목매달아 죽이는지 시험해보자고 말했다. 한 명이 다른 한 명의 어깨에 올라앉았고, 세 번째 아이가 올라앉은 아이의 목에 밧줄을 두른 뒤 그것을 참나무에 잡아맸을 때, 늑대가 나타났다. 그 바람에 두 아이는 나머지 아이를 매달아놓은 채 도망쳤다. 얼마 뒤 두 아이는 그 아이가 죽은 것을 알게 되었고, 그를 땅에 묻었다. 일요일이 되자 죽은 아이의 아버지가 빵을 가져다주려고 왔고, 두 아이 중 한 명이 그에게 사태를 설명하고 무덤을 보여주었다. 그러자 아버지는 그 아이를 칼로 죽이고 나서 절개하고는 간을 꺼내갖고 돌아와 그것으로 요리한 뒤 그 아이의 아버지를 자기 집으로 초대해 대접했다. 그리고 그가 먹은 것이 누구의 간인지 말해주었다. 그 뒤로 두 집안 사이에서는 보복 살인이 시작되었고, 한 달 새에 서른여섯 명의 남녀가 살해당했다."(『이탈리아 르네상스의 문화』, 409~410쪽)

이 일화를 읽고서 내가 새삼 느낀 점, 그리고 동시에 독자들이 염두에 두어야 할 점은, 부르크하르트의 『이탈리아 르네상스의 문화』야말로 참으로 '고전답지 않은 고전'이라는 점이다. 무슨 말이냐 하면, 이 일화가 일반적으로 고전작품 하면 우리 머릿속에 떠

이탈리아 르네상스 시대의 작가이자 정치가, 정치이론가였던 마키아벨리.
그는 자신의 『군주론』에서 권력을 획득하고 유지하는
방법을 열거하고, 정치 권력을 차지하기 위해서는 수단과 방법을
가리지 말아야 한다고 주장했다.

오르는 이미지, 순전히 딱딱한 말투와 무미건조한 내용의 연속이라는 선입견을 완전히 불식시키기에 딱 좋은 사례라는 것이다. 이 책은 이처럼 수많은 흥미진진한 서사(敍事), 즉 사건, 일화, 이야기 들로 가득 채워져 있다.

이 일화의 앞뒤에 유사한 많은 사례들이 소개된 후, 후반부에는 이탈리아인들의 이러한 사악한 성품이 결국 그들을 위대하게 만든 조건이기도 했다는 식의, 즉 모든 사물에는 양면이 있음을 지적하는 변증법적 담론이 전개된다.

"만일 우리가 상류층의 삶으로부터 우리에게 전해진 것과 같은, 당시 이탈리아인들의 성격에서의 주요 특징들을 종합한다면, 다음과 같은 결론이 도출된다. 즉 그들의 이러한 성격상의 근본적 결함은 동시에 그들을 위대하게 만든 조건이기도 했다는 것이다. 그것은 바로 발달된 개인주의였다.[······]

만일 이기심이 넓은 의미에서든 좁은 의미에서든 모든 악의 근원이라면, 이미 그것 때문에라도 발달된 이탈리아인들은 다른 민족들보다 악에 더 근접해 있었을 것이다.[······]

르네상스기의 이탈리아인들은 이 새로운 시대의 최초의 거대한 물결을 넘어서야 했다. 그들은 자신들의 재능과 열정으로 이 시대의 모든 고귀한 것과 모든 저열한 것을 가장 특징적이고도 가장 멋지게 대표하는 사람들이 되었다. 심각한 패륜과 동시에 고귀한 개성의 조화를, 그리고 개인적 생활을 예찬하는 찬란한 예술까지 발전시켰으니, 이것은 고대와 중세가 원하지도 않았고 이룰 수도 없는 것이었다."(『이탈리아 르네상스의 문화』, 428~429쪽)

이 책이 오늘날의 용어로 치면 '심성사'에 해당하는 이 같은 서술로 끝난다 하여 부족하다거나 이상하다고 생각할 사람은 아마 없을 것이다. 그러나 부르크하르트는 역사가 국가, 종교, 문화로 구성되어 있다는 자신의 역사이론에 입각해, 종교에 대한 장(章)을 네 개씩이나 추가한 후 이 책을 갈무리한다.

먼저 '일상생활에서의 종교'가 차지하는 양상을 보여주기 위해 부패한 교권과 그에 대한 비판, 사제들과 수도사들의 설교 및 예언, 신앙과 숭배가 일상에서 차지했던 위치, 참회의 열기 등이 언급된 후, '종교와 르네상스 정신' '고대와 근대 미신의 혼합' '신앙 전반의 동요' 등이 논의된다. 특히 마지막 세 장(章)에서는, 이미 그 제목에서 드러나듯이, 르네상스기 이탈리아인들에게서 종교가 비록 나름의 중요한 의미와 역할을 이어가지 않은 것은 아니었지만, 분명 근대의 세속화 경향에 지대한 영향을 미칠 정도로 심하게 동요하고 있었음이 강조된다. 물론 그 원인으로 역시 개인주의의 성장이 지적되고 있긴 하지만 말이다.

"당대 교양을 담당했던 이탈리아의 근대인들은 중세의 서양인들과 마찬가지로 태생적으로 종교적인 사람들이었다. 하지만 그들의 강력한 개인주의는 다른 분야에서와 마찬가지로 종교에서도 그들을 철저히 주관적으로 만들었고, 외부세계와 정신세계의 발견이 그들에게 끼친 수많은 자극은 그들 모두를 무엇보다도 세속적으로 만들었다."(『이탈리아 르네상스의 문화』, 465쪽)

이러한 정신적 분위기가 결국 점성술, 악마신앙, 마녀신앙, 마법, 강령술, 악령술, 주술의식, 불점(火占), 수상술, 관상술, 연금술 등 각종 고대의 미신과 세속신앙이 르네상스기 이탈리아로 흘러들어와 근대의 그것들과 혼합되도록 만들었고, 종국에는 영혼 불멸에 대한 불신 경향의 확산으로 이어지며 이 시기에 신앙생활 전반에 동요가 일기 시작했다는 것이다.

그럼에도 이 고대의 미신과 세속정신이 근대에 부정적인 영향만 미쳤던 것은 아니다. 왜냐하면 그것은 중세의 신비주의와, 다시 근대 고유의 정신과 맞물리며 새 시대, 즉 르네상스기의 문화가 활짝 꽃필 수 있는 심성적 기반이 되었기 때문이다. 이 점은 다음과 같은 이 책의 마지막 문장을 장식하는 테제이기도 하다.

"여기에서 중세 신비주의의 여운이 플라톤의 학설, 그리고 독특한 근대정신과 서로 접촉하게 된다. 아마도 여기에서 세계와 인간에 대한 인식이 간직한 최상의 열매가 무르익어간 듯하며, 바로 그 인식 하나 때문에라도 이탈리아의 르네상스는 우리 시

1875년 무렵의 부르크하르트.
그는 수차례 이탈리아를 여행하고 방문하면서 수많은 역사적 건축물과
예술작품에 대한 스케치와 메모를 남겼다.

대의 선도자로 불려야 할 것이다."(『이탈리아 르네상스의 문화』, 527쪽)

부르크하르트 이전과 이후의 르네상스관

이제 이 장을 마무리해야 할 시간이다. 지금까지 보아온 부르크하르트의 『이탈리아 르네상스의 문화』의 위치와 의미를 이 책이 나오기 이전과 이후의 르네상스 연구로 나누어서 간단히 살펴보도록 하자. 그렇게 하는 이유는 역사학계 내에서의 '르네상스' 연구사가 이 분야에서 거대한 봉우리, 우뚝 솟은 정상을 차지하고 있는 부르크하르트를 기준으로 그 이전과 이후로 대별되기 때문이다.

'르네상스'는, 물론 그 말을 사용하는 학자마다 다소간의 편차는 있었지만, 이미 부르크하르트 이전이나 동시대에 드물지 않게 사용되던 명칭이자 개념이다. 부르크하르트 이전에 이 개념의 형성에 기여한 선구자로는 르네상스기의 예술사가인 바사리가 손꼽힌다. 그는 『예술가 열전』에서 13세기 말 치마부에(Cimabue)와 조토(Giotto)부터 미켈란젤로에 이르러 완성된 고전 고대미술의 부활을 '레나시타'(renascita, 재생)라고 불렀다. 그밖에 마키아벨리도 자신의 시대에 고대인들의 전쟁기술이나 국가정책 등이 부활되기를 원했고, 로렌초 발라(Lorenzo Valla)를 위시한 15세기 인문주의자들은 고대 로마어가 복원되기를 꿈꾸었다.

이러한 이탈리아의 경험은 북유럽으로 전해져, 북방 르네상스 운동의 한복판에 에라스무스를 낳았고, 다음 세대에는 초기백과전서파에 속하는 클로드 졸리(Claude Joly)가 『역사비평사전』을 저술하여, 다음 세대 계몽주의의 등장을 예비했던 피에르 베일(Pierre Bayle) 등이 르네상스 개념 형성에 공헌하도록 만든다. 18세기에 와서 르네상스 개념에 확고한 상(象)과 강렬한 이미지를 부여한 인물로는 볼테르와 괴테 등이 있다.

부르크하르트의 동시대로 오면 미슐레와 포이크트 두 인물을 눈여겨볼 필요가 있다. 먼저 프랑스 역사가 미슐레(Jules Michelet)는 『프랑스사』라는 전 17권짜리 대작을 집필하면서 1855년에 쓴 제7권의 제목을 '르네상스'라고 이름 붙였으며, '세계와 인간의 발견'이라는 주제어도 처음 사용했다.[2] 그러나 부르크하르트는 미슐레로부터 몇 가지 형식적인 것만을 수용했을 뿐, 실제 내용에서는 그와 커다란 차이를 보여준다.

먼저 미슐레는 르네상스를 대표하는 역사적 인물로 루터, 칼뱅, 뒤물랭(Charles Du Moulin), 퀴자(Jacques Cujas), 라블레(François Rabelais), 몽테뉴(Michel de Montaigne), 셰익스피어, 세르반테스(Miguel de Cervantes) 등을 열거할 뿐 이탈리아의 유명한 예술가, 인문주의자, 정치가 등은 단 한 사람도 언급하지 않고 있고, 르네상스의 기점을 16세기로 잡았으며, 당시의 이탈리아 정세나 문화적 상황에 대한 부분도 도서관이나 문서국에서의 제대로 된 사료작업을 생략한 채 급조하여 서술했다는 인상을 준다. 이러한 점들은 부르크하르트의 작품에서는 찾아볼 수 없는 결핍 요소들이다.

다음으로 독일 역사가 포이크트(Georg Voigt)가 주목되는데, 그는 부르크하르트의 책이 나오기 1년 전인 1859년에 『고전 고대의 부활 또는 인문주의의 첫 세기』라는 제목의 책을 발표함으로써 한창 작업에 몰두하던 부르크하르트를 긴장시켰다.[3] 그러나 이 작품 역시 다행히도 부르크하르트와 큰 차이를 보인다. 계몽된 헤겔주의 관점과 민족주의 입장, 또는 루터주의 정서에서 인문주의의 역사를 풍부한 사료를 곁들여 교과서적으로 풀어나간 이 책은 르네상스 시기의 아주 다양한 이탈리아인들의 생활을 경직된 모습으로 그리고 있기 때문이다. 설령 이 책이 1859년보다 훨씬 이전에 출판되었다 하더라도 거기서 부르크하르트는 자신의 작업을 중단할 어떠한 이유도 찾지 못했을 것이다.

부르크하르트의 르네상스 상은 그의 책이 발표된 1860년 이래 거의 반세기가 지나도록 아무런 저항이나 비판 없이 수용되었고, 이 주제에 대한 하나의 고전적 해석으로 확고하게 자리 잡았다. 그러나 시대의 변화와 새로운 환경에 의한 자극에 따라 부르크하르트의 고전적 르네상스 상도 수정을 강요받는 강력한 도전을 받게 된다. 즉 그의 르네상스는 '개인, 인간 및 세계의 발견'을 모토로 중세와의 단절적 이미지를 지나치게 강조한 나머지 실제와는 다른 하나의 허구적인 모습을 만들어냈다는 것이다.

이러한 비판의 층위도 매우 다양하다. 일각에서는 르네상스의 뿌리를 더 소급해 12세기, 즉 중세 한복판에서 찾으려는 르네상스의 기원 확대론적 시각부터 르네상스 시기를 중세 말기로 보아야 한다는 중세주의 해석, 나아가 역사상 여러 차례의 르네상스가 있었다는 다원주의적이고 상대주의적인 주장에 이르기까지 다양한 수정주의 견해들이 제시되어왔다.[4] 그 비평가들 중 대표적 인물인 『중세의 가을』의 저자 하위징아에 따르면, 부르크하르트가 말한 르네상스는 바로 중세의 황혼기에 해당한다. 따라서 이 시기는 근대의 시작이라기보다 근대로 이행하는 시기, 또는 두 시대 사이의 과도기로 이해하는 편이 더 옳다는 것이다.

물론 이러한 비판들이 나름대로 상당한 설득력이 있음은 부정할 수 없다. 그러나 우리는 이러한 비판과 수정 제안이 타당한가의 문제를, 즉 부르크하르트가 자신의 책에서 말하고자 했던 진정한 의도가 무엇이었는지의 문제를, 그가 다른 곳에서 했던 주장들을 살펴봄으로써 재고할 필요가 있다.

먼저 가장 많이 비판받는 '중세와의 단절적 모습으로서의 르네상스 상'을 보면, 실제 부르크하르트가 말하고자 했던 것이 그것이 아니었을 수도 있다는 점에 주목할 필요가 있다. 『세계사적 고찰』의 근간을 이루는 「역사 연구에 대하여」라는 강의록을 보면, 부르크하르트는 역사를 관찰하고 해석하는 데서 '연속성'(Kontinuität)이라는 개념이 중요함을 도처에서 강조한다.

평생 유럽의 전 시대를 연구하고 강의했던 그에게서 '연속성'이란 기본적으로 다양하지만 특징적이었던 서양의 과거 전통을 단절 없이 잇는 역사의 연장 과정을 의미했다. 구체적으로 그것은 그리스 고전문화의 전통이 로마 시대의 친(親)그리스적 분위기(Philhellenismus)에 편승해 고전 그리스-로마 문화를 탄생시켰고, 이 전통이 게르만 민족의 이동이라는 사회적 혼란 속에서도 새로운 게르만-기독교적 문화와 결합하면서 중세 유럽이 형성되었으며, 변증법적으로 종합된 이러한 새로운 문화 전통은 다시 고전문예의 부활을 지향하던 르네상스와 원시 기독교로의 회귀를 꿈꾸던 종교개혁운동과 맞물리면서 근대의 절대주의 시대와 혁명의 시대를 거쳐 오늘날에 이르렀다는 것이 부르크하르트의 이른바 '역사적 연속성' 개념의 기본 골자다.

거시적이면서도 지극히 유럽적인 이러한 관점에 입각해서 보았을 때, 부르크하르트의 르네상스는 중세와의 단절이 아니라 오히려 연속, 그것도 과거의 전통을 이어가고 그 전통을 다음 세대에 이어주는 아주 끈끈한 연속체 안에서의 한 계기로밖에 해석되지 않는다. 다시 말해, 비록 부르크하르트 자신이 자세히 명시하지는 않았지만, 그의 르네상스는 결국 근대를 향한 전혀 새로운 '단절적 출발'이 아니라 고대에서 출발해 중세를 거쳐 현대를 향해 나아가는 일종의 '연속적 기점'이었던 것이다.

부르크하르트의 르네상스 상은 그에 대한 수많은 비판과 수정주의 해석에도 불구하고 오늘날까지도 건재함을 과시한다. 그 이유 중에는 그의 『이탈리아 르네상스의 문화』가 이미 고전으로 확고하게 자리를 잡았다는 사실도 한몫하고 있음을 부정할 수 없다.

다시 말해 일부 과장된 측면, 일반화의 오류, 일면적 고찰의 한계에도 불구하고 독자로 하여금 다시 한 번 읽어보고 생각하도록 만드는 무수히 많은 명문장, 오늘날의 사회사, 여성사, 일상사, 미시사 등 역사학의 흐름을 예비하고 선취하는 듯한 수많은 사례들, 시대를 초월하여 통용되는 수많은 이념과 관념, 사상이 책 전체를 장식한다. 이 책을 읽다보면 왜 고전작품이 시대와 장소를 초월해 영원히 살아남을 수 있는가를 새삼 뼈저리게 느끼게 된다.

반정치적 역사가의 권력론

정치와 권력

"권력은 누가 행사하든 상관없이 그 자체로 악하다. 권력은 멈출 줄 모르는 탐욕으로 당연히 결코 만족할 줄 모르며, 그 때문에 스스로 불행하고, 따라서 다른 사람들을 반드시 불행하게 만든다."

혁명시대의 보수주의자

19세기에 유행했던 문구들 중에 "역사는 과거의 정치요, 정치는 현재의 역사다"라는 말이 있다. 이 말을 유추해석하면, 19세기까지만 해도 '역사' 하면 주로 '정치사'를 의미했다는 뜻이다. 물론 20세기에 들어오면 이러한 사정이 완전히 달라지긴 한다. 이른바 '역사혁명'이라고 불리는 아날학파의 영향으로, 또는 마르크시스트 역사가들의 노력으로 사회경제사가 등장, 발전하면서 역사서술의 경향이 다양해졌고, 이 경향은 20세기 후반 미시사, 일상사 등 이른바 신문화사까지 대거 합세하면서 정신 못 차릴 정도로 복잡다단해졌다.

그러나 이것은 어디까지나 오늘날의 얘기일 뿐, 19세기에는 여전히 역사와 정치사가 거의 동의어로 쓰였고, '정치사'라는 말 자체는 동어반복으로 간주되었다. 심지어 그보다 좀더 이전, 그러니까 역사학이 아직 독립된 학문이 아니었던 18세기로 거슬러 올라가면 사정이 더욱 열악해져서 역사학이 대학에서 정치학에 소속된 한 분과에서 교수되었을 정도였다. 이러한 시대적 분위기는 역사서술의 학문화 과정이 본격화되던 19세기에도 그대로 이어져 비록 매우 일부분이긴 하지만 여기저기서 등장하기 시작한 문화사에도 영향을 미치게 된다. 이들 문화사는, 좀 과장해서 말하면, 말이 문화사지 거의 정치사와 다를 바 없는 구조와 내용에 문화와 예술 부분이 첨가되는 정도의 역사서술이었던 것이다.

19세기 문화사가이자 예술사가였던 부르크하르트에게서도 이러한 경향은 예외 없이 나타난다. 우선 예술사를 제외하고 그가 쓴 모든 역사책에는 정치 부분이 빠짐없이 들어 있다. 그것도 언제나 책의 제일 앞부분에 말이다. 오늘날에 여기저기서 서술되는 것과 같은 형식, 즉 정치 부분이 결여된 순수한 의미의 문화사는 부르크하르트뿐 아니라 당시의 그 어떤 문화사가에게서도 나타나지 않았다. 당시의 문화사는, 좀 과장하면 '문화와 예술 부분이 특별히 좀 많이 첨가되어 있는 정치사'였던 셈이다. 그만큼 19세기 모든 역사가들에게서 정치는 오늘날 상상도 할 수 없을 정도로 비중 있는 위치를 차지하고 있었다.

'정치와 권력'이라는 부제가 붙은 이 장에서 이제 우리는 부르크하르트에게서 '정치' 그 자체와 권력, 민족, 법률 등 정치와 관련된 개념들이 어떤 의미를 갖고 있는지에 대해 차근차근 밝혀나가보도록 하자. 아무리 밀접한 연관이 있다 하더라도 이미 앞서 포텐츠론에서 언급했던 '국가'에 대한 부분은 여기서 논외로 한다.

먼저 정치에 대한 부르크하르트의 생각을 천착하기에 앞서 정치 일반에 대한 그의 태도부터 살펴보자. 이미 청년 시절, 특히 1840년대의 혼란상황, 그러니까 1847년의 스위스 내전과 1848년의 일련의 유럽 혁명들을 경험한 부르크하르트에게서는 정치 전반에 대한 혐오, 당대의 정치적 사건들로부터 거리두기와 그것들에 대한 격렬한 비판, 보수적인 이념성향, 현실정치로부터 문화사와 예술사로의 학문적 도피 등 이른바 '반(反)정치적인' 행보가 눈에

띈다. 1846년 자신의 친구 킨켈(Gottfried Kinkel)에게 보낸 편지에서의 다음의 선언적 문구를 보자.

"[……]나는 결코 베를린 사람이 되고 싶지도 않고, 자네의 관심사를 강력히 그리고 신중하게 지지하며, 자네와 나의 의견에서 어떠한 차이도 없다는 점을 자네에게 말하고자 하네. 나는 그 견해들이 내적으로 자유롭게 머물기 위해서 어떠한 충고도 어떠한 원칙도 가지고 있지 않다는 사실을 꿰뚫어본다네. 자네는 나의 이 말을 믿어야 하네. 정치는 나에게서 죽었어. 내가 행하는 그 어떤 것도 나는 인간으로서 행할 뿐이지. 인간으로서 나는 자네를 좋아한다네.[……]"(『서간집』·III, 48쪽)

그러나 '정치는 나에게서 죽었다'는 여기서의 '반정치' 또는 '비정치'의 폭탄 선언을 액면 그대로 받아들일 필요는 없다. 왜냐하면 앞서도 이미 밝혔지만 이 말을 곧이곧대로 받아들이면 그 이후 그에게서 나타나는 정치와 연관된 수많은 발언, 과거의 정치적 사건들에 대한 연구, 정치영역에 속하는 수많은 개념들에 대한 정의와 견해 표명 등은 해명할 길이 없어져버리기 때문이다. 여기서는 그저 젊은 시절 내전, 전쟁, 혁명, 반란, 폭동, 탄압, 진압 등 정치적 혼란에 대한 염증이 그로 하여금 그러한 발언을 쏟아내도록 만들었다는 식의 소극적 의미로 이해하는 편이 낫다. 이왕 정치적 태도에 대한 얘기가 나왔으니 그의 정치 이념적 성향도 아울러 짚고 넘어가자. 다음은 1841년에 쓰인 한 편지의 일부분이다.

"나에게는 보수적일 용기, 그리고 굴복하지 않을 용기가 있다네."(『서간집』· I, 164쪽)

당시 같은 연령대의 대다수의 그의 동료들은 젊은 혈기에 사로잡혀 이상적이고 진보적이면서 혁명적인 이념에 몰두해 있을 때였으므로, 보수적인 이념을 취하는 일에는 나름대로 대단한 용기가 필요했을 것이다. 뭐 그것이 자랑할 만한 일인지 아닌지는 접어두더라도, 어쨌든 그의 이러한 자유주의적 보수주의 성향은 그의 전 생애에 걸쳐 유지된다. 그의 비정치적인 또는 반정치적인 발언, 정치적 현재비판, 정치사가 아닌 문화사와 예술사 연구 등은 별개가 아니라 모두 내적으로, 날줄과 씨줄로 엮여 있다.

모든 권력은 악이다

이제 테마를 권력에 대한 부르크하르트의 개념으로 옮겨보자. '권력'에 대한 부르크하르트의 태도는 다음과 같이 단호하다.

"이제는 권력이 그 자체로 악(惡)이라는 점(슐로서)이, 종교에 대한 고려가 없다면 개인에게서는 빼앗은 이기주의의 권리가 국가에게는 부여된다는 점이 분명해 보인다—루이 14세와 나폴레

옹, 그리고 혁명적인 민중정부들을 생각해보라.[……]"(『세계사적 고찰』, 36쪽)

"권력은 누가 그것을 행사하든 상관없이 그 자체로 악하다. 권력은 멈출 줄 모르는 탐욕으로서 당연히 결코 만족할 줄 모르며, 그 때문에 스스로 불행하고, 따라서 다른 사람들을 반드시 불행하게 만든다."(『세계사적 고찰』, 97쪽)

'권력 그 자체는 악이다'라는, 독일 역사가 슐로서(Friedrich C. Schlosser)에게서 유래하는 이 표어는 부르크하르트에게서 하나의 신념이 되어버렸다. 그에게서 비정치 또는 반정치의 정서가 읽히는 대목이다. 아울러 문화사와 예술사로의 전향 배경도 말이다. 그 때문에 이 표어는 이래저래 부르크하르트를 랑케나 트라이치케 등 여타의 역사주의적 역사가들로부터 구별시켜주는 하나의 중요한 요소로도 간주된다. 당대의 독일 역사가들은 대부분 정치, 국가, 민족에 대해 긍정적인 견해를 갖고 있었기 때문이다. 그러나 앞서 말했듯이 부르크하르트는 대가답게 그 악하다는 권력에 대한 관찰을 기피하지 않고 그 내부 속성까지 파헤쳐 들어간다.

"외적인 성장이 지속되는 한, 모든 권력은 내적, 외적으로 완전한 마무리와 완성을 향해 나아가고, 그 어떤 약자의 권리도 인정하지 않는다.

민족과 왕조는 여기서 완전히 동일하게 행동한다. 다만 민족의 경우는 대중의 욕망이, 왕조의 경우는 국가이성이 최종 결정을 한다. 그것은 단순한 정복욕이 아니라 이른바 필연성이다. 이에 대해서는 카롤링거 왕국이 그 실례(實例)를 보여준다.

일반의 이익을 위한다는 미명 아래 넘겨받은 모든 특별권을 없애고, 권력 개념을 무엇이 되었든 그 모든 것 위로 확장함으로써 결국 '짐은 곧 국가다'라는 마지막 결론에 이르도록 하는 것과 같은, 권력이 내부에서 하는 일들을 다 접어둔다면, 권력이 외부에서 행한 행동은 과거의 세계적 왕국들에서 그랬던 것처럼 가장 순진한 형식으로 표현된다. 그곳에서 사람들은 할 수 있는 한 많은 땅을 정복하고, [피정복민들을] 노예로 삼고 약탈하고 불을 질렀으며, 그 뒤에는 온갖 약탈품과 노예들을 이끌고 테베나 니네베로 위풍당당하게 입성하여 국민에게서 신이 사랑하는 왕이라는 칭송을 받는다. 더 강한 새로운 세계적 왕국이 출현할 때까지 말이다. 최근 유럽에서는 꽤 긴 평화의 시대와 영토 위기의 시대가 번갈아 나타난다. 어디선가 이른바 균형(그런 것은 한번도 존재한 적이 없지만)이 깨졌기 때문이다."(『세계사적 고찰』, 35~36쪽)

위의 인용문에 나와 있듯이, 부르크하르트는 권력이 다음 두 가지 목적을 갖는다고 보았다. 하나는 내적인 완성이고 또 하나는 외적인 팽창이다. 전자는 국가 내부에서 권력의 힘을 견고히 해서 절대권력으로 향해 나아가는 것이고, 후자는 그러한 절대적 힘을 외부로 방출시켜 권력이 멀리까지 미칠 수 있도록 확대하는 것이다. 결국 '절대화'와 '팽창'은 권력이 갖는 목표이자 동시에 속성인 셈이다.

부르크하르트의 '권력' 개념을 바라볼 때는 다음 두 가지 점에 주의를 기울일 필요가 있다. 하나는 그것이 사실상 '국가권력'을 의미한다는 사실이다. 이 사실은 그의 『세계사적 고찰』 전반에 걸쳐 나타나 별도의 증거를 제시할 필요가 없을 정도이다. 그러나 정치적 권력은 국가나 왕, 통치자로부터만 나오는 것이 아니라 적게는 개인의 힘, 집단이나 특정 기구 또는 단체의 힘으로부터 나올 수도 있고, 더 나아가 민중이나 대중으로부터도 나올 수 있는 매우 포괄적인 개념임이 지난 세기의 역사를 통해 여실히 드러났다. 그 점에서 부르크하르트의 시각은 여전히 19세기적 세계관의 한계 안에 있음을 다시 한 번 보여준다.

또 하나의 주의점은 부르크하르트에게서 권력이 '도덕적 거부'와 '현실적 수용'이라는 상호 모순적 성격을 갖는다는 점이다. 부르크하르트는 권력을 악으로 규정하면서 도덕적으로 거부의 의사를 분명히 했지만, 현실적으로는 정치 그리고 권력을 인정하고 수용하는 태도를 보여준다. 우리는 이미 그의 역사위인론에서 문화상의 위인만이 아니라 정치적, 세속적 위인들의 필요성과 중요성이 역설되고 있음을 살펴보았다. 어쩌면 그는 거부하거나 무시한다고 해서 거부되거나 무시되지 않을 권력의 속성을 정확히 꿰뚫어본 것이다. 다른 곳에서 그 증거를 들어보자.

"조금이라도 지친 사람이나 점점 더 빨라지는 움직임에 더 이상 적합하지 않은 사람은 놀랄 정도로 빠르게 교체된다.〔……〕이런 시대에 권력은 중단을 견디지 못한다.〔……〕모든 권력은 마지막에 합리적으로 실행되어야 한다는, 즉 모든 권력은 삶의 보편적 전제들을 긴 관점에서 인정하고 그것들을 존중해야 한다는 암묵적 전제가 인간들 사이에 놓여 있다. 이른바 무정부 상태조차 가능한 한 빠른 속도로 권력의 개별 항목들을 구성하게 된다. 즉 비록 아주 조잡한 형태로나마 보편성을 대변하는 것이다."(『세계사적 고찰』, 175~176쪽)

여기서는 권력의 현실적 인정을 넘어서 권력의 또 다른 속성들이 설파된다. 두 가지가 주목되는데, 하나는 '권력의 비(非)공백성'이고, 또 하나는 '권력의 가정된 합리성 또는 보편성'이다.

먼저 권력의 비공백성이란, 정치권력에 관한 한 공백이란 있을 수 없다는 것이다. 어느 한 사람 또는 집단이 권력을 장악하다 놓게 되면, 그 권력은 가차 없이 다른 사람이나 집단에 의해 곧바로 장악된다. 이 특징을 '권력의 충만성'으로 이해해도 무방할 것이다.

다음으로 권력의 가정된 합리성 또는 보편성은 매우 어렵고도 조심스러운 부분인데, 번역상 잘 드러나지 않았지만, 부르크하르트는 여기서 '권력이 합리성〔보편성〕을 가져야 한다고 하더라'

(müsse)라는 가정법 1식(간접화법)을 사용한다. 즉 그 자신의 주장이 아니라 남 또는 일반 사람들의 말을 인용하는 방식으로 은근슬쩍 넘어간다. 부르크하르트도 사실은 그 점을 바랐을지 모르지만, 어쨌든 그 자신이 직접 말하는 방식은 피한다. 어쩌면 그 자신의 희망이나 원망(願望)의 간접 표현인지도 모른다.

실제로 최소한 외관상이나마 합리적으로, 또는 보편적으로 작동하지 않는 권력은 오래가지 못한다는 것은 상식이다. 즉 부패한 권력이나 폭압적 권력은 그 수명이 짧을 수밖에 없다. 권력의 정당성은 정통성 아니면 합리성에서 도출된다. 정통성이란 혈통이나 법통 등을 통해 누구나 인정하고 수긍할 때 나타나는 성질을 말하고, 합리성이란 해당 권력이 그러한 정통성이 없을 경우 대다수 민중을 위하는 합리적이고 보편적인 방식으로 작동됨으로써 누구나 수용하고 납득할 때 나타나는 성질을 말한다. 이렇게 해서 합리성이 확립되면 그 또한 권력의 정통성이 성립된다는 점에서, 위의 두 번째 권력의 속성, 즉 권력의 가정된 합리성 또는 보편성은 그냥 '권력의 정통성' 정도로 이해되어도 무방해 보인다.

민족주의, 다름을 거부하는 권력의 용광로

이제 국가와 다른 정치적 함의를 담고 있는 민족과 민족주의에 대한 부르크하르트의 생각을 살펴보자. 이전 장들에서, 특히 자연과 대비된 '역사' 개념 부분과 포텐츠론의 '국가' 부분에서 '민족'

은 자주 언급이 되었기에 중복되는 감은 있지만, 여기서는 앞서의 중복되는 부분은 되도록 피하면서 정치적 용어와 담론으로서의 민족과 민족주의에 초점을 맞추어 살펴보자.

"오늘날 민족들은 통일과 큰 국가를 향한 충동을 갖고 있다.[……] 민족은 무엇보다도 (외관상, 또는 실제로) 권력을 원한다."(『세계사적 고찰』, 97쪽)

이러한 충동과 욕구는 단지 민족통일과 더불어 실제로 거대한 국민국가를 완성했던 이탈리아나 독일 민족들만 갖고 있던 성정(性情)들은 아니다. 주지하다시피, 19세기 당대의 유럽 국가들은 크게 세 가지 측면에서 민족주의를 실현시키고자 했다. 타국의 지배를 받고 있던 그리스나 벨기에의 경우 '독립'을 통해서, 정치적으로 분열되어 있던 이탈리아나 독일의 경우 '통일'을 통해서, 이미 독립과 통일을 이룬 영국, 프랑스, 러시아, 미국 등 열강들에서는 '팽창'을 통해서 말이다. 물론 이 세 가지가 모두 결합하여 19세기 말에 복합적으로 나타난 현상이 '제국주의'였음은 두말의 여지가 없다.

『역사적 단상』에서도 『혁명시대사 강의』의 서문에 해당하는 내용 중에 민족(성)에 대한 설명이 별도로 나온다.

"혁명과 혁명전쟁은 처음엔 프랑스 민족에게, 그다음엔 다른

민족들에게 그 행위에 대한 사랑과 증오를 불러일으켰다. [……]

이미 권력이 존재하는 곳에서는 사람들을 결속시키기 위한 또 다른 수단으로 민족이 이용된다. (또는 가령 이탈리아의 실지회복주의자들처럼 하나의 혁명당이 상대방을 공략할 책략으로 민족 완성의 필요성을 이용하기도 한다.) 군주와 민중은 그 안에서 통일되고, 저항은 미움을 받는다. 사람들이 이미 소유하고 있는 낯선 구성요소들은 억눌린다. 발트 해 연안 지역에서 곧 시행될 독일적 요소들의 제거는 러시아에서 인기를 얻고 있다."(『역사적 단상』, 197쪽)

위의 인용문 중 첫 문장은 근대 민족주의 등장과 관련하여 매우 중요한 사실을 지적하고 있다. 서양의 근대 민족주의는 멀리는 17세기 영국의 두 차례의 시민혁명에서, 가까이는, 또는 더 정확히는 프랑스혁명에서 출발한다. 즉 프랑스혁명 당시 혁명 자체를 애국 행위로 인식한 프랑스 민족에게서 먼저, 그다음에는 나폴레옹 1세의 유럽정복과 지배에 맞서 해방전쟁을 벌인 프랑스 이외의 민족, 특히 독일어권 민족들에게서 나타나기 시작했다.

반드시 일치하는 것은 아니지만, 부르크하르트는 20세기 들어와서야 역사가들에 의해 서서히 밝혀지기 시작한 그 연관관계를 이미 그 당시에 어느 정도 인식하고 있었던 듯하다. 위의 두 번째 이하의 문장들도 역시 민족주의의 연관 속에서 독해되었을 때 뜻이 보다 더 분명해진다. 19세기에 사람들은 민족주의의 광풍에 빠져 살았다. 권력이 없는 곳에서도 민족이 많은 영역에서 정치적 역할을 수행할 수 있었지만, 권력이 있는 곳이라면 더더욱 민족이 급속한 정치 발전이나 변화의 촉매제 역할을 수행했다. 상이한 요소, 이질적인 부분들은 민족주의라는 거대한 용광로 안에 용해되어버렸다.

어차피 민족(Nation) 얘기가 나온 김에 민중(Volk)에 대한 문제도 몇 마디 언급하고 넘어가기로 하자. 포텐츠론에서도 지적했듯이 'Nation'과 달리 'Volk'는 순수한 독일어로서 혈통의 개념이 들어간 민족을 말한다. 그러나 다른 뜻으로는 영어의 'People'에 해당하는 민중을 뜻하기도 한다.

부르크하르트의 '민중'(Volk)에 대한 평가는 '민족'(Nation)과 달리 매우 혹독하고 비판적이다. 한마디로 굉장히 폄하되어 있다. 물론 이러한 경향은 고급문화만을 애호하던 그의 귀족주의적, 보수주의적 성향과 맞물려 있긴 하다. 1846년에 쓴 다음 편지를 보자.

"자네들 모두는 아직 민중이 무엇인지, 그리고 그 민중이 얼마나 쉽게 야만적인 폭도로 변할 수 있는지 모르네. 자네들은 교육이 바로 사람들이 갈가리 찢어놓아야만 할 자본의 비밀스러운 연합체라는 구실 아래 우리들 정신 위에 어떤 폭군이 무력을 행사하게 될지 모르네."(『서간집』· II, 210쪽)

다시 강조하지만, 부르크하르트의 민중에 대한 이러한 우려는 그의 엘리트주의적 보수주의 성향으로부터 유래한다. 무엇보다도 그는 조건과 기회와 상황이 주어지면 언제 어느 순간이라도 쉽게 폭도로 변하는 속성을 지닌 일반 민중, 즉 대중들을 신뢰하지 않았고, 따라서 당연히 민주주의를 혐오했다. 이러한 '민중비판'이 나중에는 점차 '대중비판'으로 바뀌어가긴 하지만, 어쨌든 그의 눈에 민중은 정치의 본질에 대해 거의 아무런 식견도 없으면서 불나방처럼 정치에 뛰어들어 그들 자신과 다른 사람들 모두에게, 그리고 무엇보다 고급문화에 피해를 주는 무모한 사람들로서 매우 위험하면서도 두려운 존재로 비친다.

그러나 부르크하르트에게서는 이같이 민족, 민족성, 민족의식, 민중 등의 개념은 등장하지만, 정치 이데올로기로서의 '민족주의'에 대한 언급은 거의 찾아볼 수 없다. 물론 19세기에 민족주의를 운운한다는 것은 너무 앞선 얘기이고, 따라서 민족주의를 논급하지 않았다는 지적은 어쩌면 현재의 입장을 과거 관찰에 투영시키는 시대착오적인 오류일 수 있다. 어쨌든 분명한 점은 부르크하르트에게서 민족 또는 민족성은 국가나 권력과 같은 상위의 정치 개념들에 비해 하위의 개념을 구성하고 있었고, 그만큼 그것에 대한 발언의 빈도수도 적었고 심도 있는 관찰도 발견되지 않는다는 사실이다.

다음은 법과 권리, 정당 등에 대한 부분이다. 이들 개념에 대한 부르크하르트의 발언 빈도수는 '민족'보다도 더 적다.

"개인은 자신들 위에 법과 강제력으로 무장된 법관을 두는데, 이들은 개인들 사이에 나타나는 사적인 의무조항들과 일반적으로 반드시 필요한 것들을 보호해준다. 그러한 보호는 실제로 행사되는 폭력을 통해서라기보다는 오히려 그 폭력에 대한 건전한 두려움을 통해서 이루어진다. 삶이 필요로 하는 안전은 미래에도 역시 이 안전이 지속될 것이라는 믿음에 바탕을 둔다. 다시 말해 국가가 존속하는 한 국가 안에서는 더 이상 서로 무기를 잡고 싸울 필요가 없을 것이라는 믿음이다. 폭력을 가지고는 소유도 권력도 증식시킬 수 없고, 오직 자신의 몰락만 재촉할 뿐이라는 사실을 모르는 사람은 없을 것이다.

국가는 '시민생활'의 다양한 의견들이 서로 싸우는 일이 발생하지 않도록 해야 한다. 국가는 정당들 위에 군림해야 한다. 비록 모든 정당들이 국가를 자기들 것으로 만들고자 하고, 스스로를 보편적이라 칭하고자 할 테지만 말이다."(『세계사적 고찰』, 39쪽)

포텐츠론의 '국가' 부분에 속하는 문구들이지만 여기서는 법과 정당에 포커스를 맞추어 관찰해보도록 하자. 큰 틀에서 보았을 때, 위의 문장의 주제는 법치생활을 가능하게 해주는 국가의 중요성이다. 그걸 뒤집어서 보면, 개인 위에 법과 법관이 있고, 법 위에 국가가 있다는 얘기다. 또 개인들 사이에 당파가 있고, 그것들이 결속되었을 때 정당이 있으며, 정당 위에 바로 국가가 존속한다. 국가 자체가 아니라 법이 개인의 시민생활을 보호해주고, 따

1850년 3월 16일 요하네스 슈넬(Johannes Schnell)에게 보낸 부르크하르트의 자필 편지.

라서 개인은 그 법을 따라야 할 의무가 있다. 곧 법은 개인의 시민생활을 위한 최소한의 안전장치인 셈이다. 그리고 여기서 말하는 법은 사회계약론을 비판했던 그답게 모호하고 추상적이며 기껏 잘 봐줘야 이상적인 '자연법'이 아니라 아주 현실적인 '실정법'을 의미한다. 반면 정당은 개인을 보호해주는 법과 달리 국가권력을 장악하기 위해 노력한다. 따라서 법치가 확립된 상태라면 당연히 국가가 모든 정당 위에 군림해야 한다.

종합해보면, 부르크하르트의 국가, 권력, 정당, 법 등에 대한 관념은 오늘날 보통사람들의 그것과 비교해서 거의 차이가 없다. 그의 근대적인 정치감각이 돋보이는 대목이다.

자유주의면서 보수적인, 비정치적이면서 문화적인

이제 결론적으로 정치와 관련된 몇 가지 사조들에 대한 부르크하르트의 태도를 살펴본 후 그 자신의 정치적 입장을 정리해보자.

먼저 계몽주의다. 이미 앞서 언급되었듯이 부르크하르트는 국가에 대해 논하면서, 인간사회가 애초에 시민들 사이의 모종의 계약을 통해 형성되었다는 사회계약론을 격렬히 비판했는데, 이를 통해 우리는 그가 계몽주의에 대해 가졌던 입장을 유추해볼 수 있다. 당연한 얘기지만, 역사가로서 경험주의에 사상적 기반을 두고 있던 그로서는 계몽주의에서의 비역사적인 이론들이 마음에 들지 않았을 것이다.

그런데 재미있는 사실은 이같이 계몽주의에 대해 비판적인 입장에 서 있던 부르크하르트도 그 사상적 계보를 따지자면 '후기계몽주의'에 속한다는 것이다. 여기서 후기계몽주의라 함은 인간 이성 및 과학과 기술에 대한 무한한 신뢰와 진보 관념으로 무장되어 있던 사조로서의 계몽주의가 아니라 교육과 문화의 중요성을 강조하고 낡은 종교와 사회의 부조리한 관습을 비판했던 이념으로서의 계몽주의의 19세기적 변형을 말한다.

좀 다른 얘기지만, 만일 계몽주의 안에 이같이 두 개의 사상적 함의가 담겨 있다면, 20세기 중반에 계몽주의를 격렬히 비판했던 프랑크푸르트학파의 비판이론가들도 따지고 보면 계몽주의의 계승자라고 할 수 있다. 그만큼 계몽주의의 내용을 담아내는 그릇은 크며, 그 사조가 서양 지성계에 미친 영향 또한 클 수밖에 없다. 어쨌든 원래 논의로 다시 되돌아와서, 계몽주의를 비판했던 부르크하르트는 계몽주의의 은덕을 입고 자기 사상을 전개한 인물임을 기억해두자.

민족주의에 대해서는 이미 본문에서도 간헐적으로 나왔는데, 그 이념에 대한 부르크하르트의 태도 역시 단연 부정적이다. 그는 무엇보다 하나의 민족이 근대 최고의 권력형태인 국가와 결합하여 탄생한 초대형 정치기구로서의 민족국가를 극도로 경계했다. 그리고 그 정점에는 1871년의 독일제국의 탄생이 자리 잡고 있다. 독일민족의 통일에 대한 비판은 그를 동시대의 역사주의자들로부터는 구별시켜주고, 역시 동시대의 현재비판가였던 니체와는 동질감을 갖도록 해주었다.

부르크하르트가 바라던 것은 문화와 예술을 보호하고 장려할 수 있는 작은 도시국가였지 큰 국가는 아니었다. 더구나 민족국가, 더 구체적으로 민족주의의 폐해는 이미 그것의 기형적 형태였던 제국주의나 전체주의에서 나타났듯이 실로 막대하다. 부르크하르트가 민족국가, 민족주의에 대해 지나치게 부정적이고 비판적으로 과민반응을 보인 것은 그것들이 가져올 엄청난 파국을 미리 예견했기 때문이고, 이 예견은 너무도 정확히 맞아떨어졌다. 늘 느끼는 것이지만, 이 놀라운 부르크하르트의 정확한 예견은 과거 역사의 깊이 있는 관찰·연구와 인간 본성과 사회에 대한 예리한 통찰의 절묘한 결합의 결과였지, 그 어떤 점성술사나 마법사 같은 예지력이나 신통력과는 거리가 멀었다.

결론적으로 말해 부르크하르트의 정치이념 입장은 '자유주의적 보수주의'(liberal-conservatism)로 특징지어진다. 앞에 붙은 자유주의라는 수식어는, 프랑스혁명을 겪은 유럽의 지식인치고 그 순수한 의미에서의 자유주의를 수용하지 않은 사람은 없었다는 점에서 그다지 큰 의미를 갖는 수사가 아니다. 더구나 문화와 예술이 제대로 꽃피기 위해서는 반드시 자유와 평화가 전제되어야 한다는 점은 상식이다. 또 실제로도 부르크하르트는 시민적 자유를 높이 평가하면서 반드시 지켜야 할 가치로 간주했으며, 그 어떤 전제적, 독재적 억압이나 폭력도 거부했다.

문제는 그가 표방한 보수주의가 과연 어떤 보수주의냐 하는 것인데, 여기서 보수주의란 새로운 것이나 개혁 또는 혁명 등을 무조건 거부하고 기존의 제도를 유지하면서 기득권만 수호하려는 수구주의와 엄밀히 구별된다. 부르크하르트의 보수주의는 그가 보기에 보존하고 계승, 발전시킬 만한 가치와 필요가 있는 구유럽의 고전 문화와 예술을 상업화된 대중문화와 현대 산업사회, 전쟁과 파괴만을 양산할 위험성이 큰 민족국가 등으로부터 지켜내고자 하는 욕구와 바람에서 형성된 비정치적 보수주의였다.

평생 독신으로 살면서 개인적으로 별로 잃을 것도 없었던 그가 보기에, 사회적으로 지켜내야 할 문화유산이 정치적인 혼란으로 파괴되거나 소멸되는 것을 우려해서 나온 '문화적 보수주의'였던 것이다.

문화사, 문명을 변화시킨 거대한 정신의 역사

문화사의 개념과 방법

"연구에서와 마찬가지로 서술에 관해서도 사람들은 잔뜩 겁을 집어먹고 묻는다. "도대체 어디서 시작해야 하는가?" 하고. 대답은, "어디고 아무데서나"다."

문화 개념과 반드시 일치하지는 않는 역사

문화 개념이 모호하다면 문화사 개념 역시 모호할 수밖에 없다. 그러한 사정은 문화사 서술이 처음 등장했던 18세기부터 오늘날까지 줄곧 이어진다. 그도 그럴 것이 문화의 범위를 어디서 어디까지 잡아야 할지 분명한 가이드라인이 제시된 사례가 아직까지 없었기 때문이다. 아니, 그걸 떠나서 어쩌면 그런 가이드라인은 제시될 수도 없고 제시되어서도 안 될지 모른다. 왜냐하면 '문화는 이런 것이다'라고 딱히 꼬집어서 말하는 순간 그것은 이미 그것이 아닌 모든 것을 문화의 범주에서 제외시키는 한심한 꼴이 되기 때문이다.

주지하다시피, 문화 개념의 모호성은 그것의 포괄성에서 연유한다. 문화가 인간 생활의 모든 것을 집어삼키는 '생(生)의 리바이어던'이라면, 그 문화의 여정 또는 궤적으로서의 문화사도 역시 그 모든 것을 다 포괄하는 과정으로서 매우 다의적이고 모호한 개념일 수밖에 없다. 더 나아가 문화 개념이 학자마다 달랐던 것처럼, 문화사에 대한 개념 정의도 학자마다 매우 다양하게 제시된다. 일종의 투쟁 개념으로서의 문화사는 그 용어를 사용하는 사람의 수만큼이나 많은, 그리고 다양한 의미를 담고 있다.

서두에 이렇게 긴 연막을 쳐두는 이유는 행여 독자들이 부르크하르트의 문화사를 19세기적, 즉 고전적 문화사의 전범이나 전형으로 오해하거나 착각하는 우를 범하는 일이 발생하지 않도록 하려는 배려에서다. 이번 장에서 시작하려는 부르크하르트의 문화사에 대한 설명은 단지 그만의 문화사에 국한되어 있다는 점을 독자들이 미리 알아두었으면 한다. 물론 그렇다고 해서 그의 문화사가 19세기를 대표하는 여러 문화사 가운데 하나라는 사실을 부정한다거나, 그리고 그것이 그 이후에, 즉 20세기에 미친 영향이 미미하다거나, 그것을 간접적으로나마 계승한 인물이 없었다는 걸 말하려는 것은 아니다. 여기서 내가 강조하고 싶은 점은, 단지 부르크하르트의 문화사는 그 이전에, 동시대에, 그리고 그 후에도 존재했던 수많은 다양한 문화사 콘셉트들 중의 하나에 지나지 않는다는 것이다.

그리고 앞으로 전개될 설명과 관련하여 한 가지 더 미리 밝혀둘 점은, 부르크하르트의 포텐츠론에서 제기된 문화에 대한 설명이 물론 문화사 서술과 연관되지 않을 수 없지만, 그렇다고 그 둘 사이의 관계가 일대일 대응관계처럼 반드시 일치하는 것은 아니라는 것이다.

다시 말해 그의 문화 개념이 그의 문화사 서술에 개념적으로, 또는 방법적으로 기반이 된 경우도 있긴 하지만, 그렇다고 전자가 후자의 모든 것을 규정한다거나 반대로 후자가 전자를 기초로 서술되지는 않았다는 것, 즉 문화 개념이 그 나름의 학문이론적, 사회과학적, 또는 철학적이거나 사상적 논리로 형성된 것처럼 문화사 서술도 역시 해당 시대의 독특한 조건과 개별적 양상에 따라 각각 상이한 내용과 논리로 전개된다는 것이다. 문화 개념이 '문화이론'의 영역이라면, 문화사는 그와는 또 다른 별개의 '역사서술' 분야이기 때문이다. 바로 그 이유 때문에 나는 이 책을 구상하면서 포텐츠론에서 했던 문화에 대한 설명과는 별도로 문화사에 대한 장(章)을 추가했으며, 따라서 여기서는 당연히 문화 개념이나 문화이론에서 제기될 수 있는 여타의 모든 문제들은 제외시켰음을 미리 밝혀둔다.

자, 그럼 이제 이런 사정을 사전에 염두에 두고 본격적인 '부르크하르트 문화사' 투어에 나서보자.

드러난 그대로, 보이는 그대로, 위조의 기록마저 그대로

서두에서 문화사 개념의 모호성에 대해 말했는데, 그렇다면 정작 부르크하르트는 그 문제에 대해 어떤 태도를 보이고 있는지부터 살펴보자. 그의 문화사 서술의 대표작이라고 할 수 있는 『이탈리아 르네상스의 문화』의 서론에는 다음과 같은 글귀가 나온다.

> "문화사의 가장 본질적인 어려움은 하나의 거대한 정신적 연속을 어떤 형태로든 서술로 표현하기 위해 겉보기에 종종 자의적으로 보이는 개별적 범주들 안에 분절해서 넣어야 한다는 점이다."(『이탈리아 르네상스의 문화』, 3쪽)

여기서 부르크하르트는 문화사의 어려움이 하나의 거대한 역사상을 개별적 범주들로 쪼개서 나누어 넣어야 하는 데 있다고 지적한다. 이같이 한 시대의 역사적 전체상이 개별 범주로 분해되어 나뉘어 있을 때, 독자들은 그것을 다시 전체적인 모습으로 종합시켜야 하는 어려움이 있다. 역사가가 그렇게 할 수밖에 없는 이유는 서술이라는 작업을 하기 위해서라는 것이다. 따라서 이것은 순전히 서술이 갖는 기술적인 한계의 문제이고, 적어도 기술(記述) 형식에서 획기적인 혁명적 변화가 일어나지 않는 한 이를 해결할 수 있는 방법은 없어 보인다. 어쨌든 분명한 점은, 부르크하르트가 문화사를 인간 정신과 관련해서 모든 것을 다 담아내는 매우 포괄적인 역사로 인식했다는 것이다.

위의 인용문에서 문화사 개념과 관련하여 짚고 넘어가야 할 중요한 점은, 부르크하르트가 문화사를 '하나의 거대한 정신적 연속의 역사'로, 따라서 문화사의 과제를 어느 특정 시기, 구체적으로는 '하나의 문화 시기에 펼쳐진 인간들의 정신내용의 연속을 서술하는 일'로 간주했다는 사실이다. 문화사에 대한 이론적인 언급이 거의 없는 『이탈리아 르네상스의 문화』에 대한 인용은 이 정도로 해두고 이제 다른 문화사 책으로 넘어가보자.

문화사에 대한 본격적인 이론적 언급은 그의 말년의 대작 『그리스 문화사』에 나온다. 전 4권으로 되어 있는 이 책의 제1권 「서문」에는 문화사에 대한 개념 정의, 방법, 장단점, 특징 등 많은 핵심적인 내용들이 담겨 있다. 그럼 먼저 문화사 개념의 모호성에 대한 언급부터 인용해보자.

"어차피 각 대학에서의 모든 역사 수업이 누구나 각자 자기의 길을 밟아나가도록 강요당하는 위기에 놓여 있다. 역사에 대한 관심은 서양 정신의 일반적 움직임에, 즉 우리 교육의 일반적 방향에 상당히 많이 의존하게 되었다. 그 때문에 옛날의 서론이나 방법 들은 책에서나 강단에서도 충분치 않다. 그래서 우리는 매우 자유롭게 행동할 수 있다. 다행히도 문화사 개념만이 아니라 대학에서의 실제 연구들도 (그리고 몇몇 다른 것들도 마찬가지로) 흔들린다."(『그리스 문화사』·I, 5쪽)

앞뒤를 떼어놓고 이 구절만 인용해서 좀 그렇지만, 어쨌든 여기서는 문화사의 개념이 확실하게 정해져 있지 않다는 점이 강조된다. 유사한 내용이 이제는 1882년에 쓰인 「중세의 문화」 강의노트 「서문」에서 다시 한 번 더 출현한다.

"문화사에 대한 관념과 정의(定義)는 다양하다. 그것은 아직까지도 주관적이고 아마추어적인 외모를 갖고 있으며, 또한 이른바 골동품들에서 이른바 역사철학에 이르기까지 아주 광범위하고 불확실한 개요들을 보여준다. 이때 한 개인은 자신의 개인적 견해에 따라 작업을 해나갈 것이다. 즉 사람들은 자기가 원하는 것이 아니라 〔남들이〕 받아들이라고 하거나 아니면 〔자기가 보기에〕 받아들여야만 한다고 믿는 것을 문화사 안에 받아들인다."(『역사적 단상』, 27~28쪽)

여기서는 문화사 관념과 개념의 '다의성'과 '주관성', 그리고 '비전문성'이 강조된다. 결과적으로 보면, 이러한 문화사 개념의 불확실성이 결국 19세기 말 독일 역사학계에서 휘몰아친 두 차례의 '문화사 논쟁'을 불러일으키는 계기가 되기도 한다. 그중 이른바 '람프레히트 논쟁'이라고도 불리는 두 번째의 논쟁은 특히 격렬했는데, 그도 그럴 것이 람프레히트(Karl Lamprecht)는 문화사를 정의하면서 사회심리학 요소와 방법 들을 끌어들여야 한다고 주장하면서, 문화사의 방향을 오늘날의 기준으로 보면 완전히 사회경제사에 해당할 그런 주제와 내용으로 몰고 갔기 때문이다.

문화사 개념의 모호성과 다의성에 대한 진술은 이 정도로 해서 넘어가고, 이제 부르크하르트의 문화사 개념의 구체적 내용에 대해 알아보기로 하자. 이를 위한 접근방법은 '멀리서부터 가까이로'다. 다음은 그가 젊은 시절, 그러니까 1842년에 쓴 한 편지에서 발췌한 것이다.

> "나에게 중요한 것은 전경(前景)이나 개별 인물들이 아니라 배경(背景)이라네. 바로 이 배경이 문화사를 형성하고, 나는 주로 여기에 내 힘을 쏟아붓길 원하네."(『서간집』·I, 196쪽)

이 멋진 표현 안에는 많은 내용들이 함축되어 있다. 잘 알려져 있다시피, 19세기 역사학의 중심에는 정치사가 자리 잡고 있었다. 문화사는 주변과 변방에 몰려 있었고, 기껏해야 정치사에 대항하는 일종의 대안, 좀 그럴듯하게 표현해서 일종의 대항담론이었다. 따라서 부르크하르트가 이 편지에서 말하는 전경이나 개별 인물이란 정치적 사건들과 그 과정에서 두드러진 역할을 하는 정치적 인물들이다. 그에 맞서서 그는 그 배후에 놓여 있는 조건과 상황인 배경에 몰두하고 싶다고 말한다. 바로 이 배경이 문화사라는 것이다. 그리고 이 배경은 '상태'(Zustände)로 불리기도 한다. 1858년에 행한 「중세의 마지막 세기들의 문화사」라는 제목의 강의에서는 문화사를 '그 자신의 상태들 속에서의 세계의 역사'로 정의하고, 이를 '사건들과 그것들의 연관의 과정'으로서의 '일반사'와 대비시키고 있다.[1] 문화사는 부르크하르트가 보기에 한마디로 '상태사'였다.

그러나 부르크하르트의 문화사는 단순히 상태사에 머물지 않는다. 그의 문화사가 주로 상태들과 모습들(Gebilde)의 역사인 것은 분명하지만, 그렇다고 그것들의 변화에 마냥 둔감하지만은 않았다. 역시 조금 말년이긴 하지만, 「중세의 문화」 강의노트에는 다음과 같은 문장들이 나온다.

"행운과 불행에 대한 모든 평가 대신에, 아무런 결실도 없는 인정과 불인정 대신에, 우리는 살아 있는 힘들, 그것들의 등장과 쇠퇴, 그것들이 서로 뒤섞여 미치는 영향, 그것들의 변천 등에 대한 관찰과 인식에 집중하고자 한다. 이를 위해서 우리는 단순한 서사(Erzählung)에서 벗어날 필요가 있다. 그러한 서사는 개설서들로 대체될 수 있기 때문이다. 따라서 우리는 현상들을 차라리 그것들의 내적인 상호 결속력에 따라 분류해야만 한다. 그 결속력 안에서 현상들은 상태들, 지속적인 모습들을 형성한다. 바로 여기에 문화사의 권리가 끼어든다."(『역사적 단상』, 27쪽)

여기서는 문화사가 역사를 변화시킨 힘들의 역사, 즉 그 힘들의 등장과 쇠퇴, 그것들이 서로 주고받은 영향관계, 그것들의 변화와 변천과정의 역사로 규정된다. 그리고 더불어 다시 일반사와 문화사를 대비시킨다. 일반사는 정치사로서 사건들의 흐름의 역사이고, 문화사는 상태와 현상 들의 변화의 역사다. 그리고 여기서는 서사와 관련한 방법론적 문제도 언급되는데, 이에 대해서는 조금 뒤로 미루고, 다시 『그리스 문화사』의 「서문」으로 돌아가 여기서 말하는 문화사 개념 부분을 인용해보자.

"우리의 임무는 그리스의 사고방식과 관조를 제시하고, 그리스인들의 생활을 주도했던 살아 있고 구성적이고 파괴적인 힘들을 인식하고자 노력하는 것이다."(『그리스 문화사』· I, 4~5쪽)

만일 문화사의 과제가 '해당 시기에 살던 사람들의 사고방식과 관찰방식을 기술하는 것'이라면, 그리고 앞서 『이탈리아 르네상스의 문화』의 서론에서처럼 문화사의 임무가 '하나의 거대한 정신적 연속의 역사를 서술하는 일'이라면, 그것은 결국 '정신사' 또는 '이념사'와 다를 바가 없다. 오늘날의 기준으로 보면, 매우 협소한 의미의 문화사인 셈이다. 이 점을 여실히 보여주는 문장이 하나 더 있다.

"문화사는 과거 인류의 내면으로 파고들어가 그들이 어떻게 존재했고, 원했고, 생각했고, 관찰했고, 할 수 있었는지 말해준다. 문화사는 이와 함께 변하지 않는 것에 관심을 두기 때문에 마지막에는 이 변하지 않는 것이 순간적인 것보다 더 위대하면서 중요하게 보이고, 하나의 특성이 하나의 행위보다 더 위대하면서 교훈적으로 보이게 된다. 왜냐하면 행위들은 해당하는 내적 능력의 개별적 표현에 불과하고, 내적 능력이야말로 그 행위들을 언제나 새로이 만들어낼 수 있기 때문이다. 따라서 사람들이 원했던 것과 의도했던 것은 발생했던 것만큼이나 중요하고 관조 또한 그 어떤 행위 못지않게 중요하다."(『그리스 문화사』·I, 6쪽)

행위보다도 생각, 사상, 정신 등의 중요성이 강조된 부르크하르트의 문화사는 어쩌면 인간의 내면의 역사로 간주될 수 있을 것이다. 이 점을 사건사나 정치사로서의 일반사와 대비시켜 비유하자면, 일반사가 겉으로 드러난 것, 발생했던 것, 행동으로 나타났던 것의 과정을 서술해내는 '밖의 역사'라면, 문화사는 사람들이 생각했던 것, 의도했던 것, 원했던 것을 기록해내는 '안의 역사'라고 할 수 있다.

그렇다면 인간의 내면적 정신세계를 탐구 대상으로 하는, 오늘날 기준으로 보면 매우 협소한 의미의 이러한 문화사는 어떻게 연구되고 서술되어야 하는가? 먼저 문화사 연구방법에 대한 언급이다.

"개별적인 것, 특히 사건이라고 불리는 것들은 그 자체를 위해서가 아니라 오직 보편적인 것을 밝혀내는 입증과정에서 언급될 수 있다. 왜냐하면 우리가 찾는 사실은 그 역시 〔역사적〕 사실들인 사고방식이기 때문이다. 원전들은 우리가 그에 준하여 관찰하는 한, 진부한 지식을 위한 단순한 연구에서와는 전혀 다른 말을 하게 될 것이다."(『그리스 문화사』·I, 5쪽)

"보고된 일이 실제로는 전혀 발생하지 않았거나, 그런 형태로 발생하지 않았다 하더라도 그 일이 발생한 것으로, 또는 하나의 일정한 형태로 발생한 것으로 전제하는 관조는 그 일을 보고하는 서술의 전형성을 통해 그 자신의 가치를 담아낸다. 그리스의 모든 전통도 바로 이러한 종류의 기록들로 가득 차 있다.

이러한 전형적 서술들로부터 나오는 변하지 않는 것은 고대 유물들보다도 더 진정한, 아니 어쩌면 가장 진정한 고대의 '실제 내용'이 아닐까 한다. 우리는 여기서 **영원한** 그리스인을 알게 되고 하나의 개별 요소 대신에 하나의 형상과 마주치게 된다.

'바로 이 도정에서는 단지 개별 사실들의 이야기 전달만이 아니라 개인들도 우리의 관심 대상이 못 된다! 문화사는 어쩌면 그리스 역사에서 그 전기(傳記)가 하나의 엄청난 자리를 차지하는 위인들이 빠져 있는 역사일지도 모른다!'"(『그리스 문화사』·I, 6쪽)

이 문장들을 통해 우리는 1868년에 행한 그의 강의 「역사 연구에 대하여」에 제시된 역사철학적 내용이 반복되고 있음을 확인한다. 부르크하르트에게 역사에서 중요했던 것은 개별적인 것이 아니라 반복하는 것, 변하지 않는 것, 전형적인 것이었음을 독자들도 기억하고 있을 것이다. 그의 역사철학은 결국 그의 문화사 방법론에까지 녹아들어 있다.

아니면 거꾸로, 전경이 아니라 배경을 지향하는 이러한 문화사가 바로 '일회성'이나 '개별성'이 아니라 '반복성'과 '전형성'을 강조하는 그의 역사철학 형성에 결정적인 영향을 주었을지도 모르는 일이다. 좌우간 그의 문화사는 개별 사실들이나 개별 인물들이 아니라 반복하거나 전형적인 사실들의 천착을 통해 해당 시기의 영원한 인간상과 시대상의 복원과 재현을 향해 나아간다.

다음은 접근과 작업방식의 문제다.

"문화사의 또 다른 장점은 문화사가 그룹별로 묶어가는 방법을 취할 수 있고, 비율의 중요성에 따라 사실을 강조할 수 있으며, 가령 옛날 방식이나 비판적, 역사적 방식에서 벗어나는 것과 같은 일, 즉 비율에 대한 모든 감각을 짓밟는 행위를 하지 않아도 된다는 점이다."(『그리스 문화사』·I, 7쪽)

이 문장은 문화사가 사실들을 취사선택한 후 이 사실들을 문학, 학문, 사상, 예술 등 범주별로 분류하여 작업할 수 있고, 그 내용들을 다시 그 비율에 따라 중요성을 강조할 수 있다는 방법상의 편리한 점을 말하고 있다.

방법론과 관련하여 한 가지 더 언급되어야 할 내용은 사료와 사료비판이다. 여기에 해당하는 부분을 인용해보자.

"우리가 추구하는 것은 다른 사람을 위한 업적들이나 그 단어의 일상적 의미에서의 특수 연구들, 즉 나중에는 모든 힘이 집중되어야 할 하나의 개별적 대상이나 관계를 완벽하게 탐구하거나 서술하는 것이 아니라, 전체적인 것에 참여하는 것으로, 그리스 일반을 이해하는 것으로 나아가는 것이다. 개별 지식들을 확대하기 위해서라면 이미 오늘날의 역사적이고 고풍적인 문헌들이 그에 기여하고 있지 않은가—우리는 평생 꾸준히 지속되어야 할 교육과 향유 수단을 옹호하고자 한다.

원전 강독의 양식도 바로 이에 맞추어 형성된다. 더 멋진 기념물, 시인과 역사가 들도 전체적 상으로서 기능한다. 따라서 우리는 이것들을 단순히 특수한 질문을 위한 방증자료가 아니라 전체로 읽어야 한다. 서술자는 물론 2류 또는 3류의 많은 저술자들을 **통독**할 것이고, 그전에 이 저술자들을 읽은 다른 사람들을 전거로 삼지는 않을 것이다. 사람들은 기념물들도 역시 전체적으로 감상해야 하는데, 이 기념물 자체가 바로 사료다. 특히 가장 멀리 떨어져 있는 곳에 가장 중요한 것이 놓여 있는 경우가 흔하다.

〔……〕

고대 그리스로부터 전승되어 남아 있는 모든 것이 바로 우리에게는 사료가 될 수 있다. 단지 글로 기록된 문헌들만이 아니라 모든 전승물, 그중에서도 특히 건축물과 예술작품이 이에 해당한다. 그리고 문헌 안에는 단지 역사가나 문학가, 철학자만이 아니라 정치가, 연설가, 편지 저술자, 후년의 수집가나 주석자──이들은 종종 아주 오래된 진술들을 받아서 전해준다──의 저술까지도 포함된다. 우리는 그 어느 것이든 고대의 위대한 상을 만들어내는 데 기여할 수 있는 것이라면 닥치는 대로 이용해야 한다. 심지어 그 의도를 간파하기만 한다면 위조한 자까지도 바로 그 위조와 간파된 그의 목적을 통해──그의 의지와는 정반대로──가장 중요한 가르침을 보증해줄 수 있다."(『그리스 문화사』·I, 11~12쪽)

이 긴 인용문에서 다른 걸 다 떠나서 가장 먼저 눈에 들어오는 것은, 역사가 성립되기 위해서 가장 중요한 기록물로서의 사료, 즉 원전이 부르크하르트의 문화사에서는 과거의 흔적을 남기고 있는 것이라면 '모든 것'이 된다. 심지어 위조한 기록까지도 그 위조가 간파되기만 한다면 원전이 될 수 있다는 것이다. 당시로서는 상당히 깨어 있는 부르크하르트의 사료관을 읽어낼 수 있는 대목이다. 단지 포괄적이라는 의미에서 개방적이라는 것이 아니라, 날조되거나 왜곡된 사료까지도 역이용할 수 있으면 해야 한다는 대담함이 그저 놀라울 뿐이다.

연구방법은 이 정도로 접고 다음은 서술방식으로 넘어가보자.

"이야기 전달 형식은 피하되, 그래도 그들의 역사가 전체 보편사의 일부를 구성하는 한 우선적으로 역사적인 방법을 취하면서, 우리는 그리스인들을 본질적인 특성에 따라, 그것도 그리스인들이 고대 오리엔트와 그들 이후의 민족들과 구별되면서도 두 시대를 연결하는 위대한 과도기를 형성해낸 그러한 특성에 따라 관찰할 것이다. 바로 여기에 맞추어, 즉 그리스 정신의 역사에 맞추어 우리의 모든 연구가 이루어질 것이다."(『그리스 문화사』· I, 5쪽)

거듭 반복되지만, 부르크하르트는 서사, 즉 이야기 전달 양식은 일반사나 사건사에나 어울린다고 했다. 따라서 문화사에서는 피해야 한다고 주장한다. 그렇다면 그가 제시한 서술방식은 무엇일까? 그 스스로는 직접 명시하지 않았지만, 문화사는 흔히 묘사(Schilderung, Description)의 형식을 취한다.

다시 말해 사건사와 정치사가 주로 이야기 형식인 '서사적 글쓰기'(Erzählung, Narrative)를 취한다면, 문화사는 현상들과 상황들을 독자들이 이해하기 쉽도록 자세히 풀어서 표현해나가야 하기 때문에 '묘사적 글쓰기'를, 그리고 사회경제사는 특정 현상의 인과관계를 독자들이 납득하기 쉽도록 해명해나가야 한다는 점에서 '설명적 글쓰기'를 시도한다. 물론 그렇다고 해서 문화사 서술에서 묘사 이외에 서사나 설명의 양식이 전혀 사용되지 않는다는 것은 아니다. 그것은 어디까지나 비율과 정도의 문제다.

그밖에 부르크하르트는 문화사의 장단점에 대해서도 언급하는데, 그가 내세우는 문화사의 장점과 단점 한 가지씩만 들어보자.

"문화사적 고찰의 장점 중 제일 먼저 꼽을 수 있는 것은 일반적 의미의 역사적 사실, 즉 이야기 전달의 대상인 사건에 비해 좀더 중요한 문화사적 사실들이 확실하다는 점이다. 이야기 전달 대상으로서의 사건은 여러 면에서 불확실하고, 논란의 여지가 많고, 착색되거나, 특히 그리스인들의 재능 부분에 대해서는 상상이나 관심에 따라 완전히 거짓말로 꾸며지기도 한다. 그에 반해 문화사는 가장 믿을 만한데, 왜냐하면 문화사는 중요한 부분에서 원전이나 기념물 들이 의도하지 않거나 사심 없이, 즉 본의 아니게, 무의식적으로, 또는 심지어 날조를 통해 표현된 것들에 의존하기 때문이다."(『그리스 문화사』·I, 5~6쪽)

그러나 다른 한편 우리는 문화사적 방법의 본질적인 어려움에 대해서도 침묵해서는 안 된다.

"문화사적 사실들의 확실성은 부분적으로 엄청난 기만을 통해서 상쇄되는데, 이 기만은 다른 관계에서는 연구자를 위협하는 것이 된다. 연구자는 무엇이 변하지 않고 특징적인지, 무엇이 〔주도적인〕 힘이었고 아니었는지 어떻게 알 수 있는가?

먼저 오랫동안 다방면의 깊이 있는 독서가 그에게 그 점들을 말해주겠지만, 가끔씩 전적으로 중요했던 많은 것을 간과하거나, 몇 가지는 그저 우연한 것이었는데도 중요하고 특징적인 것으로 여기기도 한다. 읽는 과정에서도 연구자에게는 자기 손에 들어온 모든 것이 시간이나 기분에 따라, 또는 정신이 명료하거나 피곤한 상태에 따라, 특히 그의 연구가 처해 있는 성숙 단계에 따라 중요하지 않거나 내용이 없는 것으로, 또는 모든 표현에서 특기할 만하거나 흥미 있는 것으로 보일 것이다.

이러한 문제점은 다양한 장르와 지역의 그리스 문헌들을 지속적으로 강독함으로써만 극복된다. 극도의 긴장 속에서는 소기의 성과를 거둘 수가 없다. 즉 항상 한결같이 성실하게 조용히 경청하는 자세가 이어져야 한다." (『그리스 문화사』· I, 7~8쪽)

이 두 개의 장단점을 하나로 묶어서 인용한 까닭은, 독자들이 읽어보면 알 수 있듯이 그 내용이 바로 연결되기 때문이다. 문화

라우테(Laute) 연주자의 그림이 그려져 있는 작은 상자.
부르크하르트가 소장하던 것으로, 스위스의 역사박물관에 기증했다.

사의 장점은 일반사의 사실들과 비교했을 때 문화사적 사실들이 확실하다는 것인데, 그 이유는 정치사에서는 사건 기록의 조작, 날조, 왜곡이 얼마든지 가능하기 때문에 신뢰도가 떨어지지만, 문화사에서는 그것이 어찌되었든 문학작품, 학문의 성과물, 사상적 업적, 예술작품 등과 같이 드러난 그대로, 보이는 그대로 표현되어 있기 때문에 나름대로 확실하다는 것이다.

그러나 동시에 그러한 많은 사실들 중에서 무엇이 중요하고 덜 중요한지 알아낼 수 있는 방법, 즉 특별한 기준이 없다는 것이 문화사의 단점으로 지적된다. 그저 연륜과 경험, 장기간의 정독, 성실한 태도 외에는 그 문제를 달리 극복할 방법이 없다는 것이다. 한편으로 맞는 말이지만, 바쁜 세상에 무엇이든지 핵심만 간추려서 빨리 뽑아내 알아내려는 현대인의 입장에서 보면 아무런 도움이 안 되는 말이기도 하다. 그래도 부르크하르트는 잔뜩 겁에 질려 주저하고 있을 우리에게 위안거리가 될 만한 말을 던져준다.

"연구와 마찬가지로 서술에서도 사람들이 잔뜩 겁을 집어먹고 묻는 소리가, 도대체 어디에서 시작해야 하는가다. 대답은, 어디고 아무데서나다."(『그리스 문화사』· I, 8쪽)

이 말은 단지 문화사 연구에서만이 아니라, 전문 학자는 말할 것도 없고 아마추어 학자, 대학생, 나아가 모든 학습자가 금과옥조로 삼아야 할 명구가 아닌가 싶다.

결론적으로 부르크하르트는 문화사가 사건사에서는 도저히 보여줄 수 없는 여러 모습을 훌륭히 보여준다는 점에서 일반사에 앞설 수밖에 없다는 점을 강조한다.

"우리는 창조와 능력 부분에서는 그리스인들을 찬미하는 사람들로, 세계를 인식하는 부분에서는 그들에게 빚진 사람들로 영원히 남게 될 것이다. 바로 이 부분에서는 그들이 우리에게 가까이 있지만, 다른 곳에서 그들은 위대하고 낯설고 너무 멀리 떨어져 있다.

만일 문화사가 사건들에 대한 역사보다도 이 관계를 더 분명하게 보여준다면, 우리에게 문화사는 사건사에 앞서 우선권을 갖는다고 할 수 있다."(『그리스 문화사』· I, 15쪽)

문화사 연구의 진수 '그리스 문화사'

이 절에서는 이러한 이론과 방법, 이념들에 입각해 문화사의 연구와 서술을 가장 모범적으로 보여준 작품인 『그리스 문화사』에서 몇몇 기록할 만한 내용들을 짚어보고자 한다.

사실 부르크하르트는 이 작품에 앞서 1860년에 이미 출세작 『이탈리아 르네상스의 문화』를 발표함으로써 문화사가로서의 입지를 굳혀놓은 상태였다. 그러나 그의 출세작은 제목 끝에 달려 있는 부제 '시론'(Versuch)이 말해주듯이, 완숙기의 그의 문화사

관념을 기준으로 보자면 미완성의 작품이다. 또는 적어도 시론적 성격이 강한 작품이다. 그에 비해 1872년부터 행한 강의 노트를 토대로 출간된 『그리스 문화사』는 그의 문화사적 연구와 서술의 진수를 보여준다. 한 권당 400쪽 내외의 분량으로 전 4권으로 되어 있는 이 작품을 자세히 소개하기는 불가능할 뿐만 아니라 심지어 무의미해 보이기까지 하다. 더구나 이미 앞 절에서 이 책의 제1권 「서문」에 나오는 문화사의 개념, 방법, 특징 등에 대해 자세히 언급을 한 터이니, 여기서는 그 작품에서 인상 깊은, 또는 기록될 만한 가치가 있는 몇 구절만 인용해보도록 하겠다.

먼저 그리스 신화에 대한 설명이다.

"신화는 그리스적 존재의 일반적 전제조건이다. 모든 행동과 휴식을 포함한 전체 문화는 여전히 옛날의, 원초적인 문화였고, 그저 점차 확장, 형성되어갔을 뿐이다. 사람들은 수많은 삶의 형식들 중에서 여전히 신화적인, 또는 신성한 기원을 알고 있었고, 자신들이 그것에 매우 가깝게 있다고 느꼈다. 그리스의 모든 세대는 자신들을 영웅시대의 상속자이자 법적인 계승자로 간주했다. 시초에 겪어야 했던 잘못된 일은 나중에 보상받는다. 헤로도토스도 서양과 동양의 거대한 투쟁에 대한 자신의 서술을 이오(Io)의 납치사건부터 시작하고 있고, 페르시아 전쟁은 트로이 전쟁의 연장이라는 것이다."(『그리스 문화사』·축약본, 64~65쪽)

그리스인들은 신화를 자신의 역사로 알았을 정도로 그들에게서 신화와 역사는 분리될 수 없는 것이었다. 신화는 나중에 설명할 폴리스와 마찬가지로, 그들에게서 마치 물이나 공기처럼 그들 삶의 생존 조건이자 토대였다. 신화 없는 그리스의 삶은 상상할 수 없을 정도였다. 신화와 마찬가지로 똑같은 중요성을 가졌던 것이 바로 폴리스다.

"폴리스는 최상의 자연적 산물이다. 폴리스가 등장한 것은 삶이 가능해지도록 하기 위해서다. 그러나 폴리스가 계속 존재하는 것은 삶이 올바르고, 행복하며, 고귀하게, 그리고 가능한 한 탁월함에 따라 이어지도록 하기 위해서다."(『그리스 문화사』· 축약본, 111쪽)

"폴리스는 그 활력의 정도에서 페니키아 도시공화국〔폴리스를 최초로 건설한 국가〕을 훨씬 넘어서 발전했다. 그 점에서 폴리스는 세계사에서 전적으로 고유한 산물이다. 폴리스는 최상의 활동과 행위능력의 총괄적 의지의 표현이다. 폴리스가 행위와 권력 행사와 열정의 측면에서 촌락생활로부터 떨어져 나오면서〔도시공동체가 되면서〕 그렇게 되었다. 그 때문에 폴리스는, 적극적인 시민의 정의에 따르자면 엄격해야만 한다. 그 시민이 이미 이러한 힘의 일부이기 때문이다."(『그리스 문화사』· 축약본, 114쪽)

폴리스는 우리나라에서 흔히 '도시국가'로 번역되지만, 그것은 단순한 도시국가 이상을 의미하고, 부르크하르트가 표현한 '작은 국가'의 차원도 넘어선다. 그리스인들의 도시공동체이자 생활공동체로서의 폴리스는 그리스인들의 삶의 기반이자 존재의 터전이었다. 아리스토텔레스가 『정치학』에서 인간을, 흔히 '정치적 존재'로 잘못 옮겨지기도 하는 '폴리스적 존재'(zoon politikon)로 정의한 것을 보면, 그리스인들이 폴리스에 대해 어떤 생각을 가지고 있었는지 미루어 짐작할 수 있다. 아리스토텔레스는 폴리스와 무관하게 사는 사람이 있다면, 그는 악인이거나 아니면 초인일 것이라고 말한다.[2] 그만큼 인간은 폴리스를 떠나서는 살아갈 수도 생각할 수도 없다. 신화가 그리스인들의 역사의식, 정체성, 사고방식, 세계관 등 주로 정신생활을 지배했다면, 폴리스는 그리스인들의 일상생활 전반을 지배했다.

이제 그리스의 종교로 넘어가보자.

"그리스의 신앙은 그 자체로 그리스 민족의 순수한 창작물이다. 그리고 그것은 다음 두 가지 의미에서 그리스 민족만큼이나 다양한 모습을 갖는데, 하나는 인물이 엄청나게 풍부하다는 사실 그 자체를 통해서이고, 또 하나는 그 동일 인물들과 사건 경위들에 대한 전설이 다양하다는 것을 통해서이다. 그리스 신앙은 원래 다신교이다. 그 틀을 벗어나 신적인 본질을 하나로 통일시키고자 하는 개별적인 시도들은 거의 발견되지 않는다."

(『그리스 문화사』· 축약본, 133쪽)

부르크하르트는 그리스의 종교와 다양한 관련 의식(儀式)에 관해서도 많은 지면을 할애하며 설명해나간다. 신화와는 또 다른 의미에서 그리스인들에게 중요성을 갖던 다신교와 신들, 그리고 신앙생활의 모습은 『그리스 문화사』 안에서 매우 다채롭게 펼쳐진다. 그밖에 문화의 여러 모습, 예술, 문학, 철학, 학문, 수사학, 웅변술 등에 대한 설명이 이어진 후 마지막 제4권에 가서는 각 시대의 변화에 따른 그리스인들의 인간상이 상당히 긴 호흡으로 전개된다. 그중 특징적인 몇 개 구절만 인용해보자.

"이 시대가 전적으로 황금시대가 아니었음에도, 그리고 악과 불행이 모든 것을 지배하고 있었음에도 영웅적 현존에 대한 보편적인 이상이 널리 퍼져나갔다. 그리고 사람들은 지나간 것에 대한 매일의 환상적인 상이 호메로스의 세계처럼 보이는 바로 이 민족을 영원히 부러워할 것이다."(『그리스 문화사』· IV, 40쪽)

"이제 경쟁적인 것〔성향〕에 대해 알아보자. 한편으로 폴리스가 개인을 강제적으로 추켜올리고 발전시키는 동안, 다른 민족들은 전혀 알지 못하는 그 경쟁적인 성향이 두 번째 추진력으로 강력하게 첨가된다. 경쟁은 필요한 자유가 보장되는 한 모든 희망과 능력을 숙성시켜주는 보편적인 효소다. 이 부분에서 그리

스인들은 독보적이다."(『그리스 문화사』·IV, 87쪽)

"사람들은 어느 시대에나 부유함을 좋아했다. 그것도 열정적으로 말이다. 그러나 그 방식은, 사람들이 부(富)를 얻기 위해서 그 어떤 비천해 보이는 노력과 연결되자마자 바로 그 영리를 취하는 쪽으로 쉽게 결정을 내리는 식이 아니었다. 적어도 행위가 아니라 생각에 따르자면, 사람들은 삶의 가치를 (산업적이지는 않은) 방식에 의한 다른 사람과 벌인 승리지향적 경쟁에서 찾았다."(『그리스 문화사』·IV, 141쪽)

먼저 첫 번째 인용문은 그리스인들이 처음엔 신을, 다음엔 영웅을, 그다음에는 스스로를, 때로는 종교와 신앙의 형태로, 때로는 예술형식을 이용하여, 때로는 사상과 철학의 힘을 빌려서 '이상적으로' 표현하고자 노력했다는 내용의 일부다. 그리스 문화를 인본주의, 합리주의, 이상주의 등 세 가지 특징으로 요약했을 때 바로 세 번째에 해당하는 모습으로 '이상적 인간상'을 그리고 있다.

두 번째 인용문은 그리스인들에게 특징적으로 나타나는 요소인 경쟁적 성향에 대한 설명이다. 그리스인들은 다른 민족과 벌인 경쟁 이외에도 자기 민족끼리의 경쟁도 빈번히 보여준 사람들이다. 개인적 경쟁이 확대되면 집단 간 투쟁이 될 것이고, 그것은 곧 민족 간 또는 국가 간 전쟁으로 커질 것이다. 여기서는 '경쟁적 인간상'의 제시가 주목적이다.

피아노가 놓여 있는 부르크하르트의 서재.
부르크하르트는 수준급의 피아노 연주 실력을 가지고 있었다.

세 번째 인용문은 경제 부분에 대한 설명이다. 인간은 어느 시대에나 부(富)를 탐했다. 그러나 부르크하르트가 보기에 그리스인들은 부를 탐하는 방식이, 발생한 일이 아니라 적어도 사람들의 머릿속 생각만으로 놓고 볼 때 다른 사람들과 벌이는 선의의 경쟁에서 이득을 취했다는 것이다. 즉 '경제적 인간상'에 대한 언급이다.

이밖에도 더 많은 전형적 인간상들이 제시되지만 여기서는 지면관계상 생략하기로 한다.

위에서 제시된 그리스적 인간상은 사실 어느 시대 어느 민족에게서나 통용될 수 있는 보편적 인간들의 모습이다. 부르크하르트 자신이 늘 주장하던 대로 어느 시대에나 변하지 않는 보편적이고 일반적인 모습과 현상을 찾다보니 그렇게 되었을 것이다. 그에게서 이론과 실제의 일치를 가감 없이 드러내 보여주는 부분이다.

우연인지 필연인지는 모르겠지만, 그의 '그리스적 인간상'은 막스 베버(Max Weber)가 사회과학적 개념과 방법의 일환으로 도입하고 제시했던 '이상형(Idealtypus)의 추구'와 많은 점에서 닮아 있다. 굳이 영향관계를 따지자면, 부르크하르트가 연배상 앞선 사람이니 그가 베버에 영향을 준 꼴이 되겠지만, 베버 전공자가 아닌 나로서는 더 이상 이에 대해 할 말이 없다. 심증만 있지 물증은 없다. 어찌 보면 견강부회(牽强附會)인 듯한 느낌이 안 드는 바도 아니지만, 어쨌든 그만큼 내가 보기에는 둘은 닮은꼴을 이룬다.

정치사는 있고 예술사는 없다

이제 『그리스 문화사』 위주로 살펴본 부르크하르트의 문화사학의 특징을 정리해보자.

첫째, 부르크하르트의 문화사에는 '정치사'가 포함되어 있다. 이미 앞서 본 대로 『이탈리아 르네상스의 문화』에서도 그랬고, 폴리스와 그리스 민족과 국가 등을 별도의 장에서 자세히 언급한 『그리스 문화사』도 그랬다. 이 점은 부르크하르트가 속해 있는 19세기적 문화사의 특징이자 한계로 간주된다. 문화사에 정치가 들어갔을 때와 빠졌을 때 나름대로 일장일단이 있을 것이다. 들어갔을 때의 장점이라면, 해당 시대의 정치 상황에 대한 일별이 그 시대 문화의 전체 모습을 그려나가는 데 시대적·상황적·배경적 사전 이해에 크게 기여할 수 있다는 점이 될 것이고, 단점이라면 정체성의 혼란 문제이다. 쉽게 말해 정치가 들어 있는 문화사가 과연 문화사일 수 있는가라는 것이다. 부르크하르트의 문화사가 과연 정치가 일부 들어간 문화사인지, 아니면 문화가 꽤 많이 들어간 정치사인지에 대한 논란이 제기될 소지는 얼마든지 있다.

둘째, 부르크하르트의 문화사에는 '예술사'가 빠져 있다. 사실 예술사는 그 출발부터 문화사와는 별개의 학문 분야로 진작 문화사로부터 분리, 독립되어 발전해왔다. 그도 그럴 것이 예술사는 그 연구방법, 서술방식, 시대구분 등에서 문화사와는 전혀 다른 구조와 논리를 지니고 있기 때문이다. 따라서 부르크하르트의 이런 행보는 어쩌면 특기할 만한 것이 아닐 수도 있다. 예술사 또는 미술사에 대한 설명은 다음 장에서 다루기로 한다.

셋째, 부르크하르트의 문화사는 그가 말한 '일반사'와 같으면서도 다르다. 쉽게 말해 동일하거나 유사한 부분도 있지만, 다르거나 정반대되는 모습도 있다. 가령 역사 안에서 변하지 않는 모습, 전형적인 상, 정신적인 연속 등을 찾고자 하는 점은 동일하지만, 전자가 '상태'를 다룬다면 후자는 '사건'을 다룬다거나, 아니면 전자가 '묘사'를 서술방식으로 이용한다면, 후자는 '서사'를 서술방식으로 활용하는 점 등은 서로 다르다.

넷째, 부르크하르트의 문화사는 오늘날의 '신문화사'와 같으면서도 다르다. 오늘날의 신문화사에는 과거 사람들의 일상생활의 모습을 연구하는 일상사, 과거 특정 사람들을 현미경으로 들여다봄으로써 그 사회와 시대의 전체상을 유추해보려는 시도로서의 미시사, 과거 사람들의 인간 본성을 파헤쳐보는 역사적 인간학 또는 역사적 문화과학 등의 분야가 있다. 부르크하르트의 문화사는 이들과 일부 겹치면서도 다른 많은 부분에서 차이를 보인다. 내용이나 접근 방식에서는 차이점을, 해당 시대의 문화적 상을 그려내고자 한다는 이념과 방향 등에서는 일치하는 점을 보여준다.

마지막으로, 그 자신이 쓴 문화사 관련 작품들 사이에서도 서로 다른 점이 있다. 가령 『이탈리아 르네상스의 문화』에서는 예술 부분이 빠져 있는 대신 일상생활에 대한 언급이 눈에 띄지만, 『그리스 문화사』에서는 예술을 비롯한 문화 영역에 대한 자세한 범주별 언급이 들어가 있고 일상생활에 대한 서술은 거의 눈에 띄지 않는 가운데 역사적 인간학에 해당할 만한 그리스의 인간상들이 상세히 소개되어 있다. 『그리스 문화사』가 전 4권이라는 엄청난 분량과 무게를 지닌다는 탓도 있지만, 시기적으로도 이 책은 말년의 작품에 해당되기 때문에 문화사에 대한 그의 관념과 콘셉트 또는 내용 등이 상당히 보강되어 있다.

그렇다면 이러한 특징을 갖는 부르크하르트의 문화사는 사학사적으로 어떤 위치를 점하고 있을까? 부르크하르트를 기준으로 그 이전과 이후의 문화사들에 대해 간략히 설명하고, 그 과정에서 부르크하르트의 문화사가 차지하는 위상을 짚어내는 것으로 이 장을 마무리하도록 하자.

서양사학사에서 문화사가 등장한 것은 대략 18세기경이다. 물론 경우에 따라서 그 이전으로 잡는 학자들도 있지만, 일반적으로는 계몽주의 시대에 등장한, 흔히 '문명사' 또는 '보편사'로 불리는 역사서술을 문화사의 출발점으로 잡는다. 몽테스키외, 볼테르, 디드로, 달랑베르, 루소 등에게서 일부 또는 전체적으로 보이는 계몽주의적 보편사는 초기 형태의 문화사답게 문명에 대해서만 강조하고 있을 뿐, 문화나 문명의 범주나 요소를 치밀하게 파헤치거나 탐구함으로써 분화되거나 세련된 모습을 보여주지는 못했다.

부르크하르트가 활동했던 19세기에 들어서 문화사는 낭만주의의 영향으로 등장한 역사주의적 정치사학의 위세에 눌려 거의 고사 직전에 이르게 된다. 앞서 밝힌 대로, 문화사학은 당시 주류의 정치사학에 맞서는 일종의 대항담론이었다. 따라서 문화사학의 명맥은 몇몇 역사가들에게서 부분적으로 또는 간헐적으로 이어졌을 뿐이다. 그 대항방식이 전혀 조직적이거나 체계적이지 못했던 이유는 문화사학의 개념, 콘셉트, 방법론 등이 그나마 몇 안 되는 학자들마다 제각각이어서 통일적이거나 일관되지 못했기 때문이다.

여기서 범위를 좁혀 독일어권 지역에 한정하여 고찰해보면, 먼저 민속학 또는 인종학적인 방향성을 갖고 문화사학을 전개한 릴(W.H. Riehl)이 있고, 부르크하르트는 앞서 살펴본 대로 정신사 또는 이념사적 지향성을 갖는 문화사학을 펼쳐 보인다. 19세기 후반에 가면, 앞서도 잠깐 소개한 람프레히트가 문화사를 사회심리학적인 방향으로 몰고 가면서 커다란 문화사 논쟁을 일으킨다.

20세기에 들어서면 부르크하르트의 정신적 후계자로 간주되며, '20세기의 부르크하르트'로 불리는 네덜란드의 역사가 요한 하위징아가 부르크하르트적 문화사를 일부 계승하기도 하지만, 그에게서는 '모든 진정한 역사가 문화사'라는 식의 극단적이고 교조적인, 따라서 약간 경직된 모습이 엿보이는 한계가 있다.

그밖에 20세기 초반에는 문화형태학 또는 비교문명사로 불리는 새로운 의미의 문화사학이 슈펭글러와 토인비 등에 의해서 등장하고 발전했지만, 이것은 부르크하르트의 문화사와는 여러 모로 상당히 다른 모습을 보여준다. 유사성은 오히려 20세기 중반 전후 또는 후반의 새로운 역사서술 속에서 발견된다. 예를 들어 부르크하르트의 정신사적 또는 이념사적 문화사와 유사한 문화사 계열의 역사로는 지성사(intellectual history), 의식사, 심리사(psychohistory), 심성사(histoire des mentalités), 개념사(Begriffsgeschichte) 등이 있고, 그의 생활사적 문화사와 유사한 역사로는 20세기 후반의 신문화사 계열의 역사, 즉 일상사, 미시사, 역사적 인간학 등이 있다. 이들 각각에 대한 설명과 부르크하르트의 문화사학이 서로 어떻게 유사한지에 대한 상술은 여기서 생략하기로 한다.

아울러 그밖에 비교할 수 있는 많은 역사서술의 콘셉트가 있지만 지면을 비롯한 여러 가지 제약을 고려하여 생략하기로 하고, 끝으로 간단한 결론을 맺어보자.

누가 뭐라 해도 부르크하르트의 문화사학은 분명 정신사 또는 이념사적 지향성을 갖는다. 그 점에서 그것은 나름의 한계와 가능성을 갖는다. 한계라면 그것이 지극히 19세기적인 틀에 갇혀 벗어나지 못하고 있다는 것이고, 가능성이라면 그럼에도 그 안에는 20세기의 다양한 역사학, 특히 신문화사 계열의 여러 역사서술과 접맥되는 많은 지점들을 갖고 있다는 것이다. 그것은 이른바 혁신적인 내용을 많이 내포하고 있다는 의미가 될 것이다.

'장르별 예술사'를 지향하다
예술사의 개념과 방법

"그 기원이 어디에 있든, 예술은 어쨌든 가장 중요하고 결정적인 젊은 시절을 종교에 봉사하면서 보냈다."

시인이 되고 싶었던 역사가

인간 자신, 또는 인간을 둘러싼 외부세계의 특정한 대상을 글, 그림, 형상, 소리, 춤, 행위 등으로 표현하고자 하는 예술적 욕구는 인류의 탄생과 더불어 시작된 인간의 가장 원초적인 욕구들 중 하나다. 어떤 매체와 재료로 그 욕구를 표현하느냐에 따라 문학, 회화, 조각, 건축, 음악, 무용, 연극 등으로 분류가 가능하겠지만, 그 모든 것을 하나로 묶어주는 것은 인간이 자신의 생각과 감정, 또는 상상력 등의 내면적인 것을 밖으로 '표현'한다는 데 있다. 예술은 그 점에서 '인간의 자기표현 욕구의 외화(外化)'로 정의될 수 있다.

예술사는 이러한 다양한 예술영역에서 창작된 작품들의 역사적 흐름을 연구하는 역사학의 한 학문 분야다. 비록 넓은 의미의 예술사 안에는 위에서 열거한 모든 장르의 예술의 역사가 다 포함되겠지만, 일반적으로 사용되는 좁은 의미의 예술사는 조형예술, 즉 영어로는 그냥 'art'가 아니라 'fine art'라고 불리면서 회화, 조각, 건축이라는 세 개의 장르를 포함하는 분야의 작품만을 연구와 서술 대상으로 삼는다. 흔히 '미술사'라고 불리는 지식 분야가 바로 그것이다.

이러한 예술사가 근대 이전에는 언제 탄생했고, 근대적인 형태로는 어떻게 등장하고 발전했는지에 대해서는 마지막 결론 부분에서 종합적으로 다루기로 하고, 여기서는 그렇다면 그것이 왜 이 책에서 독립된 장으로 따로 다루어져야 할 만큼 중요한 것인지에 대한 변(辯)을 잠깐 늘어놓기로 하자.

흔히 부르크하르트는 문화사가로 알려져 있지만, 그의 전체 삶에서 행적과 업적 등을 모두 고려했을 때 어쩌면 예술사가로 불리는 것이 더 타당할지도 모른다. 예술사에 대한 부르크하르트의 각별한 관심과 애정은 이미 젊은 시절부터 시작되었다. 죽음을 몇 년 앞두고 자신의 장례식 때 읽히길 바라며 쓴 기록은 그 점을 잘 나타내준다.

"역사 외에 예전부터 그[부르크하르트]를 잡아끈 것은 예술을 관찰하는 것이었다. 베를린이라는 도시가 그에게 마련해준 모든 종류의 풍부한 정신적 자극 외에, 그곳의 박물관들은 애초부터 그에게서 삶의 원천이자 미적 탐구의 욕구를 충족시키는 원천이었다."(『전집』·I, viii쪽)

그것만이 아니다. 예술에 대한 그의 열정과 타고난 재능은 이미 이 고백의 내용을 훨씬 넘어선다. 학창시절에 썼던 수많은 편지들과 개인 기록문은, 이탈리아나 독일을 비롯한 많은 유럽 지역을 여행하고 방문하면서 감상한 수많은 역사적 건축물과 예술작품들에 대한 찬미와 감탄, 그리고 스케치와 메모로 가득 차 있다. 또 실제로 크고 작은 그의 초기 작품들은 대부분 예술작품과 그에 대한 비평, 예술사와 관련된 주제로 일관하고 있다. 그밖에 젊은 부르크하르트는 여행을 하면서 방문한 거의 모든 지역의 주요 건물, 풍경 등을 간단한 스케치나 소묘로 남겼으며, 이미 학창시절 시인이 될까 역사가가 될까를 심각하게 고민했을 정도로 수많은 아름다운 시들을 짓기도 했고, 그것들을 모아 책으로 출판하기도 했다. 중년 이후 독신 생활의 외로움을 달래주기도 했던 그의 피아노 연주 실력 또한 수준급이었던 것으로 알려져 있다. 그런 그가 예술사가가 되지 않을 수 있었겠는가. 그리고 예술사가로서의 정체성을 스스로 갖지 않을 수 있었겠는가.

이제 이 장에서는 부르크하르트가 예술, 미, 미학 등에 대해 어떤 생각을 갖고 있었고, 예술사라는 학문영역을 어떻게 전개하고 발전시켰는지, 그리고 근대 예술사가 어떻게 탄생했고, 그 한복판에 있던 부르크하르트는 예술사학사에서 어떤 위치를 차지하고 있는지 등에 대해 차분차분 살펴보기로 하자.

예술, 지상의 것으로부터 해방된 독립 영역

그럼 순서상 예술, 미, 미학 등에 대한 부르크하르트의 생각부터 인용해보자. 먼저 예술에 대한 다음 생각은 포텐츠론에 나오는 '문화'에 대한 설명의 일부에서 발췌한 것이다.

"어찌 되었든 가장 특이한 것이 예술이고, 그것은 학문보다 더 신비롭다. 세 개의 조형예술(회화, 조각, 건축)은 여기서 시나 음악과 더불어 전혀 차이를 보이지 않는다.

이 다섯 가지는 모두 제의(祭儀)에서 나왔거나 아니면 초기에 제의와 결합되어 있었다. 하지만 제의 이전에도, 그리고 제의가 없이도 존재했다. 다행스럽게도 우리는 여기서도 그 시작에 대한 사변으로부터 벗어날 수 있다.

실러의 「예술가」는 세계 문화에서 예술의 위치를 완전히 종결짓지 않는다. 미(美)가 진(眞)의 통과지점이자 진(眞)을 위한 교육으로 표현되는 것만으로는 충분하지 않다. 왜냐하면 예술은 높은 단계에서 그 자신을 위해 존재하기 때문이다.〔……〕

예술은 〔학문과〕 전혀 다르다. 예술은 그 자신이 없이도 존재하는 것과 관계하지 않고, (예술은 학문이 아니므로) 어떠한 법칙도 밝혀내지 않으며, 오히려 예술 없이는 존재하지 못할 더욱 상위에 있는 삶을 표현한다.

예술은 영혼이 담겨 있는 비밀스러운 흔들림에 근거한다. 이런 흔들림을 통해 벗어나 나오는 것은 더 이상 개인적이거나 시간적인 것이 아니라, 상징적으로 의미심장하고 불멸의 것이다. 〔……〕

예술과 시는 세계와 시간과 자연으로부터 모두에게 타당하고 모두가 이해할 수 있는 상(像)들을 수집한다. 이런 이미지들은 지상에서 유일하게 존속하는 것이고, 두 번째로 이상적인 창조이며, 특정한 개별 시대를 벗어나 있고, 지상에 있으면서도 불멸하는 것이며, 모든 민족을 위한 언어다. 그로써 예술과 시는 철학과 똑같이 해당 시대의 가장 위대한 대표자가 된다.

외형상 예술작품은 모든 지상의 것과 전승된 것들의 운명에 굴복하는 듯하지만, 사실은 그로부터 최후의 수천 년을 해방시키고, 열광시키고, 정신적으로 통합시키기에 충분할 만큼 오래 살아남는다.〔……〕

대부분의 예술에서, 심지어는 시문학에서도 예술가나 관찰자에게〔형식뿐 아니라〕내용(바람직한 것, 끔찍한 것, 감각적으로 탐낼 만한 것)이 상당히 많이 함께 작용한다. 대부분의 사람들은 예술이 물질적으로 존재하는 것, 개별적인 것, 부서지기 쉬운 것의 모방이기에 본래 자기들에게 다른 이유에서 중요한 것을 아주 인상적으로 표현하고 '영원한 것으로 만들기' 위해 존재한다고 믿는다.〔……〕

예술이 굴종 없이 따르는 최고의, 최초의 봉사는 종교에 대한 봉사다. 물론 종교가 언제나 예술을 발전시키지는 않는다. 왜냐하면 종교가 대변하는 형이상학적 욕구는 예술을 (이슬람에서처럼) 부분적으로, 또는 (청교도에서처럼) 완전히 없애거나 심지어 적으로 삼는 방식으로 나타날 수도 있기 때문이다.

그러나 진정한 예술은 지상의 모든 것으로부터 그 어떤 과제나 동기도 취하지 않고, 그런 과제와 동기가 지닌 흔들림 안에서도 자유롭게 활보한다. 예술을 정밀하게 사실적인 것에 고정시키거나 심지어 사색적인 것에 고정시킨다면 참으로 안타까운 일이다."(『세계사적 고찰』, 60~62쪽)

약간 길게 인용된 이 인용문에서 부르크하르트가 얘기하고 싶은 바는 간단하다. 첫째 '예술'은 원래 있던 사실을 수집하고 연구하고 재구성하는 영역인 '학문'과 다르게 새로운 세계를 창조하는 독립적인 영역이라는 것이다. 한마디로 예술은 독자적이고 창조적이다. 예술은 학문을 비롯한 다른 문화영역과 달리 지고(至高)의 것을 추구할 뿐 아니라 영원히 지상에서 사라지는 법이 없는 불멸의 것이다. 예술은 이상적이고 영원하다. 예술이 비록 인류 역사의 초기나 그 후에 종교에 봉사하는 경우가 있었지만, 어쨌든 진정한 예술은 지상의 그 어떤 대상이나 영역의 압력과 조건으로부터도 벗어나 있다. 즉 예술은 타자와 그 자신으로부터 자유롭고 해방된 영역, 즉 자유 그 자체다.

예술과 더불어 '미'에 대해서도 한마디 언급하자면, 부르크하르트에게서 아름다움이란 실러가 표현했던 '진'을 위한, 또는 '진'을 향한 가치에 머물지 않는다. 오히려 그것을 훨씬 넘어서 독자적인 세계를 구축한다. 사실 헤겔과 대비되는 실러의 예술철학에서도 예술을 독립적인 영역으로 인정하고 있지만, 부르크하르트의 미에 대한 인식은 그것을 초월해 있는 셈이다. 만일 그에게 진, 선, 미, 이 세 개의 가치 중 가장 중요한 것을 하나만 꼽으라고 한다면 앞뒤 잴 것도 없이 '미'를 꼽지 않았을까 싶을 정도다. 어쨌든 예술과 미에 대한 이와 유사한 문장들은 『세계사적 고찰』 도처에서 발견된다.

1836년 9월, 페르디난트 바이스(Ferdinand Weiß)가 부르크하르트의 청년 시절 가장 절친했던 친구 고트프리트 킨켈을 스케치한 것이다.

"예술은 능력이요 권력이며 창조다. 예술의 가장 중요한 핵심 추진력인 상상력은 어느 시대에나 어떤 신적(神的)인 것으로 간주되었다.

내면적인 것을 외면적으로 드러나게 만들고, 그것을 묘사함으로써 그것이 [외면적으로] 표현된 내면적인 것이자 하나의 계시로 작용하도록 만드는 능력은 가장 희귀한 특성이다. 단순히 외면적인 것을 한 번 더 외면적으로 드러내는 일은 많은 사람이 할 수 있다. 그 반면 내면적인 것을 외면적으로 드러내는 일은 관객이나 청중의 마음에 이것을 만들어낸 바로 그 사람만이 할 수 있고, 따라서 그 사람은 다른 어떤 사람으로도 대체될 수 없다는 확신이 들도록 만든다.

[……] 우리는 조각과 음악에서 비로소 예술을 통해 아름다움을 처음으로 알게 된다. 그것이 없었더라면 우리는 여기에 그런 것이 존재했다는 사실조차 몰랐을 것이다."(『세계사적 고찰』, 218~219쪽)

"그 기원이 어디에 있든, 예술은 어쨌든 가장 중요하고 결정적인 젊은 시절을 종교에 봉사하면서 보냈다."(『세계사적 고찰』, 103쪽)

"예술은 완전히 폭로자다. 첫째로 예술은 종교의 내용을 폭로한다. 다시 말해 더욱 심오한 기도(祈禱)의 능력을 뺏고, 그 능력을 눈과 귀로 대체하며, 감정의 자리에 형상과 과정 들이 들어가도록 하고, 그로써 감정을 다만 순간적으로만 상승하도록 만든다. 둘째로 예술에는 고상하고 독립적인 고유성이 깃들어 있는데, 그 고유성 덕분에 예술은 지상에 있는 모든 것과 오직 일시적으로만 결합되었다가 그 결합을 해체한다. 이 결합들은 매우 자유롭다. 왜냐하면 예술은 종교적인 과제 또는 다른 과제로부터 자극만 받고, 본질적인 것은 자신만의 비밀스러운 삶의 바탕에서 끌어내오기 때문이다."(『세계사적 고찰』, 155쪽)

역사상 모든 예술철학자, 미학자, 미술사가, 심지어 예술가 등을 통틀어 예술 자체에 이보다 더 큰 힘과 권능을 부여한 사람이 있었을까? 아니 단순한 창조적 힘을 넘어, 이상을 넘어, 그리고 자유를 넘어, 예술을 인류 역사와 문명 안에 하나의 '신비' 그 자체로 자리매김시키려는 이와 같은 시도를 접할 때, 안 할 말로 '좀 심하다'는 느낌이 들기도 한다. 그도 그럴 것이 '신적인 것'이니 '계시'니 하는 표현에 드러나 있듯이 나중에는 예술이 거의 종교 수준으로 격상되고 있기 때문이다. 그것을 어쩌면 '신비'라는 단어로 요약해서 표현하고자 했는지도 모를 일이다.

'미'도 거의 유사한 수준에서 논의되는데, 왜냐하면 아름다움은 예술이 표현하고자 하고 추구하는 지고의 가치이기 때문이다. 우리는 예술을 통해서 비로소 아름다움이라는 가치가 존재하고 그것이 우리에게 어떤 감흥을 주는지 경험하게 된다는 것이다. 이보다 더 미학적인 접근방식이나 세계관은 없을 것이다.

순서상 이제는 부르크하르트가 예술에는 어떤 요소들이 속해 있고, 그것들은 각각 어떤 특징들을 갖는다고 보았는지 살펴볼 차례이나, 이 주제는 그것 하나로도 엄청난 양의 서술을 필요로 할 뿐 아니라 예술사를 다루는 이 장의 주제와도 직접 연결되는 것이 아니기 때문에 여기서는 생략하기로 한다. 다만 부르크하르트가 회화, 조각, 건축 등 세 개의 조형예술 외에 문학과 음악을 예술의 핵심 요소로 꼽았다는 정도만 독자들이 알아두었으면 한다.

그럼 이제 '미학'에 대한 입장을 잠깐 살펴보도록 하자. 이에 대해서는 1863년과 1867년 바젤 대학에서 두 차례 행한 강의 「조형예술의 미학 개론」(Einleitung in die Ästhetik der bildenden Kunst)의 강의록을 참조할 필요가 있다.

"왜 [미학에 대한] 어떠한 개념 정의나 입문이 플라톤이나 아리스토텔레스로부터 시작하지 않을까? 미학은 교육받은 인간이 예술에 대해 갖는 관계다. 그 모양새는 예술 자체, 그리고 인간의 내면세계와 마찬가지로 수천 가지다."(『조형예술의 미학』, 35쪽)

이 강의록 안에는 미학에 대한 개념 정의로 이보다 더 그럴듯한 문장이 발견되지 않는다. '교양인이 예술에 대해 갖는 관계', 이것이 바로 미학이라는 말이다. 이 정의에서 특기할 점은 예술을 신비니 이상이니 하면서 엄청 고상한 대상으로 격상시켜놓은 부르크하르트가 정작 미학에서는 예술보다 인간을 중시하고 있다는 점, 더 정확히 표현하면 그 둘 사이의 관계에서 인간을 중심에 세워두었다는 점이다.

이것은 앞서 살펴보았던 그의 인간중심적 역사관과 유비(類比)된다. 즉 '역사에서 인간은 무엇을 의미하는가'를 물었던 랑케와 달리 '인간에게서 역사는 무엇을 의미하는가'를 물었던 그가 미학에서도 역시 '예술이 인간에 대해 갖는 관계'가 아니라, '인간이 예술에 대해 갖는 관계'를 묻고 있는 것이다. 더불어 미학의 모습은 사람마다 다르게 수천 가지로 나타날 수 있다고 말한다. 어쩌면 이것은 '미학의 정의 불가능성' 또는 '미학의 무(無)정의성'을 암시하는 문장일 수도 있겠다는 생각이 든다. 인간중심적 미학관을 나타내는 문장을 하나만 더 들어보자.

"중요한 점은 항상 예술작품이 인간에게 미치는 영향, 마주 오는 상상력에 점화(點火)하는 일이다."(『조형예술의 미학』, 35쪽)

그러면서 아주 특이하게도 부르크하르트에게서 미학은 철학이 아니라 심리학의 한 영역으로 간주된다.

"미학은 그 단어 자체가 말해주는 바가 거의 없다. 이슈식(ishusiq)은 느낌이자 감정, 그러니까 그것은 감정에 대한 학설

이다. 즉 그것은 다른 어떤 무언가를 통해서—여기서 덜 지적
으로 표현하면 예술작품을 통해서—활기를 띠게 된다. 따라서
그것은 오히려 심리학의 한 영역이다. 관객의 마음 안에서 일어
나는 것에 대한 학설이기 때문이다."(『조형예술의 미학』, 92쪽)

아마도 오늘날 이런 식의 정의에 동의할 미학자나 철학자는 없
지 싶다. 심지어 심리학자들조차 고개를 설레설레 내저을 파격적
인 선언이 아닐까. 하여간 그가 보기에 미학이 심리학의 한 분파
라는 데야 누가 뭐라 할 수 있겠는가.

부르크하르트의 미학 개념과 관련해서 한 가지 더 지적하고 넘
어갈 점은, 그것이 예술작품이 인간에게 미친 영향을 강조한다는
점에서 '수용미학'을 염두에 두고는 있지만, 그보다 더 큰 무게중
심은 예술작품이 탄생하는 과정과 그것을 지배하는 정신을 추적
하는 '창조미학'에 두어진다는 점이다.

"어쨌든 우리는 미학의 바로 이 측면, 즉 관객에 대한 학설을
다룰 것이다. 하지만 우리의 주요 테마는 예술작품들 그 자체 안에
담겨 있는 정신에 더 가까이 다가가는 것이 될 것이다. 즉 그 정신
이, 아무리 우리에게 보이지 않더라도, 어떻게 처음부터 예술작
품 안에서 지배적으로 존재했는지를 살펴보는 일 말이다."(『조
형예술의 미학』, 93쪽)

이러한 기본 정의들을 기초로 부르크하르트는 미학을, 강의 테마가 그래서 그런지는 모르겠지만, 철학적이기보다는 매우 실제적인 방향으로 설명해나간다. 쉽게 말해 강의 「역사 연구에 대하여」에서 예술과 미가 철학적, 이념적, 추상적으로 정의되고 있다면, 강의 「조형예술의 미학 개론」에서 미학은 회화, 조각, 건축 등과 관련하여 아주 실제적, 현실적, 구체적으로 설명되고 있다.

장르별로 서술된 예술사

그렇다면 부르크하르트는 개별 예술작품들이 시간의 흐름에 따라 표현되는 양상, 즉 예술사를 어떻게 서술하고 있을까? 우선 부르크하르트의 예술사 서술을 직접 살펴보기 전에 예술사에 대해 그가 어떻게 생각했는지 잠깐 짚고 넘어가보자.

일반사나 문화사에 대해 남겨놓은 풍부한 기록들과는 대조적으로 예술사에 대해 남겨놓은 이론적, 방법론적 진술들은 거의 없다. 다만 일부 편지나 관련 저작 등을 근거로, 당대까지 널리 보편화되어 있던 전기적(傳奇的)-연대기적 방법이나 비판적-문헌학적 방법, 심지어 미학적 방법까지, 예술사에서 사실상 거의 모든 방법론을 거부했다는 사실이 확인된다. 대신 그는 이른바 '과제에 따른 예술사'(Kunstgeschichte nach Aufgaben)라는 모토 아래 예술을 각 장르와 양식·과제·임무·역할 등에 따라, 쉽게 말해 일반사나 문화사와는 무관하게 연구되어야 한다고 믿었다. 그 점에서 그는 그 이전 세기에 방금 말한 것과 유사한 접근법으로 예술사를 서술했던 빙켈만(Johann Winckelmann)의 전통을 이은 셈이다.

그럼 이제부터 부르크하르트의 대표적 예술사 작품이라 할 수 있는 『여행안내서: 이탈리아 예술작품 감상을 위한 안내서』를 읽어나가보기로 하자. 먼저 「서문」이다.

"필자의 의도는 이탈리아의 꽤나 중요한 예술작품들을 개괄하는 것이다. 잠깐 다녀가는 여행객들에게는 현존 미술품에 대한 빠르고 편안한 정보를, 장기 체류자들에게는 반드시 필요한 양식들의 대조와 각각의 지방 예술사를 위한 기본 토대를, 이탈리아 안에 거주하는 사람들에게는 안락한 기억을 각각 보장해주는 그런 예술작품들 말이다. 단순히 고고학적인 모든 것은 의도적으로 배제했다. 독자들은 개별적으로 매우 다양한 관점들이 전개되고 있는 것을 발견하게 될 것이다. 왜냐하면 설명조의 서술과 역사적 기록을 해나가다가도 경우에 따라 단지 내용과 장소만 언급하기도 했기 때문이다. 묘사는 본질적으로 세부적인 부분의 이목 집중에 기여할 수 있는 경우에 한해서만, 또는 해당 작품들의 발견과 확인 작업을 쉽게 해주는 경우에 한해서만 수행했다. 그밖의 경우에 나는 전적으로 독자가 현재 서술되고 있는 작품을 보았거나 볼 것이라는 점을 염두에 두었다. 장소의 규정은 그 작품이 허용하는 한에서 가능하면 분명하고 완

벽하게 제시하고자 노력했다."(『여행안내서』, ix쪽)

이러한 의도에 따라서 부르크하르트는 이 책에서 고등학교 재학 시절부터 기회만 닿으면 여행을 갔던 이탈리아 곳곳의 예술작품들과 건축물들에 대한 인상과 해석 들의 기록을, 고대부터 17세기까지의 이탈리아 예술사를 크게 건축, 조각, 회화의 세 장르별로 정리하여 서술해나간다. 지면관계상 이 엄청난 분량의 책을 모두 일별할 수는 없고, 세 장르의 도입부와 더불어 우리에게 익히 알려진 르네상스 시대 회화의 세 거장에 대한 서술들을 차례대로 음미해보자. 먼저 세 장르의 도입부에 해당하는 각각의 첫 문장들이다.

"이탈리아에서 건축은 우리가 이 책에서 시작하려는 페스툼 신전(Tempeln Pästum)보다도 훨씬 더 이전에 시작된다.

이미 초기의 주민들, 그다음은 침략을 통해 형성된 에트루리아인의 혼혈민족은 그저 단순한 다수성만이 아니라 하나의 더욱 고상한 형태에 대한 감각의 시작으로 특징지어지는 건축물들을 남겨놓았다. 현재 남아 있는 상태로만 보자면, 그 건축물들은 오히려 좀더 고고학 쪽에 속한다. 그도 그럴 것이 그것들은 대부분 일상 도로로부터 멀리 떨어져 있고, 이 책의 저자에게도 대부분 접근 불가능한 상태로 남아 있기 때문이다. 그밖에 그것들과 완성된 고대 예술의 건축물들 사이에는 거대한 공백이 있다. 이 책은 더 상위의 예술형식이 본질적인 것, 기념비적인 의도의 핵심 표현이 되는 그런 기념물로 우리의 서술을 한정하기 위해, 우리에게 그[초기의 고고학적인] 건축물들은 그냥 지나쳐가라고 요구한다. 이탈리아 대륙의 어떤 건물이 제1의 자리를 보증받는지에 대해서는 아마 어떠한 의심도 존재하지 않을 것이다."(『여행안내서』, 3쪽)

"보통사람들에게는 조각에 대한 이해가 아주 힘들게, 그리고 서서히 열린다. 조각이 아름다움을 불러일으키게 되는 그런 법칙과 조건은 매우 다양하고 일부는 감추어진 채로 숨어 있어서, 이 예술의 입문에서나마 어느 정도 능통해지려면 엄청나게 많은 시간과 연습, 그리고 조각가들과의 교류가 필요하다. 고대의 작품들 중에 많은 것들은 매우 큰 소리로 말하고 스스로를 드러내기 때문에 가장 무심한 관찰자라도 그중 어떤 종류의 것이든 자극을 받게 마련이다. 그렇지만 만일 눈과 감각이 일정한 입문을 마치지 않았거나 일정한 의도들을 찾아내려 하거나 연구하지 않았다면, 아무리 눈에 띄는 작품이라 할지라도 인식되지 못한 채로 남겨지게 된다."(『여행안내서』, 389쪽)

"고대 회화 중에는 겨우 얼마 안 되는 파편들만이 우리에게 남겨져 있다. 그렇지만 그 양(量)은 우리에게 그리스인들과 로마인들이 이 분야에서 보여준 희망과 능력이 무엇인지 알려주기

1841년 여름, 부르크하르트가 스케치한 본(Bonn) 대성당.
부르크하르트는 1841년 여름 한 학기 동안 본에 머물면서
벨커(F.G. Welcker)에게서 문화사 수업을 들었다.

에 충분할 정도다. 파라시오스(Parrhasios), 제욱시스(Zeuxis), 그리고 다른 위대한 거장들에 대해 잘 알려진 이야기들은, 환상이 바로 그리스 화가들의 최고 목적이었다는 생각을 쉽게 갖도록 만든다. 어떠한 것도 잘못될 수가 없었다. 그들에게는 대상이나 사건이 가능한 한 적은 수단을 가지고 가능한 한 분명하게 표현된다면 그것으로 충분했다. 그들은 구성에서나 그림을 그리는 데서나 색채에서도 전혀 근대 회화의 토대에 기여했던 것과 같은 그런 시스템을 추구하지 않았다. 그들이 해낼 수 있었던 바로 그것이야말로 그 자신의 방식에서 최고의 것이었음이 틀림없다."(『여행안내서』, 677쪽)

물론 이 인용문들이 건축, 조각, 회화의 도입부라고 하기에는 뭔가 2퍼센트 부족하다고 생각하는 사람들이 있을 것이다. 건축 부분은 고대 로마의 초기 건축물의 고고학적 성격에 대해 언급하고 있고, 조각 부분은 조각이라는 예술장르 이해의 일반적인 어려움을 논하고 있으며, 회화는 그리스 최초의 회화가 이룬 나름대로의 성과와 특징에 대해 설명해나간다. 하지만 이처럼 제각각인 도입부 문장들은 부르크하르트 문체와 생각의 독특성과 탁월성을 보여주기에 전혀 부족함이 없다.

다음은 우리에게 너무나 잘 알려진 레오나르도 다 빈치, 미켈란젤로, 라파엘로의 회화에 대한 설명들을 살펴볼 차례다. 그전에 16세기 이탈리아 회화의 일반적 상황에 대한 서술부터 읽어보자.

"예술은 15세기 말 이래로 어떤 외적 모범의 자극, 가령 고대를 더 정확히 모방하는 데 따라서가 아니라 그 자체의 힘에 따라서 스스로 오를 수 있는 최고의 경지에 올랐다. 이 세기의 과제였던 삶과 개성적 인물에 대한 연구 한가운데서 완성된 아름다움이 새롭게 태어났다. 그 아름다움은 더 이상 단순한 암시나 의도가 아니라 어떤 충만한 것으로 우리에게 다가온다. 15세기 회화가 생활의 모든 모습을 보여주는 데 성공했을 때에야 비로소 아름다움은 단순화된 형태이면서도 동시에 끝없이 풍부해진 모습으로 이러한 최고의 삶을 창조해냈던 것이다.

그러한 삶은 여기저기서 예기치 않게, 빛을 내뿜듯이, 그렇지만 일관된 노력의 단순한 성과로서가 아니라 하늘이 준 재능으로서 등장한다. 드디어 때가 온 것이다. 표현할 수 있는 것으로 증명된 수많은 요소에서, 마사초(Masaccio)에서 시뇨렐리(Luca Signorelli)에 이르는 동안 예술의 영역을 결정했던 생활의 폭에서, 시간과 자연에서, 거장들은 모두 자기 고유의 방식으로 영원한 것을 불멸의 예술작품들로 수집해나갔다. 그럼으로써 하나의 아름다움은 다른 아름다움을 배제하지 않고, 오히려 그 모든 것이 최상의 것을 여러 모양으로 표현해냈다. 어쨌든 이때는 예술이 활짝 꽃핀 짧은 시기에 불과하다. 또 이 시기 동안 뒤쳐져 남아 있던 사람들의 활동도 재개되었다. 그중에는 우리가 이미 거명한, 왕성한 활동을 했던 화가들과 심지어 위대한 화가들도 끼어 있다. 사람들은 짧은 삶을 살다 간 라파엘로

(Sanzio Raffaello)가 가장 완벽한 그 모든 것이 등장하는 것을 목도했다고, 또 바로 그 뒤를 이은, 심지어 라파엘로보다 오래 살았던 거장들에게서조차 이미 쇠락의 모습이 나타나기 시작했다고 말할 수 있다. 오직 가장 완벽한 그것만이 모든 시대의 위안(慰安)이자 경탄의 대상이 되었고, 라파엘로의 이름은 불멸의 것이 되었다."(『여행안내서』, 812쪽)

이탈리아의 회화가 16세기에 이르러 최고의 경지에 도달했다는 내용이다. 동시에 라파엘로에 대한 부르크하르트의 무한한 애정이 물씬 느껴지는 문장들이다. 이제 각각의 거장들에 대해 어떻게 묘사하고 있는지 들여다보자. 먼저 레오나르도 다 빈치다.

"베로키오(Verocchio)의 제자였던 레오나르도 다 빈치는 피렌체파(派)에게 그 화파(畫派)에서 자유로운 정신이 솟아나왔다는 명성을 안겨준 인물이다. 그는 건축가로, 조각가로, 공학자로, 물리학자로, 해부학자로 경이로운 천부적 재능을 지녔으며, 많은 분야의 창시자이자 발견자였고, 다른 모든 측면에서도 완벽한 인간이었으며, 노령에 이르러서도 매우 강건했고, 음악가이자 즉석 연주자로 명성을 떨쳤다. 그가 정력을 낭비했다고 말해서는 안 된다. 왜냐하면 다방면의 활동은 그에게 자연스러운 것이었기 때문이다. 그렇지만 그가 모든 예술 분야에서 고안해냈던 것들 중 너무 적은 것만 실제로 완성되었고, 그중에서도 최고의 것은 사라졌거나 그저 잔해로만 남아 있다는 점에 대해서는 안타까워할 만하다.

  화가로서 그는 매우 상반된 재능을 갖고 있었다. 모든 육체적 현상과 운동의 원인을 해부를 통해 분명하게 밝히고자 끊임없이 노력했던 그는, 또한 비교도 안 될 만큼 빠르고 확실한 관점으로 정신적인 표현에도 주력했으며, 그러한 정신적인 모습을 천상의 순수한 것에서 내팽개쳐진 것과 우스꽝스러운 것의 모든 저변에까지 파고들어 추적했다. 그의 많은 작품들이 밀라노의 암브로시아나 미술관에 전시되어 있는데, 그중 그의 펜화 스케치는 이에 대한 증거를 풍부하게 제공한다―동시에 그에게서는 가장 아름다운 영혼의 온화한 모습이 강력한 생각의 힘과 이상적인 구도의 조건들에 대한 뚜렷한 의식에 연결되었다는 것을 알 수 있다. 그는 현실적인 것이 허용되는 곳에서는 이전의 어떤 사람보다 더 현실적이었고, 이전 모든 세기의 불과 몇 안 되는 사람들만큼이나 고상하고 자유로웠다."(『여행안내서』, 812~813쪽)

레오나르도가 워낙 천재라는 말을 많이 듣는 터라 특별히 와 닿지는 않는 문장들이지만, 특이한 점은 이 르네상스 만능인에 대한 서술이 어느 한쪽으로 기울지 않고 매우 객관적인 방향에서 이루어지고 있다는 점이다. 특별한 경외심을 표하지도 않고, 그렇다고 결점을 부각시키지도 않으면서, 그저 담담하고 평이하게 써나가는 품이 넉넉해 보인다. 그렇다면 그의 작품에 대해서는 어땠을까? 그중 하나, 「최후의 만찬」에 대한 설명을 보자.

"결국 레오나르도는 1499년 이전에 밀라노의 성 마리아 델레 그라치에(S. Maria delle Grazie) 수도원 식당에서 세계적으로 유명한 「최후의 만찬」을 완성했다(채광이 가장 좋은 시간은 정오경?). 이미 16세기 초부터 작품이 거의 망가지다시피 할 정도로 보존상태가 나빴는데, 그 유일한 원인은 레오나르도가 그 작품을 벽 위에 유화로 그렸기 때문이다. (반면 그 맞은편에 있는 2류급의 나이든 밀라노 화가 몬토리아노[Montoriano]의 프레스코화는 아주 잘 보존되어 있다.)

특히 지난 세기[18세기]에는 이 작품 위에다 부끄러운 덧칠을 함으로써 나빠진 상태를 더 부추겼다. 그러나 최근의 보고들에 따르면, 이 작품에서 잘 보존된 원래 상태의 부분들을 따로 떼어낼 수 있다는 희망적인 관측들이 대두되고 있다—이러한 사정에서 보았을 때, 이전의 복제품들은 특별한 가치를 지닌다(이 복제품들은 밀라노 부근에서 주로 많이 발견되는데, 가령 암브로시아나에도 한 점이 있고, 파르마 미술관에 있는 것으로 아랄디[Araldi]가 과거의 롬바르디아풍으로 변화를 주어 만든 작품도 있다).

여기저기(특히 바이마르)에 산재해 있는 원작 안의 개별 인물들에 대한 레오나르도의 기초 도안들 중 브레라 미술관에 있는 예수의 얼굴은 의심의 여지 없는 진품으로 간주된다—비록 많이 손상되어 있지만 이 작품은 모르겐(Morghen)의 판화나 보시(Bossi)의 모방화에서 나온 것이 아님을 확인시켜준다. 아직도 사라지지 않고 남아 있는 이 작품의 빛과 색의 일반적 분위기를 제외하면, 사람들은 이 작품 안의 인물들이 고안된 진정한 기준과 장소의 특색과 채광의 정도를 알게 될 것이고, 더 나아가 아마 그 어떤 것으로도 대체될 수 없는 독창적인 빛이 이 작품 전체를 비추고 있음을 발견하게 될 것이다."(『여행안내서』, 818쪽)

세계적인 명화답게 역시 그에 준하는 훌륭한 평이 돋보인다. 작품 훼손에 대한 그의 안타까움과 진정으로 우려하는 마음도 동시에 느껴진다. 다른 한편 이 인용문을 통해 우리는 그가 얼마나 많은 미술관과 박물관을 돌아다니며 수많은 미술작품들을 관찰했고 그때마다의 감상들을 적어놓았는지 그 흔적을 엿볼 수 있다. 이는 이 방대한 예술사 작품 도처에서 보이는 모습의 빙산의 일각에 지나지 않는다.

이제 미켈란젤로로 넘어가보자. 다음은 그에 대한 전반적인 평이다.

"건축과 조각에서 운명적 인간이었던 미켈란젤로 부오나로티(Michelangelo Buonarroti)는 회화에서도 그러했다. 그는 자신을 우선 조각가로 간주했다. 자신이 지은 소네트 중 한 작품에서 「시스티나 성당 천장벽화」와 관련해 그는 다음과 같이 말하고 있다. '나는〔……〕화가가 아닙니다.' 그가 갖고 있던 이상적 세계를 표현하기 위해서는 조각보다 회화가 비교할 수 없을 정도로 훨씬 다양한 수단을 보장해주었기 때문에 그는 회화를 결코 포기할 수가 없었다. 오늘날 나타나는 일반적인 현상은, 미켈란젤로를 조각의 측면에서 접근했을 때 어려움을 느끼는 사람은 언제나 반복해서 회화의 측면에서 그에 대한 접근의 통로를 찾고자 하고, 또 〔실제로〕 발견한다는 것이다.

그가 형식들을 어떻게 만들어냈고, 그로써 전체적으로 무엇을 원했던가에 대해서는 앞서 조각에 대한 부분에서 암시되었다. 회화에서는 좀더 독특한 관점들이 관찰된다. 미켈란젤로는 비록 기를란다요(Ghirlandajo)파에서 붓을 사용하는 방법을 배우기는 했지만, 자신의 생각 안에서는 모든 선례들을 없애버렸다. 그에게는 어떤 기존의 예배 의식, 지금까지의 교회에서 보였던 전형적 모습, 어떤 다른 인간이 느끼는 방식에 입장을 밝히거나 그것을 통해서 자신이 그에 구속되어 있다고 느끼는 일이 아주 낯설게 느껴졌다. 중세의 교회예술 전통의 거대한 유산은 그에게서는 존재하지 않은 셈이다.

그는 인간을 새로이, 그 자체로 이미 악마적인 효과를 발휘하는 매우 웅장한 육체적 모습으로 만들어냈으며, 이 인물들에게서 현세적이면서도 신적인 새로운 세계를 창조했다. 이 형상들

미켈란젤로의「시스티나 성당 천장벽화」(부분).
미켈란젤로는 교황 율리우스 2세의 명령을 받고『구약성서』를 바탕으로 한
천지창조의 내용을 천장벽화로 그렸다.

은 이전의 모든 시기와 다른 한 세대로 표현되고 움직여나간다. 15세기 화가들이 특징으로 불렀던 것이 이 인물들에게서는 전혀 발견되지 않는데, 왜냐하면 이들이 스스로 전체 종족으로, 즉 민족으로 등장하고 있기 때문이다. 개성적인 것이 요구되는 곳에서는 그 개성적인 것이 이상적으로 창조된 어떤 것으로, 즉 하나의 초인간적 힘으로 나타난다. 인간의 육체와 얼굴의 아름다움도 그러한 웅대함의 그늘에 가려진 모습으로 나타날 뿐이다. 이 거장에게서 중요한 문제는, 자신의 인물들이 매력적인 만큼 최상의 삶을 표현할 능력을 갖고 있다는 것이다.

이 작품들의 영역에서 멀리 떨어져 한숨 돌린다면, 사람들은 또한 그 작품들에서 무엇이 결여되어 있고, 왜 사람들은 그 작품들과 함께, 또는 그 작품들 아래에서 살아갈 수 없는지 고백할 수 있을 것이다. 예술적으로 아주 멋지게 꾸밀 수 있는 존재의 거대한 부분들이 미켈란젤로에게는 닫힌 채로 남아 있다. 가장 아름다운 영혼의 모든 영감들(그것들을 일일이 열거하기보다는 라파엘로를 지적하는 것으로 충분할 것이다)을 그는 옆으로 제쳐놓았다. 우리의 삶을 값지게 만드는 모든 것이 그의 작품세계 안에서는 아주 드물게 나타난다.

그가 이상적으로 간주한 형식을 만들어내는 것도, 고상하고 아름다운 것으로 단순화된 자연스러움보다는 오히려 일정한 측면들을 향해 물질적으로 강화된 자연스러움을 보여준다. 아무리 고차원의 관계라 하더라도, 또 어떤 힘을 표현하더라도, 그것들이 일정한 어깨 넓이, 목 길이, 그밖의 다른 모양들이 자의적이고 경우에 따라서는 기괴하기까지 하다는 사실을 망각하도록 하지는 않는다. 물론 그 작품들 자체를 눈앞에서 보았을 때, 사람들은 언제나 나머지 다른 모든 예술에게 주었던 것과 같은 고유의 권리와 법칙을 미켈란젤로에게 인정해주고 싶은 유혹에 빠지곤 한다. 그의 생각들과 그 생각들의 배열의 위대함, 그가 외형적 삶에서 생각할 수 있는 모든 동기를 불러들이도록 만들어준 자유로운 창작력 등은 아리오스트(Ariost)의 다음과 같은 말을 이해할 수 있도록 해준다. '죽을 수 있는 신의 천사보다도 더 위대한 미켈란젤로.'"(『여행안내서』, 823~825쪽)

참 뭐라 한마디로 표현하기 어려운 묘한 애증이 느껴지는 문장들이다. 부르크하르트가 미켈란젤로보다 라파엘로를 더 좋아했던 것은 사실이지만, 분명한 것은 그렇다고 그가 미켈란젤로의 재능을 무시하거나 폄훼했던 것은 아니라는 점이다. 아니 어쩌면 정반대였을지 모른다. 원래 조각이 전문 분야였던 미켈란젤로가 회화에서 보여준 탁월한, 그렇지만 어떤 면에서는 부족한 재능을 이만큼 복잡한 심경으로 압축하여 묘사한 미술사가도 없을 것이다. 그럼 그의 대표작, 그 유명한 「시스티나 성당 천장벽화」에 대한 스케치를 읽어보자.

"미켈란젤로는 자신의 전성기에 바티칸의 「시스티나 성당 천장벽화」 그리기에 착수했다(대략 1508년에서부터 1511년까지. 이 기간 중 미켈란젤로가 전적으로 순수 한 작업에는 22개월의 시간이 소요되었다. 채광이 가장 좋은 시간은 10시에서부터 12시). 그 임무는 『구약성서』에 나오는 장면과 인물 들을, 본질적으로 구약에서의 신에 의한 약속과 관련하여 표현하는 것이었다. 그는 이 내용을 네 단계, 즉 역사 이야기, 개별 역사적 인물, 휴식을 취하는 집단, 그리고 구성 양식상 활동하는 인물들로 각각 나누었다. 그는 단지 이상적으로가 아니라 시점에 따라 규정된 공간 안에서 생생함을 요구하는 역사 부분을 둥근 천장의 가운데 면에 배치했다.〔……〕"(『여행안내서』, 825쪽)

이후 이 거대한 작품에 대한 묘사와 설명이 약 세 페이지에 걸쳐 상세하게 이어진다. 물론 이 작품을 눈앞에서 보는 것과 같은 생생한 묘사는 아니지만, 거의 그에 준하는 수준으로 말이다. 가령 아담의 창조에 대한 부분은 그 점을 잘 보여준다.

"그러나 그 창조의 최고 순간(그리고 미켈란젤로 자신의 최고 순간이기도 한)은 아담의 탄생이다. 그 전지전능한 존재는 신적인 개별적 힘의 무리에서, 그 힘을 지니고 있든 그 힘에 실려서든 이리저리 흐르다가 지상에 가까이 다가가 집게손가락에서 나온 생명의 섬광이, 절반 정도의 생명을 부여받은 최초 인간의 집게손가락 안으로 흘러들어가도록 한다. 초감각적인 것이, 매우 분명하고 명백한 감각적인 한 순간 안으로 그만큼 천재적으로 전달된 예는 예술의 전 영역을 통틀어 일찍이 없었다. 아담의 모습 또한 인류의 가장 가치 있는 원형이다."(『여행안내서』, 827쪽)

이 작품 전체에 대한 품평이라 할 수 있을지 모르겠지만, 마지막은 이렇게 끝난다.

"이 작품은 교황 율리우스 2세의 후원으로 이루어졌다. 재촉과 관용을 베풂으로써, 싸우기도 하고 또 선량한 성품을 보이기도 함으로써 그는 그 누구도 얻어낼 수 없었을 바로 그것을 미켈란젤로에게서 얻어냈던 것이다. 그의 기억은 예술 안에서 아주 축복받은 것으로 남아 있다."(『여행안내서』, 828쪽)

이제 드디어 라파엘로에 대한 설명이다. 역시 일반적인 서술이 먼저 나온다.

"여기서 라파엘로를 언급하는 것은 거의 쓸모없는 일처럼 보일 수 있다. 그는 여기저기에 많은, 결코 망각될 수 없는, 즉 더 물을 필요조차 없고 직접적인 감흥을 일으키는 작품들을 남겨서, 그의 그림을 보는 사람은 모두 안내자 없이도 개의치 않고 지속적인 인상을 자기 안에 담아둘 수 있기 때문이다. 다음에 이어질 해석들도 단지 이러한 인상 뒤에 부분적으로 숨겨진 채 놓여 있는 조건들을 분명히 밝혀주는 데 도움을 줄 뿐이다.

라파엘로의 일생에서 행운으로 간주되는 것은, 그가 봤을 때, 즉 아주 강하고 건전한 영혼의 입장에서 보았을 때, 자신이 소유한 그저 하나의 평범한 개성이었다. 다른 인간들은 동일한 상황에서 자멸하는 것이 고작이었다. 그는 자기 아버지(조반니 산티[Giovanni Santi], 1494년 사망)가 죽자 곧바로 피에로 페루지노파에 들어가 페루지노 밑에서 1504년까지 일했다. 그래서 그의 젊은 시절 작품은 과장된 영혼을 표현한 그림과 거의 평범한 대칭 균형을 이루는 순수한 그림들로 가득하다.[……]"(『여행안내서』, 842~843쪽)

라파엘로는 여기서 그림에 대해 아무리 문외한이라도 한 번 보면 곧바로 쉽게 이해가 가고 감흥이 느껴지는 작품들, 그래서 더 이상의 안내가 불필요할 만큼 훌륭한 작품들을 남긴 거장으로 그려진다. 부드러운 고전적 화풍의 라파엘로를 좋아했다는 점 하나만 보더라도 부르크하르트가 비록 방법에서는 철저히 장르와 양식에 따른 접근법을 추구하면서 진보적인 모습을 보였을지 모르지만, 적어도 내용에서는 매우 보수적인 미술사가였다는 점이 입증된다. 그는 나중에 북유럽의 바로크 미술 세계에서도 유사한 경향을 보여주는데, 즉 약간 거친 구성과 붓 터치를 보여준 렘브란트보다는 부드러운 화풍의 루벤스를 더 선호한다. 어쨌든 제 좋다는 데야 누가 뭐라 할 수 있겠는가. 그럼 라파엘로 작품에 대한 묘사로 넘어가 그 유명한 「아테네 학당」에 대한 서술을 살펴보자.

"그 정반대의 모습을 천상의 집단도 신비도 없는 「아테네 학당」이 보여준다. 아니면 작품의 배경을 이루는 경이롭도록 아름다운 그 홀은 단순한 회화적 생각이 아닌, 정신적 힘과 영혼의 힘이 건전한 조화를 이룬다는 의식적 상징이 아닐까? 사람들은 아마도 그런 건물 안에서 아주 편안함을 느낄 것이다! ㅡ그 사정이야 어떻든, 라파엘로는 고대의 온갖 사상과 지식을 순전히 생생하게 시위하는 모습과 열정적으로 경청하는 모습으로 바꾸어놓았다. 회의주의자들, 퀴니코스파의 디오게네스와 같이 소수의 동떨어진 인물들은 어쨌든 예외로서 대조적인 모습을 보여준다. 계산하는 학문[자연과학]들이 계단 아래서 배경을 이루는 것은 다시 저절로 이해되는 것처럼 보이는 그런 단순하고 천재적인 아이디어들 중의 하나다. 가르치는 사람들과 경청하는 사람들, 그리고 구경꾼들의 가장 적절한 분배, 공간 안에서의 경쾌한 움직임, 혼잡함이 없는 풍요로움, 회화적 동기와 드라마적 동기의 동시 발생 등. (중요한 초벌 그림은 밀라노의 암브로시아나에 있다.)" (『여행안내서』, 865쪽)

이것이 「아테네 학당」에 대한 설명의 전문(全文)이다. 엄청난 규모의 대작에 대한 설명치고는 너무 간단하게 처리된 듯한 느낌

9 '장르별 예술사'를 지향하다

이 없지 않지만, 역시 부르크하르트답게 핵심만 정확히 콕 집어서 해설한 후 다음 작품 설명으로 넘어간다.

연대기적 예술사에서 과제별 예술사로

예술사(또는 미술사)는 넓은 의미의 문화사 안에 속해 있지만, 일찍부터 문화사로부터 독립하여 스스로의 입지를 굳혀온 근대 역사학의 새로운 한 분과학문이다. 그렇지만 그 분야의 완전한 독립의 시점은 여전히 논란의 여지가 많다. 우선 19세기 중후반에 활동했던 부르크하르트조차 예술사를 넓은 의미의 문화사에 속하는 역사서술의 한 장르로 인식했기 때문이다. 그러한 논란에도, 그리고 그것이 어디에 종속되고 독립되는지의 여부를 떠나서, 양식사에 근거한 예술사의 근대적 출발점으로 사람들은 흔히 1764년에 발표된 빙켈만의 『고대 예술사』(*Geschichte der Kunst des Altertums*)를 꼽는다. 영국의 저명한 미술사가 곰브리치(E.H. Gombrich)도 빙켈만의 이 작품을 '현대 예술과학의 씨앗'이라고 평가했을 정도다.[1]

예술의 역사를 연구하는 분야로서의 근대의 예술사가 하나의 학문으로 자리 잡기까지는 몇몇 개별 연구영역과 서로 도움과 영향을 주고받는 과정을 거치게 된다. 먼저 18세기에 등장한 '미학'의 영향을 들 수 있다. 사실 예술과 미에 대한 철학적 성찰은 근대보다 훨씬 이전에, 즉 고대 그리스의 철학자들로부터 출발한다. 가령 플라톤과 아리스토텔레스는 예술과 미에 대한 기본 입장을 밝혔고, 이를 토대로 중세를 넘어 르네상스 시대에 이르면 미술과 미에 대한 온갖 실험과 실습이 행해졌으며, 근대에 들어와서는 드디어 독일의 철학자 바움가르텐(A.G. Baumgarten)에 의해, 지성적 인식을 다루는 논리학에 맞서 감성적 인식 또는 미의 인식을 다루는 철학 분과로서의 '미학'이 탄생한다. 이 새로운 학문은 그 이전까지 간헐적으로 있어왔던, 예술사로 불리기에는 여러모로 부족한 유사 접근 또는 유사 연구에 하나의 체계성을 부여했고, 이미 살펴본 대로 19세기에 들어와서는 부르크하르트조차 '미학'이라는 말을 자신의 강의 제목에 공공연히 사용했을 정도로 보편화되었다.

다음으로 개별 미술작품이나 문학작품에 대한 다양한 종류의 비평 및 평론도 예술사 등장과 정착에 적지 않은 영향을 주고받는다. 개별 미술작품에 대한 연구는 고대나 중세보다는 르네상스 시대에 활발히 전개되는데, 그도 그럴 것이 이 시기에는 고전 그리스와 로마의 미술·문학·철학·사상 등의 수집과 다양한 연구를 기반으로 그 개별 작품들에 대한 비평도 아울러 상당한 수준에 이르렀기 때문이다. 이러한 추세는 근대에 들어와 주춤하지만, 다시 고전을 연구하던 18세기 이후에 예술 비평은 본격적으로 전개된다. 특히 괴테, 실러, 노발리스(Novalis) 등이 활약했던 18세기 말과 19세기 초반 독일의 고전주의와 낭만주의 시대에 이러한 예술

1895년의 부르크하르트.
그는 1886년부터 퇴임하는 1893년까지 예술사 강의에만 전념했다.

비평은 절정에 이른다.

끝으로 본격적인 예술사라고 불리기에는 한계가 있는, 예술사의 초기 형태적 등장과 발전을 들 수 있다. 가령 르네상스 시기 미술가들의 생애와 작품에 대한 해설서로는 바사리가 쓴 『예술가 열전』을 대표적인 작품으로 꼽을 수 있다. 흔히 예술사의 출발점으로 간주되는 이 작품에서 바사리는 13세기 말 치마부에와 조토로부터 시작되어 미켈란젤로에 이르는 르네상스 시기 미술가들의 생애와 작품들을 일별한다. 이처럼 예술가들의 생몰연대를 기준으로 한 예술사의 초기 형태는 이후 빙켈만의 작품을 넘어 19세기 중반까지도 계속 이어진다. 다시 말해 19세기 중반까지도 예술사에서는 르네상스 이후 시행되던 예술가들의 탄생과 활동을 연대기적 순서에 따라 서술하는 이 고답적 방식이 주류를 이루었고, 굳이 여기에 한 가지 방법을 더 첨가하자면, 당시 역사학 분야에서 보편적으로 통용되던 것을 주로 예술작품들을 분석할 때 이용했던 '역사적–비판적' 방법 정도였다.

예술의 스타일, 즉 양식에 따른 미술 역사의 연구와 서술이라는, 빙켈만에서 시작된 새로운 예술사 방법의 전통은 부르크하르트에 의해 계승되는데, 이러한 영향관계는 곧바로 형성되었다기보다는 베를린 대학 시절 예술사 분야에서 그의 스승이자 나이 차이가 얼마 안 났던 관계로 나중에는 친구로까지 발전했던 프란츠 쿠글러를 통해서 이루어진다.

이 두 사람은 특히 부르크하르트가 직업적 학자로 발을 들여놓은 이후 미술사 분야에서 많은 공동작업을 펼쳐나간다. 물론 부르크하르트가 쿠글러의 방대한 작업을 도와주는 형태이긴 했지만 말이다. 그 주요한 업적 가운데 하나가 쿠글러의 사망 이후 펴낸 『근대 건축 예술사』다. 1867년에 나온 이 책은 부르크하르트 생전에 출판된 총 네 권의 책 중 마지막 작품이다.

어쨌든 부르크하르트는 '과제에 따른 예술사'라는 모토 아래 예술을 예술가의 연대기적 순서가 아니라 장르, 양식, 과제, 임무, 역할, 기능 등에 따라 분류한 후 연구하고 서술해나갔다. 가령 『여행안내서』에서도 그 점은 분명히 나타나는데, 우선 그는 조형예술을 건축, 조각, 회화로 대별한 후, 각각의 장르에서 시간의 순서가 필요할 때는 예술가의 생몰연도가 아니라 시대나 세기별로, 그리고 큰 흐름의 개괄이 필요할 때는 르네상스, 바로크, 매너리즘 등 양식별로 구별하여 그에 속하는 각각의 예술가들의 작품을 분석해나갔다. 이로써 부르크하르트는 '장르사(또는 양식사)로서의 예술사'라는 독특한 예술사 서술 분야가 탄생하고 정착하는 데 결정적으로 기여한다.

이러한 업적과 성과 덕분인지 부르크하르트는 일반사나 문화사 영역에서와 달리 예술사 분야에서 자신의 후계자를 얻는 영광을 누린다. 바젤 대학의 예술사 교수 자리에 공식 후임자로 임명된 뵐플린(Heinrich Wölfflin)은 부르크하르트 밑에서 예술사를 공부하던 학생이었다. 그가 비록 스승의 모든 방법과 이론, 서술양식을 수용했다고 말할 수는 없지만, 중요한 핵심 방법과 양식을 발전적으로, 또는 비판적으로 계승했음은 부인할 수 없는 사실이다.

부르크하르트의 예술사 연구방식은 결국 제자 뵐플린이나 리글(A. Riegl)과 같은 이른바 빈학파의 학자들에 의해 계승되어 발전하다가, 20세기 초에 들어서는 예술사의 범위와 한계를 넘어 이제 독립된 현대예술과학(Kunstwissenschaft)이 탄생하는 과정에서도 산파 역할을 한다. 오늘날 매우 다양하고 복잡하게 전개되는 예술사학과 예술과학이라는 학문 분야의 견고한 나무들은 이들이 풍성한 열매를 맺게 되기까지 그 밑에서 영양분을 꾸준히 공급해 온 부르크하르트라는 뿌리를 결코 잊어서는 안 될 것이다.

역사의 연속성, 그 미래를 믿다

역사와 미래

"의지와 열망은 '눈이 멀어' 있어야만, 그러니까 자기 자신만을 위해 자신의 내적인 힘에 따라 살고 행동할 경우에만 완전히 발전한다. 그래야만 미래가 형성된다. 미리 알게 된 미래란 일종의 자가당착이다."

미래도 역사일까

 미래가 역사 안에 포함된다고 생각하는 사람은 아마 없을 것이다. 대부분의 역사가들도 미래를 역사영역 안에 포함시키는 일을 어불성설로 생각한다. 그러나 넓게 보았을 때 미래는 역사세계 안에 포괄되어야만 할 중요한 시간 범주다. 왜냐하면 만일 역사를 '현재 또는 그밖의 여타 관점에서 관찰되고 조사되고 탐구되고 연구된 과거'라고 했을 때, '그밖의 여타 관점' 중에는 미래도 당당히 한 자리를 차지하기 때문이다. 다시 말해 현재만이 아니라 미래의 관점에서 바라본 과거, 또는 그에 대한 기록도 다른 관점에서의 그것과 마찬가지로 똑같이 '역사'이기 때문이다.

 카(E.H. Carr)를 패러디하여 이때의 역사를 정의하자면, 역사는 '과거와 미래 사이의 대화'가 된다. 또 그것이 아니더라도, 역사는 '사건들의 연속체'라는 그 특성상 과거에서 현재로, 그리고 다시 현재에서 미래로 이어지는 성질을 갖기 때문에 미래는 당연히 역사의 시간 범주 안에 속할 수밖에 없다.

 물론 일부 독자들 중에는 그런 헛소리 당장 집어치우라고 소리 지를 사람도 있을 것이다. 아니면 말장난에 불과하다고 아예 상대조차 하지 않거나 무시해버릴 독자도 있을 수 있다. 실제로, 보기에 따라서는 그러한 주장이 침소봉대(針小棒大)니 뭐니 하면서 따지고 들었을 때 반박하기 쉽지 않은 주장처럼 보이기도 한다.

 그러나 한번 진지하게 고민해보자. 역사가 다른 모든 관점이 무

시된 채 그저 순수하게 '과거의 사건이나 그에 대한 기록'으로서
만 이해될 때 얼마나 삭막하고 황폐해질 것인가를. 특정 관점이
무시된 역사, 즉 사관이 없는 역사란 있을 수가 없다. 전혀 관점이
들어갈 여지가 없어 보이는 평범한 연대기에조차 특정 관점이 들
어가 있고, 또 그럴 수밖에 없다. 예컨대 기독교적 신(神)과 그에
대한 찬양의 관점에서 쓰인 중세의 연대기를 머릿속에 떠올려보
라. 역사를 역사이게끔 만드는 그 중요한 요소로서의 관점, 즉 사
관이란 마치 찐빵의 앙꼬요, 사막의 오아시스와도 같은 것이다.
바로 그 앙꼬와 오아시스에 해당하는 것 중에 '미래'가 당당히 한
자리를 차지한다.

  어느 유명한 역사가의 말마따나, 과거는 현재의 역사이며 현재
는 과거의 미래다. 또 애초부터 역사의 한 범주로 당당히 자리를
차지하는 현재는, 따지고 보면 미래의 관점에서 바라본 역사이기
도 하다. 더구나 미래는 현재의 역사가 진행되었을 때 도달하는
한 시점이기도 하다. 굳이 역사를 '삶의 연장'이라고 정의하지 않
아도 역사는 과거와 현재만이 아니라 미래와도 끈이 맞닿아 있고,
그래서 역사 안에는 그 세 개의 시간 범주가 직간접적으로, 그리
고 명시적이거나 암시적으로 함께 뒤섞여 있을 수밖에 없다. 이
점을 부정할 사람은 아마 없을 것이다.

  이 장에서는 부르크하르트가 '미래'라는 역사 범주에 대해서
어떤 말을 했고 어떤 생각을 했는지, 또 실제로 그가 자신이 살고
있는 현재를 기준으로 다가올 미래가 어떻게 펼쳐질지, 즉 20세

기를 어떻게 예견했는지, 나아가 역사를 벗어나는 대상들, 이른바 신화나 유토피아, 또는 역사의 종말 등 초역사적인 문제들에 대해서 어떤 생각을 갖고 있었는지, 마지막으로 미래에 대해 특정한 태도를 밝힌 동시대의, 또는 다른 시대의 역사가나 사상가 들과 비교해서 그는 어떤 차이와 유사점을 보이는지 등을 살펴보도록 하자.

미래를 예견한다는 일의 헛되고 부질없음

역사학 내부에서의 미래담론에 대한 부르크하르트의 부정적인 입장은 여느 19세기 역사가와 크게 다르지 않았다. 아니 더하면 더했지 결코 덜하지 않았다.

"개인의 삶에서처럼 인류의 삶에서 미래를 안다는 것은 그다지 바람직하지 않은 일이다. 점성술로 그것을 알아보려는 우리의 조급함은 참으로 어리석다.

자기가 죽을 날짜와 죽은 다음 자기가 처할 처지 등을 미리 아는 한 개인의 모습을 상상해보자. 또는 자신이 몰락할 세기를 미리 아는 민족의 모습을 상상해보자. 이 두 가지 모습은 필연적인 결과로서 모든 의지와 열망의 혼돈을 보여준다. 원래 의지와 열망은 '눈이 멀어' 있어야만, 그러니까 자기 자신만을 위해 자신의 내적인 힘들에 따라 살고 행동할 경우에만 완전히 발전한다. 그래야만 미래가 형성되고, 그렇지 못하다면 한 인간이나 한 민족의 지속과 종말은 다르게 형성될 것이다. 미리 알게 된 미래란 일종의 자가당착이다.

바람직하지 않다는 것은 차치하고라도, 우리가 미래를 미리 안다는 일이 별로 가능해 보이지도 않는다. 무엇보다도 우리의 바람, 희망, 두려움 등을 통한 인식의 혼돈이 그것을 방해하고, 그다음으로는 물질적인, 또는 정신적인 잠재력이라 불리는 그 모든 것들을 우리가 알지 못한다는 점, 세계를 갑작스럽게 바꾸어버릴 수도 있는 정신적 전염 병원체들을 미리 예측할 수 없다는 점도 미래 예견을 방해한다. 더 나아가 지난 400년 이래 반성과 숙고가 언론을 통해 거의 모든 지역에 편재할 정도로 강화되었다는 점에서, 언론의 소음이 모든 것을 집어삼켜버리고 물질적인 힘들조차 완전히 거기에 의존하게 되었다는 점에서, 오늘날 우리의 삶을 압도하는 거대한 음향적 착각도 고려해야 한다.

이런 물질적 힘들은 또 다른 종류의 위대하고 승리에 찬 전개(展開)에 거의 가까이 와 있거나, 아니면 그와는 정반대되는 하나의 정신적 흐름이 이미 문 앞에 와 있다. 만일 이 정신적 흐름이 승리한다면, 그 흐름은 또 다른 흐름에 다시 넘겨질 때까지 그 자신의 시끄러운 나팔소리를 포함한 모든 성찰을 자신에게 봉사하도록 만들 것이다. 결국 우리는 심지어 미래에 대해서도 생리학적 측면에서 바라본 민족생물학에 대한 지식이 별

부르크하르트가 말년에 교제했던 친구들. 뒷줄 왼쪽부터 시계방향으로 프리츠 비쇼프(Fritz Bischoff), 로베르트 그뤼닝거(Robert Grüninger), 구스타프 슈텔린(Gustav Stehelin), 막스 알리오트(Max Alioth).

로 없음을 깨달아야 할 것이다."(『세계사적 고찰』, 14~15쪽)

여기서 논점은 딱 두 가지다. 첫째는 미래 예견이 바람직하지 않다는 점이고, 둘째는 미래 예견이 불가능하다는 점이다. 그 근거는 미래를 알고자 하는 인간의 욕구가 궁극적으로 자기 자신의 소원, 소망, 열망 등을 통해 나오기 때문에 결국 사람의 인식을 혼란스럽게 하거나 미혹하게 만든다는 것이다. 더구나 르네상스 이래 지난 400년 동안 꾸준히 발전해온 언론과 여론의 힘은 물질적 힘조차 압도할 만큼 큰 힘을 발휘하기 때문에 이 세상만사는 언제 어느 순간에 어떻게 변해갈지 모를 만큼 모든 예측을 불허한다. 지금 문밖에는 우리가 원하는 것과는 정반대되는 물질적, 또는 정신적 힘들이 서 있을지 모른다. 이런 불가해하고 부조리한 세계 속에서 미래를 예견한다는 일이 얼마나 헛되고 부질없는 짓인지를 부르크하르트는 절실히 깨달았던 듯하다.

문제는 이러한 어리석은 미래 예견이 어떻게 역사학과 연결되느냐 하는 것인데, 위 인용문은 바로 그의 강의 「역사 연구에 대하여」의 「서문」의 일부로, '역사 연구를 위한 19세기의 권능'이라는 제목 아래 나오는 내용이다. 따라서 그의 결론은 당연히 역사를 연구할 때 미래를 예측하지도 말고, 그러한 방향으로 나아가지도 말라는 충고나 경고쯤으로 이해된다.

그렇다면 부르크하르트는 공적 영역이 아닌 사적 영역에서도, 즉 개인적으로도 미래 예견을 거부하는 입장을 취했을까? 이미 현재비판에서도 암시되어 있듯이, 그의 개인 서간문에는 미래에 대한 수많은 예견이 담겨 있다. 아니, 그런 것들을 거부한 정도가 아니라 오히려 즐겨 사용한다는 것을 엿볼 수 있다. 그중 일부만 뽑아 인용해보자. 다음은 1871년 3월 프로이센-프랑스 전쟁 이후의 독일과 프랑스 두 민족의 미래에 대한 개인 견해다.

"내가 전체적으로, 그리고 유일하게 바라는 것은 두 민족의 정신과 정서에서의 거대한 반응들입니다. 무엇인가를 바라는 것이 우리를 자주 바보로 만들고, 우리는 결국 우리 눈앞에 어른거릴 빛을 볼 수 있다고 믿을 것임을 나는 알고 있습니다. 그러나 그 빛은 틀림없이 올 것입니다. 그것도 사람들이 자기 고향을 이 두 나라에서 덜 찾으면 찾을수록, 그 빛은 더 확실하고 강렬해질 것입니다. 물론 많은 사람들은 단순히 긴장이 풀린 상태를 즐기는 것으로 만족할 것이고, 어떤 사람들은 더 나은 것과 더 새로운 것을 요구할 것입니다."(『서간집』· V, 122쪽)

그로부터 약 1년 뒤 부르크하르트는 한 제자에게 보낸 편지에서 이 전쟁 이후의 미래상을 다시 다음과 같이 그려나간다.

"자네가 과도기에 대해 언급한 것을 생각이 있는 사람이라면 누구나, 그리고 모든 방향을 향해 느낄 거네. 그렇지만 나는 자네에게 좀 특별한 것을 지적하고 싶네. 즉, 엄청난 속도로 증대해가는 물적 욕구를 통해, 1배 반으로의 물가상승이 임박함으로써 등장하게 될 생의 보편적인 변화를 통해, 겨우 시작에 지나지 않는 일련의 전쟁들을 통해, 또 그밖의 다른 것들을 통해 정신적인 것 일체가 몇 년 안에 겪게 될 고통과 곤란에 대해서 지적하고자 하네.〔……〕만일 내가 정신이 나가지 않았다면, 지난 전쟁 기간에 자네에게 이미 내 기본적인 견해를 알렸다고 생각하네. 즉 새로운 것, 위대한 것, 해방시키는 것이 독일 정신으로부터 나와야 하네. 그것도 권력과 부와 영업행위들에 대항해서 말일세. 그것은 분명 자신의 순교자들을 요구하게 되겠지. 그것은 그 본질상 모든 정치적이고 경제적인, 그리고 그 여타의 파국들을 견디어내는 그런 어떤 것이어야 하네. 그렇지만 그것이 무엇일까? 여기서 자네는 나에게 어려운 질문을 제기하겠지. 아마 그것이 이 세상에 등장했을 때, 우리 자신조차 그것을 알아채지 못할 수도 있지."(『서간집』· V, 158~159쪽)

이 두 개의 편지글을 통해 확인되는 부르크하르트의 미래 예견에 대한 관점은 크게 다음 네 가지로 요약될 수 있다. 즉, 미래 예견의 비합리성, 불가피성, 비관성, 긍정성이 그것이다. 이들 각 요소에 대해서는 약간의 설명이 요구된다.

먼저 미래 예견의 비합리성이란, 곧 부르크하르트가 미래 예견을 지식인의 입장에서 바람직하거나 의미 있는 행위로 간주하지 않았다는 점을 나타낸다. 둘째로 미래 예견의 불가피성이란, 부르크하르트가 그럼에도 지식인을 포함한 모든 인간은 자신의 미래에 대해 일정한 전망과 기대를 가질 수밖에 없음을 시인했다는 사실을 의미한다. 셋째로 미래 예견의 비관성은, 부르크하르트가 미래 예견을 대체로 침울하고 암울하게 펼쳤다는 점을 시사한다. 마지막으로 미래 예견의 긍정성은, 부르크하르트가 그러한 비판적이고 비관적인 색채에도 불구하고 미래 예견 안에 언제나 일정한 기대와 희망의 메시지를 담아냈음을 표현한다.

이제 부르크하르트가 역사책 안에서는 미래 문제에 대해 어떤 입장을 취하고 있는지 살펴보도록 하자. 다음은 『콘스탄티누스 대제 시대』에서 로마제국 말기의 점성술에 대해 펼친 서술의 결론 부분이다.

"결국 사려 깊은 모든 사람은 미래를 안다는 것이 전혀 행운이 아니라는 점, 미래를 아는 것과 관련해 어떤 잘못된 것을 경험하는 것은 어쨌든 불행이라는 점을 인정한다."(『콘스탄티누스 대제 시대』, 156쪽)

미래 문제에 대한 부르크하르트의 역사서술적 해석도 역시 미래 예견의 비합리성과 원칙적 불가능성에서 출발하고 있음을 알 수 있다. 그러나 단지 그것만은 아니다. 인간에게 미래를 아는 일, 또는 알고자 하는 일이 어리석은 행위이지만 또 한편으로 얼마나 중요하고 간절히 요구되는 바람인지, 얼마나 필수적인 일인지도 더불어 언급된다. 이제 '미래의 탐구'(Die Erkundung der Zukunft)라는 제목이 붙어 있는 『그리스 문화사』 제2권의 제4부로 가보자.

"온갖 종류의 행위로써 미래를 창출하고 형성하는 일은 모든 시대, 모든 민족의 바람이자 시도였다."(『그리스 문화사』· II, 247쪽)

이것은 한마디로 오랜 인류 역사의 뿌리에 대한 인식을 근거로 한 미래 예견의 불가피성에 대한 통찰이다. 그만큼 부르크하르트의 눈에는, 그 비합리성과 비학문성에도 불구하고 심지어 자기 시대에서조차 사람들이 미래를 미리 내다볼 수 있기를 강렬히 원하는 것으로 비쳐졌다.

"우리는 여기서 점술(占術, Mantik)에 대한 그 믿음이 가히 무제한적이고, 크고 작은 미래나 국가나 개인의 운명을 처리하는 그 작업이 매일, 매시간 이어졌던 민족을 다루고 있는 중이다."(『그리스 문화사』· II, 282쪽)

부르크하르트는 그리스인들과 미래 예견의 관계가 그들과 신화와의 관계처럼 거의 숙명적으로 맺어져 있다고 보았다. 이러한 인간의 태도는 오늘날이라고 해서 달라지지 않았다.

"그밖에 오늘날 우리 시대도, 제아무리 초조와 열정적인 바람이 방해 요소로 작용한다 할지라도, 미래를 미리 예측하고자 한다."(『그리스 문화사』·II, 247쪽)

미래 예견과 관련한 인간의 기본적 욕구에 대한 부르크하르트의 인간학적 통찰은 미래 탐사 행위가 인류가 생존하는 한 앞으로도 인간들 사이에서 계속될 것이라는 점을 시사한다. 그밖에 부르크하르트의 역사서술 안에는 미래 예견과 관련한 몇 가지 특징들이 열거되는데, 그 개별 특징들에 해당하는 것들을 『그리스 문화사』와 『이탈리아 르네상스의 문화』에서 각각 인용해보자.

"개별 사건으로 이해되든 운명들 사이의 더 큰 연관으로 이해되든, 어쨌든 미래는 이른바 능력 있는 인간의 눈이 여기저기서 꿰뚫어 볼 수 있고, 더 재능이 뛰어난 사람의 손이 완전히 걷어치울 수 있는 가벼운 장막에 가려 있다."(『그리스 문화사』·II, 248~249쪽)

"점술적 영혼의 상태에 대해 언급될 수 있는 최고의 것은 아마도 그 상태가 죽음의 근처에서 깨어난다고 얘기된다는 점이다. 지상의 삶을 현혹시키는 것들이 가치가 없어지는 바로 그 순간에, 자연의 영혼에 고유한 그 예언적 능력은 자신의 정당한 권리를 얻는다."(『그리스 문화사』·II, 249쪽)

"영생에 대한 이러한 확신이 흔들리면서 운명주의가 득세하기 시작했다. 아니면 후자가 등장하면서 바로 그 결과로 전자가 나타났다."(『이탈리아 르네상스의 문화』, 481쪽)

"신탁제도(神託制度, Orakelwesen)의 일반적 현상들은, 대체로 후세에게 중요한 일에 대해 알리는 것과는 전혀 다른 목적을 갖는 다양한 여러 진술들로부터 밝혀져야 한다. 먼저 고려되어야 할 점은, 신탁 문의와 같은 매우 자극적인 일에는 묻는 이에게서나 물음을 받는 이에게서 불가피하게 상상력(Phantasie)이 펼쳐졌다는 점이다. 또 우리는 그리스 민족이 이야기에 열중한 상태에서는 언제나 그들의 신탁을 시구(詩句, Sprüche)로 장식하곤 했다는 사실도 염두에 두어야 한다. 신의 은총을 입은 장소에 대한 기억들 자체는, 훗날 순례자들이 경험하고 다른 이들에게 계속 이야기로 전해주게 될 다소 장황한 신화가 되었다."(『그리스 문화사』·II, 293쪽)

"고대는 여전히 아주 특별히 위험한 영향력, 그것도 일종의 도그마적인 영향력을 행사했다. 즉, 고대는 르네상스에 자기 식의 미신을 전해주었던 것이다. 그 미신 중 일부가 이탈리아에서 중세를 거쳐 살아남아 있었다. 이젠 그 미신 전체가 훨씬 더 수월하고 새롭게 되살아났다. 그 과정에서 상상력이 강력히 함께 작용했음은 두말할 여지가 없다.〔……〕 이러한 망상을 퇴치하기 위한 온갖 교육과 계몽을 어떻게 그렇게 오랫동안 시도하지 않았는가를 살펴보는 것은 매우 교훈적인 일이다. 그 같은 일이 가능했던 것은 그 망상이 바로 열정적인 상상력에, 미래를 미리 알아보고자 하고 규정하고자 하는 강렬한 바람에 기반을 두고 있고, 또 고대가 그것을 확인해주었기 때문이다."(『이탈리아 르네상스의 문화』, 481~482쪽)

고대 그리스인들이나 르네상스 이탈리아인들에게서 나타나는 미래 예견의 특징들을 요약하면 다음과 같다. 첫째는 '통찰력'인데, 위의 첫 번째 인용문에 해당한다. 즉, 미래 예견은 나름대로 뛰어난 정신적 능력이 밑바탕이 되어 나온다는 것이다. 자신이나 자기 민족의 운명과 연관되어 있다는 점을 의식했기 때문에 나온 자연스러운 결과다. 그러나 그럼에도 그리스인들에게서 점성술, 신탁 등을 통해 질문되지 않은 단 한 가지는 바로 철학적 숙고를 통해서만 그 대답이 가능한 '보편적 진리'다.

둘째는 '운명론'으로, 위의 두 번째와 세 번째 인용문에 해당한다. 즉 미래 예견은 대체로 자신의 죽음과 관련된 비관주의적 관점에서 행해진다는 것이다. 셋째는 '미적 감각'으로, 위의 네 번째와 다섯 번째 인용문에 해당한다. 점성술이나 신탁, 미신이나 구복신앙 등의 유사종교적 미래 예견 행위가 과연 예술인지 아닌지는 잘 모르겠지만, 그러한 행위가 어쨌든 '상상력'이라는 미학적 감각 속에서 이루어진다는 것이다. 사실 여부를 떠나서 그러한

프리드리히 폰 프레엔(Friedrich von Preen).
그는 부르크하르트가 현재비판과 미래 예견의 생각들을 서신으로
가장 많이 주고받은 말년의 대표적인 친구였다.

관점 자체가 상당히 이채롭다. 미술사를 전공한 부르크하르트다운 발상이 아닐 수 없다.

초역사적 문제들에 대하여

이제 미래 얘기는 이 정도로 접고, 역사의 범주를 벗어난 다른 테마들로 넘어가보자. 이른바 '초역사적'이라 불릴 만한 이들 주제들 중 가장 먼저 눈에 띄는 것은 '신화'다. 다음은 일흔한 살의 부르크하르트가 휴양차 간 바덴에서 한 친구에게 보낸 편지다.

"아침식사 후 나는 시내로 향하는 길을 따라—땀을 흘리지 않기 위해—천천히 걸어 올라갔습니다. 바로 그곳에는 레클람 출판사의 유명한 문고본을 여러 권 구입할 수 있는 잘 갖추어진 서점이 자리 잡고 있었습니다. 그곳에서 오늘 나는 로흐홀츠(Rochholz)가 쓴 『아르가우의 전설들』(*Sagen des Aargau's*)이라는 책을 구입했습니다. 차제에 고백하건대 신화적인 것에 점점 더 큰 매력을 느낄 뿐 아니라 역사적인 것으로부터는 점점 더 등을 돌리게 됩니다. 내가 바젤에서 가져온 유일한 책, 그리스의 파우사니아스(Pausanias)도 아무런 이유 없이 들고 온 것이 아닙니다. 나는 갈수록 진정한 신화적인 눈을 얻어가고 있습니다. 아마도 그 눈은 다시 어린아이를 닮아가는 노인의 눈이 아닐까요?"(『서간집』· IX, 202쪽)

물론 이러한 사적 편지에서의 고백으로 부르크하르트가 실제로 관심 또는 연구 영역을 역사에서 신화로 옮겼다고 하는 것은 아니다. 그러나 분명한 것은 그의 관심이 일반사나 문화사로부터 예술사와 신화, 전설 등으로 옮겨갔다는 사실이다. 위와 같은 심경을 토로하기 얼마 전인 1887년부터 그의 강의 테마가 일반사와 문화사로부터 예술사와 신화, 전설 등으로 넘어갔던 사실이 그 점을 반증한다. 그러나 여기서 주의해야 할 점은 부르크하르트의 신화에 대한 관심이 노년에 이르러서야 생겨난 것이 아니라 젊은 시절부터 줄곧 있어왔다는 점이다. 신화에 대한 다른 공적 기록을 보자.

"사람들은 민족의 특성을 그들의 신화 안에서 아주 순수하고 원초적으로 재발견할 수 있다고 믿는다. 왜냐하면 신화는 그들의 신관(神觀)과 세계관의 거울이기 때문이다."(『역사 연구에 대하여』, 85쪽)

이 글은 1851년 여름학기에 행한 「역사 연구 입문」(Einleitung in das Studium der Geschichte)을 위한 강의록에 나오는 내용으로, 이로부터 우리는 그의 신화관이 헤르더의 낭만주의적 신화관에서 많은 영향을 받았음을 알 수 있다.

다음은 유토피아로 넘어가보자. 부르크하르트는 자신의 강의에서 유토피아 사상가로 플라톤, 모어, 루소 등 세 명을 든다. 이에 해당하는 문장들을 인용해보자.

"플라톤 안에는, 각각의 제자들에게도 전해진 하나의 폭력성의 경향이 놓여 있었다.〔……〕그리고 플라톤을 공박할 수 있는 한 가지 사실이 더 있다. 즉 그는 그의 두 개의 유토피아 중 어느 한 곳에서도 조금이라도 미래를 알아맞히거나 불러내오지 못했다. 즉 그가 하는 얘기는 폴리스가 예전부터 원래 갖고 있던 의도이고, 그가 하는 제안은 적어도 현실에 해당하는 한 왜 폐기처분되었는지 그 나름의 이유를 갖고 있던 지나간 것의 형식들일 뿐이다. 이에 비해 저 위대한 토머스 모어는 얼마나 엄청나게 플라톤을 능가하는가. 그의 유토피아는 선견을 갖고서 그 이래로 영국과 북아메리카에서 실제로 실현되었거나 아니면 적어도 지배적인 관념이 된 많은 것들을 담고 있다."(『그리스 문화사』·I, 273쪽)

"한 민족이 어떠한 민주주의적 혼란도, 펠로폰네소스 전쟁 같은 것도, 페르시아의 새로운 간섭도 겪지 않으려면 그 시작부터 어떻게 조직되어야 하고, 조직되었어야 했는지에 대해 논한 유토피아적 생각을 지닌 철학자가 가끔씩 등장한다. 이러한 위기의 회피 이론을 플라톤의 『국가』에서 찾아볼 수 있다. 그렇지만 이것은 얼마만 한 부자유를 대가로 치러야 가능한 일일까! 또 유토피아 안에서조차 얼마나 빨리 혁명이 발발할 수 있는지는 여전히 의문으로 남는다. 플라톤의 '국가'에서는 그러한 일이 전혀 어렵지 않게 발생할 수 있다. 왜냐하면 그 지배적인 철학자들이 자기들끼리 거래를 하면, 곧바로 움츠리고 있던 그 나머지 신분들이 저절로 들고 일어날 것이기 때문이다.

그밖의 경우에도 유토피아 사상가는 예전에 나타나서 불을 지피는 일을 도왔다. 루소의 『사회계약설』이 그것이다."(『세계사적 고찰』, 187~188쪽)

뉘앙스로는 모어를 제외한 나머지 두 사람에 대한 부르크하르트의 시선은 별로 곱지 않았던 듯하다. 특히 플라톤에 대한 비판은 플라톤주의자들의 입장에서 보면 분명 돌아오지 못할 선을 넘어선 듯하다. 민주주의나 전쟁과 같은 정치 혼란을 회피하기 위해 철인정(哲人政)이라는 권위주의 정부를 대안으로 제시한 것 자체가 그의 눈에는 완전한 난센스로 비쳐졌을 것이다. 그리고 모어에 대한 긍정적인 평가에도 불구하고 유토피아 사상 전반에 대한 그의 부정적인 시각이 물씬 느껴지는 것은 비단 나에게만 해당되는 일은 아닐 것이다.

이제 '역사의 종말' '포스트 역사학' 또는 '역사 이후'에 대한 부르크하르트의 생각을 살펴볼 차례다. 이에 대한 전거는 거의 발견되지 않는다. 그 모래사장 속에는 다음과 같은 바늘이 가끔씩 발견되곤 한다.

"온갖 파괴에도 불구하고 항상 한 가지는 주장될 수 있다. 즉 세계사의 경제가 우리에게는 전체적으로 암흑의 베일 속에 가려 있기 때문에, 우리는 제아무리 나쁜 것이라 할지라도 그 무언가가 중지되었을 때 과연 어떤 일이 발생하게 될지 전혀 알 수 없다는 것이다. 우리가 아는 세계사의 물결 대신에 우리가 알지 못하는 또 다른 것이 올지도, 나쁜 억압자 대신에 아마도 더 악질의 인간이 등장할지도 모를 일이다."(『세계사적 고찰』, 266쪽)

이 문장만 놓고 보면 부르크하르트가 역사의 미래에 대해서 매우 어둡고 비관적인 전망을 내놓고 있는 것처럼 보이지만, 사실 그에게는 '역사의 연속성'이라는 종교(!)가 있었다. 다시 말해 민족들 간의 대 전쟁, 강제 권력국가, 대중 전제정, 중앙통제사회, 무섭도록 단순한 것들(terribles simplicateurs) 등 사적인 편지에서 보이는 온갖 비관적인 미래상에도 부르크하르트는 역사의 미래가 어떤 종류의 파국으로 종결될 것이라고 예견한 적이 없었다. 정반대로 그에게서는 미래에 대한 걱정과 더불어 미래에의 기대가 언제나 복선으로 깔려 있었다. 이와 같은 역사의 미래에 대한 열린 마음은 결국 역사의 연속성에 대한 그의 믿음으로부터 나온 것이다.

부르크하르트에게서 찾아볼 수 있는 마지막 초역사적 테마는 바로 '무역사성'(無歷史性, Geschichtslosigkeit)이다.

"먼저 자신들의 문화적 장막을 이미 주어진 것으로 여겨 결코 걷어내지 못하는 야만인들이 이러한 [역사의] 장점을 포기한다. 그들의 야만성은 곧 그들의 무역사성이고, 그들의 무역사성은 곧 그들의 야만성이다. 그들은 가령 자기 종족 고유의 전설이나 적들과의 차이에 대한 의식, 즉 역사적, 민속적 초기 형식들을 보유한다. 그들의 행위는 오직 인종적으로 얽매여 있을 뿐이다. 상징에 의해 관습 따위에 얽매여 있는 상태는 과거를 앎으로써만 비로소 풀려날 수 있다.

다음으로 미국인 역시 역사적인 것을 포기하는데, 그 점에서 그들은 비역사적인 교양인이지만 그래도 구세계로부터 나온 이상 역사적인 것을 완전히 벗어던질 수는 없다. 역사적인 것은 그들에게 부자연스럽게, 즉 허섭스레기로 매달려 있다. 뉴욕 부유층의 문장(紋章), 칼뱅교의 가장 부조리한 형식들, 유령 출몰 등도 바로 여기에 속한다. 다양한 이주민들로부터 나온 이 모든 허섭스레기 위에 의심스럽고도 지속적인 성격을 갖는 미국인의 생생한 유형의 교양이 덧붙여진다."(『세계사적 고찰』, 9~10쪽)

역사는 정신의 연속성이다. 따라서 역사를 갖고 있는 민족이라면 당연히 자신들의 정신적 유산으로서의 역사를 그 어떤 노력과 비용을 들여서라도 재구성해야 하고, 그러한 작업을 결코 게을리하거나 포기해서는 안 된다. 그리고 그것 자체는 이미 인식이기 때문에 다시 다음 세대에 유산으로 전승되어야 한다.

이러한 역사의 장점을 포기하는 사람들은 두 부류인데, 하나는 부르크하르트가 1851년에 강의한 「역사 연구 입문」 강의록 원고.
이 강의는 부르크하르트가 1868년에 강의한 「역사 연구에 대하여」의
기초가 되었다.

역사 자체를 전혀 갖고 있지 않은 야만인들이고, 또 하나는 교육은 받았지만 역시 역사를 갖고 있지 못한 미국인들이다. 역사를 갖고 있지 않다는 것은 곧 야만을 뜻한다. 여기서 '야만성'과 '무역사성'은 등치된다. 서로를 대신해준다는 의미에서 대체개념이라고 할 수 있다. 교양은 있지만 무역사성의 미국인은, 그런 점에서 '교육받은 야만인' 또는 '교양 있는 야만인'으로 표현될 수 있다. 이런 식으로 말하면 그 당시나 오늘날 '듣는 미국인', 몹시 기분 나쁠 것이다.

19세기 역사주의적 사상가의 한계

미래담론을 역사학 안에 끌어들여 언급한 경우는 일부 역사주의자들이나 동시대의 다른 역사가들에게서도 발견된다. 가령 랑케는 1854년에 행한 한 강의 「서문」에서 "나는 우리의 미래에 대해 무언가를 진술하려고 하는 것이 아니다. 나는 단지, 지역분권주의(Partikularismus)가 오랫동안 우위를 차지하고 난 다음에는 통일을 이룩하려는 노력들이 강력하게 싹트기 마련이라는 사실이 매우 당연해 보인다고 말할 뿐이다. 통일의 해체는 어쩌면 역사의 전 과정에 거역하는 일인지도 모른다"[1]고 적고 있는데, 이는 그 내용상 역사적 예견이나 다름없다.

그밖에 드로이젠이나 지벨에게서도 유사한 문장들이 발견된다. 더 나아가 앞서 현재비판과 관련해서 언급했던 토크빌이나 마르크스와 같은 사상가들에게서도 미래담론은 적지 않게 발견된다. 이들에게서 발견되는 해당 문장들을 일일이 증거로 제시하기에는 지면상의 제약뿐 아니라 이 책의 본래 취지나 성격에도 맞지 않기 때문에 생략하기로 하고, 다만 여기서는 이들과 부르크하르트와의 차이에 대해서만 언급해보자.

이들 대부분의 동시대, 또는 그 이후의 역사가들에게서 발견되는 미래 전망은 대체로 낙관적이었다. 특히 독일 역사주의자들에 의한 역사의 미래에 대한 관찰은 민족통일과 통일 후의 위대한 독일문화의 창조라는 커다란 목표를 향해 나아갔기 때문에 대체로 장밋빛으로 꾸며진다. 반면 비스마르크나 독일통일 등에 부정적이었던 부르크하르트에게서 그것이 비관적인 색조로 그려졌다는 것은 이미 앞서 보았던 대로다.

다음으로 부르크하르트의 미래 예견은 토크빌이나 마르크스에게서처럼 분석적이거나 학문적인 모습이 아니라 서술적이거나 종합적인 모습을 보여준다. 토크빌이나 마르크스에게서는 역사관찰을 바탕으로 현재를 관찰하고 문제점을 분석해낸 후, 이에 비추어 앞으로 역사가 어떤 방향으로 흘러갈 것이다, 라는 식의 학문적 예견이 돋보인다. 그러나 부르크하르트는 이 분야에서 전혀 전문가연하지 않고 오히려 아마추어 입장에서, 그리고 대부분 사적인 서간문에서 증명할 길 없는 개인적인 의견과 통찰을 마구 쏟아내는 식이었다.

학문적으로는 앞서 언급했던 대로 오히려 미래 예견을 철저히 거부했다. 어머니를 여의고 인생무상을 일찍 경험했던 그로서는, 그리고 사실 합리적으로 보더라도 미래를 미리 안다는 것 자체가 우리에게 별 의미도 없고 득 될 것도 없어 보였을 것이다. 어쨌든 부르크하르트는 그럼에도 미래를 알고자 하는 욕구가 예나 지금이나 인간 모두에게 있음을 부정하지는 않았지만, 그것을 알려고 조바심쳤을 때 무언가 최고의 인식을 추구하려는 사람의 입장에서는 얻는 것보다는 잃는 것이 더 많을 것이라고 보았다.

그렇지만 부르크하르트를 마냥 19세기의 위대한 사상가라고 칭송만 하기에는 그에게서 너무나 많은 한계가 발견된다는 점도 아울러 지적하지 않을 수 없다. 가령 무역사성을 야만성으로 본 사례가 대표적이다. 그런데 21세기라는 현대적 관점에서 봤을 때 그의 이러한 관점은 포스트모더니즘, 반(反)역사주의, 또는 탈(脫)서구중심주의 등 많은 진영으로부터 무차별 공격을 받을 수 있다. 먼저 야만성이 무역사성이라면, 역사성은 문명성과 동일시되어야 하는데, 이는 문명성이 곧 야만성이라는 베냐민의 테제와 정면으로 충돌한다. 또 교양을 과연 역사성을 기준으로 해서만 잴 수 있을까, 하는 의구심은 나 같은 역사 전공자의 마음속에서도 꿈틀댄다.

역사는 교양을 가늠하는 여러 잣대 중 하나의, 그것도 보기에 따라 매우 작다고 할 수 있는 기준에 불과하다. 그리고 미국인을 역사가 없다 하여 야만인으로 보는 관점은 오늘날 더 이상 통용될 수 없다.[2] 만일 현대의 미국인, 특히 미국의 정치가들이 '야만적'

이라면, 그 야만성은 무역사성이 아닌 전혀 다른 요소들에서 찾아져야 할 것이다. 그 요소들을 여기서 일일이 열거할 수는 없겠지만, 어쨌든 무역사성과 관련한 부르크하르트의 시각은 매우 고리타분하고 보수적이며, 다른 의미에서 지나치게 역사주의적이라고 할 수 있다. 그는 어쩔 수 없는 19세기 구유럽의 지식인, 어쩌면 그 범주에 속하는 '마지막' 인물인지 모른다.

부르크하르트 관련 사상가와 연구 경향

부르크하르트와 관련된 사상가들은 크게 그를 가르쳤던 '스승 또는 선배' 군(群), 동시대에 유사한 경향의 사상을 전개했거나 직간접적으로 관련이 있는 '동년배'군, 그에게서 가르침을 받은 '제자 또는 후배'군 등 세 범주로 나누어 살펴볼 수 있다.

스승을 넘어서다

'스승 또는 선배'군에는 랑케, 드로이젠, 쿠글러 등이 있다.

우선 랑케는 흔히 '근대 역사학의 아버지'로 불리는 19세기의 대표적인 독일 역사가다. 역사가의 임무는 과거의 사건이 '본래 어떠했는가'를 보여주는 데 있다는 유명한 문구가 「서문」에 들어 있는 처녀작 『1494년부터 1514년까지의 라틴 족과 게르만 족의 역사』(*Geschichte der romanischen und germanischen Völker von 1494 bis 1514*)를 1824년에 발표한 후 그다음 해 베를린 대학의 부교수로 초빙된 그는, 그때부터 1871년 은퇴할 때까지 이 대학에서 강의와 연구로 수많은 제자들을 길러낸 것으로 유명하다. 세미나라는 독특한 근대적 수업방식의 도입도 바로 그의 업적이었다. 따라서 1839년 가을 베를린 대학으로 유학을 갔을 당시 부르크하르트는 이 대학 사학과의 정교수로 재직 중이던 랑케와 정식 사제지간으로 만나게 된다.

그러나 당대에 뛰어났던 이 두 사람의 관계는 그다지 원만하지 못했다. 비록 서로가 상대방의 탁월함을 인정하긴 했지만, 우선 두 사람은 정치적인 이념, 역사를 바라보는 관점, 학문적 관심 분야, 역사서술의 방식 등에서 커다란 차이를 보였다.

구체적으로 기술하면, 이념에서 랑케는 프로이센주의와 민족주의를, 부르크하르트는 유럽중심주의와 자유주의를 지향했고, 역사학과 관련해서 전자는 정치사와 세계사를, 후자는 문화사와 예술사를 추구했으며, 역사서술에서 전자는 '서사'(서사적 설명)를, 후자는 '묘사'(묘사적 설명)를 주된 방식으로 사용했다. 둘 사이의 결정적 차이점은 전자가 '개체'와 '발전'을 키워드로 세계를 역사적으로 이해하려는 독일적, 고전적 역사주의를 창시하고 고수한 반면, 후자는 거기에서 출발해 역사를 삶의 지혜의 수단으로 활용하려는 전혀 새로운 의미의, 즉 포괄적 의미의 계몽주의적 역사주의에 도달했다는 점이다. 이처럼 둘은 결코 가까워질 수 없는 사이였다.

둘을 보면 마치 플라톤과 아리스토텔레스, 또는 프로이트와 융을 보는 듯하다. 질적인 면에서든 아니면 노선이나 방향에서든 제자가 스승과 전혀 다른 길을 가게 되었거나 아니면 이로써 제자가 스승을 넘어섰다는 점에서 말이다. 그 증거로 1871년 베를린 사학과에서 랑케의 후임으로 부르크하르트를 초빙하려 했다는 사실을 들 수 있다. 비록 당사자의 고사로 베를린 대학 당국의 뜻이 이루어지지는 못했지만, 부르크하르트의 학문적 명성이 랑케 못지않았음을 미루어 짐작할 수 있는 대목이다.

역시 베를린 대학의 학창 시절 은사였던 드로이젠은 고대사가이자 역사이론가로 알려진 인물이다. 베를린 대학에서 고전철학 교수로 재직했던 1835년에서 1840년 사이에 알렉산드로스 대왕에 대한 글을 썼고, 기원전 4세기~기원전 1세기, 즉 알렉산드로수 대왕이 죽고 난 다음부터 이집트의 프톨레마이오스 왕조가 로마에 의해 몰락한 시기까지 지중해 동부와 소아시아에 확산된 그리스 문화 현상을 최초로 '헬레니즘'이라는 용어로 정의한 사람이기도 하다.

시기상으로는 부르크하르트가 그에게서 고대사 수업을 들은 시기는 채 1년도 되지 않는다. 그러나 이 짧은 기간에도 부르크하르트는 드로이젠으로부터, 그리고 역시 같은 대학에서 고대사, 특히 그리스 역사와 고전학을 강의했던 또 다른 스승 뵈크(August Boeckh)로부터 매우 뛰어난 학생이라는 평가를 받았다. 1840년 드로이젠은 베를린을 떠나 킬 대학으로 갔고, 1851년에는 다시 예나 대학으로 자리를 옮긴다. 미완성의 대작 『프로이센 정치사』 (1855~86)보다도 역사이론을 전공한 내가 보기에 더 중요한 작품은 「역사학의 백과사전과 방법론」이라는 강의의 강의록을 토대로 재구성된 『역사론』(Historik)이라는 작품이다.

부르크하르트의 입장에서 보면 가장 중요한 스승은 베를린 대학 시절 예술사를 가르쳤던 쿠글러였다. 부르크하르트에게 예술과 건축을 보는 눈을 열어주었을 뿐 아니라, 훗날 예술사에 헌신하도록 동기를 부여해준 중요한 은사였다. 나이도 열 살밖에 차이가 나지 않아 거의 친구처럼 가까이 지냈으며, 서양 예술·건축·역사 관련 서적뿐 아니라 사전류의 책을 편집하거나 출판하는 일에서도 공동작업을 해나갔다. 부르크하르트가 생전에 출판한 네 권의 책 중 마지막 책인 『근대 건축 예술사』도 따지고 보면 쿠글러가 생전에 진행하던 서양건축사 정리 작업을 계승한 산물이었다.

이념도 목표도 달랐던 인본주의자들

'동년배'군에는 토크빌, 마르크스 등이 있다.

1805년생으로 부르크하르트보다 열세 살이 많았던 토크빌은 동년배라고 하기에는 좀 그렇긴 하지만, 어쨌든 동시대에 바로 옆 나라에 살면서 비록 단 한 차례 만난 적도 없었고 서신 교류도 없었지만, 서양사학사나 서양사상사 분야에서 언제나 서로 비교되어 논의될 만큼 매우 유사한 성향을 갖고 비슷한 담론을 전개한 인물로 알려져 있다.

우선 두 사람은 당대의 현실을 날카롭게 진단하고 미래의 역사 흐름을 예견하는 데 앞장섰다. 물론 그 진단 내용이나 미래 예견의 이념적 방향은 서로 달랐지만 말이다. 우선 토크빌은 자신이 살던 시대를 민주주의와 자유주의의 시대로 정의하면서 앞으로도 미국식 또는 영국식 민주주의 모델이 그 흐름을 주도하게 될 것이라고 낙관적으로 예견했지만, 다른 한편 부정적인 모습을 띠는 혁명 자체, 몰개성화해가는 중산계급과 대중사회, 무질서와 분란으로 점철되어온 프랑스 등 자신의 국가, 사회, 시대에 대해 신랄하게 비판했다. 물론 그의 현재비판이 건설적인 방향, 즉 민주주의와 자유주의가 거의 완벽하게 실현된 사회 건설을 향한 미래지향적이고 낙관적인 비판이긴 했지만 말이다.

이에 반해 부르크하르트는 이미 보았다시피 구유럽의 고전문화를 향한 각별한 애정을 바탕으로 유럽민족끼리의 대전쟁, 폭압적인 독재를 앞세운 거대한 권력국가의 탄생, 대중사회와 대중문화의 폐해 등 미래에 대해서는 대체로 암울하고 비관적인 견해를 피력했다.

마르크스는 1818년생으로 부르크하르트와 동갑내기이다. 그러나 같은 시대 같은 독일어권 지역에서 태어나 똑같이 독일문화를 접하고 독일식 교육을 받으며 독일어로 글을 발표한 이 두 사람의 사상, 이념, 행동양식 사이에 너무도 큰 간극이 있음을 모르는 사람은 아마 없을 것이다.

결론부터 말하자면, 마르크스는 당대에 대한 비판, 특히 노동자계급의 열악한 실상을 목도하고 사회의 개조를 위해 과학적 사회주의 또는 공산주의 사상을 완성한 사람이고, 부르크하르트는 역사 연구를 통해 당대의, 또는 다가올 새로운 사회와 좌우의 극단적 이데올로기, 즉 자본주의와 사회주의 모두를 비판했던 사람이다.

마르크스의 현재비판의 출발점이 프롤레타리아 계급의 해방과 개선 등 정치영역에 있었다면, 부르크하르트의 그것은 그리스나 르네상스 시절의 화려했던 고전문화의 부흥, 즉 문화적인 곳에 두어졌다. 그 결과 전자의 목표는 극단적인 사회개혁, 즉 혁명에 있었고, 후자의 그것은 모든 파괴와 혼란, 폭력 등을 거부하고 과거의 전통과 문화를 보존하는 데 있었다. 하지만 두 사람의 현재비판과 사상의 근저에는 인본주의가 자리 잡고 있다. 비록 한 사람은 정치적인 직접 행동으로써, 다른 한 사람은 폭력적이고 파괴적인 행동의 거부로써 자신의 이상을 실현시키고자 했지만 말이다.

20세기의 부르크하르트들

'제자 또는 후배'군에는 니체, 하인리히 뵐플린, 요한 하위징아 등이 있다. 먼저 니체는 1870년 스물여섯 살이라는 젊은 나이에 바젤 대학의 고전문헌학 교수로 부임한 이래 같은 대학 정교수로 있던 부르크하르트와 지적인 교류를 했던 사람이다. 워낙 유명한 이 두 사람의 관계는, 그 자체를 테마로 파헤친 단행본 저작만 여러 권이 나왔을 정도로 학계에서 꽤나 널리 알려져 있다. 그러나 두 사람의 관계에 대한 고찰은 누구를 기준으로 잡느냐에 따라 사뭇 다르게 전개된다. 가령 니체에 초점이 맞춰진 연구는 대체로 두 사람의 지적 교류가 매우 활발했고 생산적이었던 것으로 풀어나가는 반면, 부르크하르트를 주인공으로 삼은 연구는 일반적으로 니체의 일방적인 친분 쌓기의 욕구를 부르크하르트가 적당한 거리를 두고 조정해나갔다는 식으로 펼쳐진다.

부르크하르트를 연구했던 나 또한 후자의 관점에서 볼 수밖에 없음을 전제하고 얘기하자면, 두 사람 사이의 관계는 세간에 널리 알려진 것과는 다른 측면에서 접근될 필요가 있다. 주로 니체 사후(死後) 오빠의 명성을 드높이기 위해서 많은 애를 썼던 그의 누이에 의해서 부풀려지고 과장되고 왜곡된 증언이나 기록 들의 실체는 니체에게 보낸 부르크하르트의 편지들을 잘 읽어보면 금세 드러난다.

어린 나이에 아버지를 여의고 남성이 부재했던 가정에서 자라나 일찍이 부성(父性)에 대한 욕구와 남성성에 대한 선망이 유독 강했던 니체가, 스물여섯 살의 나이 차이로 거의 아버지뻘이면서 정신을 쏙 빼놓을 정도로 자기와 유사한, 또는 매력적인 사상을 전개하던 부르크하르트에 대해 갖고 있던 감정은 상당히 남달랐을 것이다. 이 감정의 양상은 특히 니체가 처음에는 열광했지만 나중에 완전히 관계를 끊어버린 바그너에 대한 그것과 비교했을 때 극명하게 대비된다.

증언을 통해 추론 가능한, 니체가 부르크하르트에게 매료되었던 계기는 부르크하르트의 강의 「역사 연구에 대하여」였다. 바젤 대학에 부임한 지 얼마 안 된 니체는 이 강의를 청강한 후 친구 로데(Erwin Rohde)에게 보낸 편지에서 "내가 나중에 나이 들었을 때 꼭 했으면 하고 바라는 그런 멋진 강의였다"고 고백한다. 그러면서 부르크하르트에 대한 칭찬을 입에 침이 마르도록 해대면서 자신이 얼마나 훌륭한 학자, 위대한 사상가와 교류를 하게 되었는지 자랑을 늘어놓는다.

쇼펜하우어를 '우리 시대의 철학자'로 불렀던 것을 비롯해 비극적인 그리스 상, 당대에 대한 비판적 성찰 등 많은 부분에서 공감대가 형성된 부르크하르트와 니체는 실제로 학교 교정이나 시내를 산책하면서 이런저런 대화를 나누거나 편지도 주고받으며 친분을 쌓아갔다. 그러나 이건 어디까지나 드러났거나 밝혀진 현상들에 불과하고, 실제로는 적극적으로 다가가려는 니체에 반해 부르크하르트는 언제나 일정한 거리를 두었다. 부르크하르트가 그렇게 했던 가장 큰 이유는 니체를 개인적으로 싫어해서라기보다는 아마도 전통, 관습, 역사, 일상 등에서 탈피하여 거꾸로, 반대로, 전환해서 품어대는 니체의 독특한 혁신적 사유방식을 받아들이기가 무척 부담스러워서였을 것이다. 그럼에도 서로가 서로를 존중하고 인정한 점은 두말의 여지가 없다. 훗날 니체가 졸도했다는 소식을 접한 부르크하르트는 깜짝 놀라 자기도 잘 아는 니체의 절친한 친구에게 이 소식을 신속히 전해 사태를 수습하도록 도와주는데, 이로 미루어 두 사람 사이의 관계를 짐작해볼 수 있겠다.

뵐플린은 바젤 대학에서 부르크하르트의 미술사학을 계승한 후임자다. 바젤 대학 시절 부르크하르트 밑에서 미술사를 공부한 뵐플린은 빙켈만부터 이어져온 미술사 연구와 서술방식, 즉 개별 예술가들의 생몰연도에 따른 나열식 배열과 서술이 아닌, 예술 양식(스타일)에 따른 서술의 전통을 이어받아 이를 후대에 전달해준 사람이다. 자기 스승에 대해서는 높게 평가하면서도 체계적 방법 부재 등의 이유로 비판적인 거리 두기를 했으며, 그 스스로 미술사의 체계적인 연구와 서술 방법 등을 모색해나가면서 리글 등과 함께 20세기 초반 빈학파를 형성하며 예술과학의 탄생에 지대한 공을 세웠다.

하위징아는 부르크하르트 밑에서 공부한 그의 제자가 아니다. 네덜란드에서 태어났으며, 부르크하르트가 죽고 난 다음에 대학교를 다녔고, 주된 학문적 활동 시기는 20세기 전반기였다. 여기서 그를 부르크하르트와 관련된 역사가로 다루는 이유는 그가 '20세기의 부르크하르트'로 불릴 정도로, 정신과 학문, 예술 등을 강조하는 부르크하르트의 문화사학의 전통을 그대로 계승했기 때문이다. 아니, 그대로 계승한 정도가 아니라 19세기의 문화사학을 더욱 확장, 심화, 발전시켜나갔다. 따라서 그에게서는 '모든 역사는 문화사'라는 테제를 도출해낼 수 있을 정도였다.

1919년에 발표된 이후 곧바로 세계적으로 유명해진 그의 주저(主著) 『중세의 가을』도 따지고 보면 부르크하르트의 『이탈리아 르네상스의 문화』의 비판적 계승작이라고 할 수 있다. 왜냐하면 하위징아는 이미 책의 제목에서부터 암시되어 있듯이, '르네상스'를 중세로부터 단절된 근대의 시작이 아니라 오히려 중세문화의 결실기, 수확기로 해석하고 있기 때문이다. 결국 그는 부르크하르트의 독보적인 '르네상스' 개념을 비판하면서 그에 맞서 생산적인 대안을 제시하고자 했다. 이 책 외에도 그는 수많은 책과 논문, 에세이 들에서 서양역사에서의 문화적인 부분에 대한 탐구와 서술에 탁월한 역량을 발휘했다. 요컨대 하위징아는 부르크하르트 문화사의 적자(嫡子)였다.

연구자들을 유혹하는 부르크하르트의 매력들

다음은 부르크하르트에 대한 연구 경향에 대해 살펴보자. 오늘날까지 발표된 그에 대한 연구서, 연구논문 들은 너무도 방대하여 체계적이고 완벽한 연구사의 정리와 서술이 거의 불가능할 정도이다. 그 경향을 시기별로 나누어 개략적으로 살펴보기에 앞서, 먼저 부르크하르트에 대한 연구 성과들이 엄청나게 쏟아져 나온 원인이 무엇인지부터 짚어보자. 다른 말로 하면 그에게는 도대체 연구자들을 유혹하는 어떤 매력이 있는 것일까?

첫째는 그의 예언이다. 그가 했던 많은 예언들, 특히 사람들을 전율케 만들었던 것은 민족들 간의 대전쟁(양차 대전), 끔찍한 전체주의 국가들의 등장(파시즘, 나치즘, 볼셰비즘) 등 20세기 전반기에 몰아닥친 대파국에 대한 예언이었다. 이것들은 거의 한결같이 너무도 정확히 맞아떨어져 부르크하르트라는 독특한 개인에 대한 연구가 봇물을 이루는 계기가 되었다.

둘째는 19세기 유럽과 독일의 역사학계 안에서 차지하는 부르크하르트의 독특한 위치이다. 그는 여러 관점에서 국외자, 이방인, 아웃사이더의 위치를 차지한다. 당시의 학자들이 정치사를 연구할 때 그는 비주류의 문화사와 예술사를 연구했고, 다른 연구자들이 역사주의 이념과 사상에 몰두하고 있을 때 그는 그 궤도에서 벗어나 '그 자신의 역사주의' 사상을 전개했다. 또 다른 사람들이 민족통일과 독일제국 탄생에 열광하고 있을 때 당대의 권력정치, 그리고 거대한 민족국가 등의 경향을 격렬히 비판했다. 이 모든 차이는 역사와 사회를 바라보는 그의 독특한 관점과 연구방법에 기인한다. 남과 다른 사람은 주목을 받게 마련이다.

셋째는 그의 방대하고 고전적인 연구업적이다. 그의 독특한 시각과 방식에 기반을 둔 유럽사와 미술사에 대한 연구서, 논문, 에세이, 강연록, 강의록 등은 아무리 봐도 압권이다. 특히 르네상스에 대한 그의 연구가 고전으로 자리 매김되면서 고전작가의 반열에 오르게 되었고, 이 점이 그에 대한 연구를 자극하기에 충분하다는 것은 삼척동자도 알 만한 당연한 현상이다.

넷째는 역사학을 벗어난 영역에서의 그의 독특한 사상들이다. 부르크하르트가 단순히 역사가에만 머문 사람이 아니었음은 이미 이 책의 본문에서도 자세히 살펴보았다. 정치사상, 문화이론, 문학, 미학 등 역사학의 범위를 넘어서 다양한 영역에서 그 자신 특유의 사상들을 전개했다.

어쨌든 이러한 여러 가지 이유들 때문인지 부르크하르트에 대한 연구는 동시대의 다른 역사가, 사상가 들에 대한 그것들을 압도한다. 그가 죽은 뒤 줄곧 이어져온 연구 경향을 시기별로 단계를 나누어 살펴보자.

1. 제1단계: 1918년 부르크하르트 탄생 100주년을 맞이하여 학창 시절 그에게서 수업을 들었던, 이제는 노년에 이른 청강생들이 모여 그를 기념하는 회고록들을 발간하면서 그에 대한 본격적인 연구들이 시작된다. 최초의 전기(傳記), 부르크하르트 사상에서의 특정 모습들에 대한 집중 연구 등이 주류를 이룬 시기다. 살리스(A.V. Salis), 케기(W. Kaegi), 마르크바르트(O. Markwart), 트로크(Hans Trog), 요엘(K. Joël), 뒤르(Emil Dürr), 노이만(C. Neumann), 렘(W. Rehm) 등이 이 단계에서 주목되는 연구자들이다.

2. 제2단계: 1930년대 초반, 정확히는 1929년부터 1934년 사이에 모두 14권에 이르는 방대한 분량의 부르크하르트 전집이 출간되는데, 이를 계기로 그에 대한 연구는 또 한 차례 붐을 이루고, 연구 경향 또한 다양해지기 시작한다. 그에 대한 연구사에서 새로운 국면을 맞이하게 된 이 시기에 다수의 박사 학위논문과 단행본 연구서가 쏟아져 나오기 시작하고, 더불어 그의 개인적 편지들이 부분적으로 편집되어 책으로 나오면서 현재비판적 견해들, 그리고 세기적 만남으로 간주되는 그와 니체와의 관계에 초점이 맞추어진 연구 성과들이 큰 흐름을 이어간다. 더불어 그동안 주를 이루어왔던 고고학적이고 지식탐구적인 연구보다는 문제제기의 긴박성이 강하고 심도 있는 연구들이 대거 등장하기 시작한다. 도이블레(R. Däuble), 빈너스(R. Winners), 크뤼거(P. W. Krüger), 케기, 슈타델만(R. Stadelmann), 뢰비트, 마르틴(A. v. Martin) 등이 이 시기의 대표적인 연구자들이다.

3. 제3단계: 제2차 세계대전은 부르크하르트 연구에서 또 한 차례의 큰 변화를 몰고 오는 전환기에 해당한다. 종전과 더불어 시작된 연구는 특히 독일어권 지역에서 부르크하르트 사상이 독일의 패망과 자기반성을 위한 촉매제로 이용되면서 활발한 연구 붐을 일으킨다.

이 시기의 특징은, 부르크하르트를 동시대의 다른 독일 역사주의자들과의 대비 속에서 아주 긍정적으로 해석하고 수용하기 시작했다는 점이다. 이러한 부르크하르트의 고전적 상을 유도한 선구적인 글이 바로 1948년 마이네케의 강연「랑케와 부르크하르트」였다. 이 강연원고에서 마이네케는 자신의 정신적 스승을, 그동안 줄곧 마음속으로 존경해왔던 랑케에서 이제 부르크하르트로 바꾸게 되었다고 고백한다. 그가 방대한 분량의 부르크하르트 전기를 서술하기 시작한 것도 이 시기다. 쉬더(Th. Schieder), 체덴(E. W. Zeeden), 뵐플린, 벤첼(J. Wenzel), 바른케(M. Warnke), 뤼젠(J. Rüsen) 등이 주목할 만한 연구자들이다. 특히 쉬더와 체덴은 부르크하르트에 대해 수많은 논문을 쏟아낸 다산작가들이다.

4. 제4단계: 부르크하르트 작품에 대한 최초의 방대한 체계화 시도는 1974년 하르트비히(W. Hardtwig)에 의해 선도되었다. 그 이후로 연구 경향은 더

욱더 다양한 분야로 확대되었을지 몰라도 궁극적으로 새로운 관점이 제시되는 일은 거의 없이 오늘날에 이른다. 특히 1970~80년대는 독일뿐 아니라 유럽 전역에서 아날학파의 영향으로 사회경제사, 구조사, 전체사, 심성사 등이 붐을 이루면서 상대적으로 역사이론, 역사사상, 역사철학에 대한 관심이 현저히 줄어들었고, 이에 따라 부르크하르트 관련 연구도 시들해졌다. 바로 그러한 이유 때문에 부르크하르트에 대한 관심도 그동안 그의 사상, 역사 개념, 세계사의 관점, 문화사 등에서 이제는 그의 예술사학으로 넘어와 이와 관련된 연구업적들이 양산되기 시작했다.

어쨌든 '부르크하르트 연구의 르네상스'로 불릴 만큼 다양한 연구들이 양산되었던 1990년대에 비해, 2000년대 들어서는 주목할 만한 커다란 연구가 거의 눈에 띄지 않은 채 오늘에 이른다. 하르트비히, 슐린(E. Schulin), 헤프트리히(E. Heftrich), 예니히(D. Jähnig), 그로스(D. Gross), 플라이크(E. Flaig), 푸어만(H. Fuhrmann), 간츠(P. Ganz), 지베르트(I. Siebert), 예거(F. Jaeger), 그로세(J. Grosse), 귄터(H. Günther), 놀(Th. Noll) 등이 이 단계의 대표적인 연구자들이다.

최근의 연구 경향은 놀이나 그로세 등에서 보이는 바와 같이, 부르크하르트와 그의 작품들이 하나의 고전으로 자리매김된 상태에서, 기존의 연구 성과물의 대략적인 합의 아래 다른 연구 대상이나 개념과의 새로운 접목을 통한 재해석이 주류를 이룬다.

5. 한국에서의 연구경향: 국내의 연구로는 김정희(1985), 차하순(1986, 1994), 최영태(1992, 2000), 곽영호(1993, 1998), 류정아(1993), 이현애(1998), 이상신(2001), 정진(2001), 최성철(2001, 2002) 등의 논문들이 있는데, 이들의 연구는 대체로 부르크하르트의 현재비판적 관점을 바탕으로 그의 문화사학의 성격과 본질을 밝히는 데 초점이 맞춰져 있다.

주 註

부르크하르트는 어떤 사상가인가

1 이 글은 필자가 편역한 책 『혁명시대의 역사 서문 외』(책세상, 2002)의 해제 「진보와 보수의 경계에 선 '성공한 아웃사이더' 부르크하르트」에서 제1장인 「부르크하르트의 생애와 작품」을 약간 보완한 것임을 밝혀둔다.

1 모든 역사는 현재에서 출발한다

1 Johan Huizinga, *Wege der Kulturgeschichte: Studien*, trans. Werner Kaegi, München, 1930, p. 79; Arthur Marwick, *The Nature of History*, London: Macmillan, 1993, p. 6.
2 Karl Löwith, "Jacob Burckhardt: Der philosophische Verzicht auf Geschichtsphilosophie", *Der Monat 4*, 1952, pp. 606~613.
3 Friedrich Meinecke, "Ranke und Burckhardt", F. Meinecke, *Werke*, vol. VII, München, 1968, pp. 93~121. 인용은 107~108쪽.
4 프랑스의 베네딕트 수도회로 가톨릭 종교개혁 시절 프랑스 역사와 역사적 보조학문들에 대한 연구 작업, 교부들의 저술 편찬으로 유명하다.
5 밀라노의 암브로시우스 도서관 장서 관리자로, 이탈리아 고대사 연구와 관

련 문헌들의 출판을 통해 이탈리아 역사 연구의 아버지로 불린다.
6 혹자는 20세기 초의 하위징아를 그의 지적 후계자로 보아야 한다고 주장하지만, 내가 보기에 하위징아는 유럽의 문화와 예술을 사랑했던 문화사가였다는 점만이 부르크하르트와의 공통점이다. 그밖에 사상이나 철학, 관점, 이념, 방법론 등에서는 많은 차이를 보일 뿐 아니라, 유사할지는 몰라도 동일한 내용은 거의 발견되지 않는다. 최성철, 「문화로서의 역사?—요한 하위징아(Johan Huizinga)에서의 '역사'와 '문화' 그리고 '문화사'」, 『역사학보』 174, 2002, 263~291쪽을 참조할 것.

2 현대사회를 해부하다

1 Arno Baruzzi, Max Müller & Alois Halder, Art. "Zeitkritik", *Staatslexikon*, 11 vols., vol. 8, Freiburg i. Br.: Herder, 1963, p. 942.
2 적어도 독일어권 지역의 학문에 한정해서 보자면, '문화비판'(Kulturkritik)이 있다면 이론상으로 당연히 '정치비판' '사회비판' '경제비판' '예술비판' 등의 담론도 가능해야 하겠지만, 과문해서인지는 모르겠으나 아직까지 그런 용어들을 들어본 적이 없다. 다만 '예술비평'을 뜻하는 'Kunstkritik'이라는 말은 적지 않게 쓰이는 것으로 알고 있다. 마찬가지로 '현재비판'(Zeitkritik)이 있다면 이론상으로 '과거비판' '미래비판' 등도 있어야겠지만, 이들 역시도 들어본 바가 없다. '역사비판'을 뜻하는 'Geschichtskritik'이라는 용어는 아주 가끔씩 쓰이는 것으로 알고 있다.
3 전설에 따르면, 기원전 362년에 로마의 공공광장에 깊은 틈이 생겼는데, 예언자들은 그 구덩이 안에 로마에서 가장 귀한 것을 집어넣어야 메워질 것이라고 말했다. 이때 마르쿠스 쿠르티우스가 용감한 시민보다 귀한 것은 없다며 완전무장을 하고 말에 올라탄 후 구덩이 속으로 뛰어들었다. 그러자 즉시 구덩이가 메워졌다. 이 구덩이는 나중에 라쿠스 쿠르티우스라는 연못이 되었는데 기원전 1세기경에 말랐다.
4 자신의 이름을 불후의 것으로 만들기 위해 아르테미스 신전에 불을 지른

그리스의 헤로스트라토스의 이름에서 유래했다. '파괴나 범죄행위로 자신의 이름을 떨치려 하는 공명심이 강한'이라는 뜻을 갖는 형용사의 중성 명사형이다.

3 역사를 끌어가는 잠재력

1 Ernst von Lasaulx, *Neuer Versuch einer alten auf die Wahrheit der Tatsachen gegründeten Philosophie der Geschichte*(사실들의 진리에 근거한 하나의 오래된 역사철학에 대한 시론), 1856.

4 역사에서는 무엇을 위기라 하는가

1 Ernst von Lasaulx, *Neuer Versuch einer alten auf die Wahrheit der Tatsachen gegründeten Philosophie der Geschichte*, 1856.
2 프리드리히 니체, 이진우 옮김, 「반시대적 고찰 II: 삶에 대한 역사의 공과」, 『니체 전집 2권: 비극의 탄생, 반시대적 고찰』, 책세상, 2005, 314쪽.

5 역사에서는 누구를 위인이라 하는가

1 Eckhard Heftrich, *Hegel und Jacob Burckhardt: Zur Krisis des geschichtlichen Bewußtseins*, Frankfurt a. M., 1972; Eckhard Heftrich, "Historische Größe", *Historisches Wörterbuch der Philosophie*, vol. 3, Darmstadt, 1974, pp. 886~887; R. Rieks & O.F. Best, "Held, Heros", *Historisches Wörterbuch der Philosophie*, vol. 3, Darmstadt, 1974, p. 1047.
2 Georg Wilhelm Friedrich Hegel, *Die Vernunft in der Geschichte*, ed. J. Hoffmeister, 6th edition, Hamburg, 1994(1st edition: 1955), pp. 97~98.

3 토마스 칼라일, 박상익 옮김, 『영웅숭배론』, 한길사, 2005, 92쪽.
4 같은 책, 42쪽.

6 근대의 출발, 르네상스

1 『이탈리아 르네상스의 문화』의 제3부 8장의 제목.
2 Jules Michelet, "La Renaissance", 1855, in: J. Michelet, *Histoire de France*, 17 vols., Paris, 1833~1867.
3 Georg Voigt, *Die Wiederbelebung des classischen Alterthums oder das erste Jahrhundert des Humanismus*, Berlin, 1859.
4 Charles Homer Haskins, *The Renaissance of the Twelfth Century*, Cambridge, 1927; Johan Huizinga, *Herfsttij der Middleeuwen*, Haarlem, 1919; Robert S. Lopez, *Hard Times and Investment in Culture in the Renaissance: A Symposium*, New York, 1953, etc.

8 문화사, 문명을 변화시킨 거대한 정신의 역사

1 『바젤 국가문서국』, PA 133, p. 1. 다음 문헌에서 재인용함. Werner Kaegi, *Jacob Burckhardt. Eine Biographie*, 7 vols., vol. 3, Basel: Schwabe, 1949~1982, p. 693.
2 아리스토텔레스, 이병길·최옥수 공역, 『정치학』, 박영사, 1996, 16쪽.

9 '장르별 예술사'를 지향하다

1 E.H. Gombrich, "Kunstwissenschaft", in: *Das Atlantisbuch der Kunst: eine Enzyklopädie der Bildenden Künste*, Zürich: Atlantis-Verlag, 1952, p. 656.

10 역사의 연속성, 그 미래를 믿다

1 Leopold von Ranke, "Vorlesungseinleitungen", in: *Aus Werk und Nachlass*, vol. 4, ed. V. Dotterweich & W.P. Fuchs, München, 1975, p. 326.
2 이 연관에서 짚고 넘어가야 할 흥미로운 사실은, 부르크하르트가 미국인을 야만인이라 했다고 해서 미국의 잠재적 발전 가능성까지 무시했던 것은 결코 아니라는 점이다. 아니, 정반대로 영어를 미래의 세계 공용어로 지목하고, 미국과 러시아를 앞으로 우리가 상상할 수 없을 정도로 영토를 넓혀가고 엄청난 권력을 휘두를 나라로 꼽았을 정도였다. 놀랍게도 부르크하르트의 이 예견은 20세기에 들어와 사실로 입증된다.

부르크하르트를 알기 위해 더 읽어야 할 책

야코프 부르크하르트, 이기숙 옮김, 『이탈리아 르네상스의 문화』, 한길사, 2005.

저자의 역사 서술의 진면목을 접할 수 있는 대표적인 문화사 작품이다. 산업화를 통해 갈수록 복잡해져가던 도시생활에 염증을 느끼고 예술과 역사를 탐미하던 저자 자신의 이탈리아에 대한 각별한 애정의 결실이기도 하다.

여기서 저자는 르네상스기를 근대, 더 멀리는 저자가 살던 현대의 정치, 사회, 문화, 정신 등 모든 분야의 발생적 기원을 간직하는 시대로 그려내면서, 집단과 공동체를 중시하던 중세와 단절되어 개인이 자각하고 세계를 새롭게 인식하기 시작한 전환점이었다는 '르네상스'의 고전적 상을 제시한다.

'르네상스'라는 말의 어원이나 개념이 그로부터 유래한 것은 아니지만, 14세기에서 16세기까지 이탈리아에서 일었던 고전 문예부흥운동의 독특한 현상과 특징에 대해 우리가 갖고 있는 일반적 상은 바로 그의 이 작품에서 유래한다.

이 작품이 사학사적으로 중요한 이유는 단지 새로운 해석, 참신한 시각, 서술 내용에만 있는 것은 아니다. 서술 양식, 즉 문체 또한 고전으로 인정받을 만큼 뛰어난데, 이미 부르크하르트 자신이 이 작품의 탈고 후에 학창 시절의 한 스승에게 보낸 편지에서 자신이 남다른 노력을 기울였으며, 특히 문체에서 새로운 양식을 지향했음을 밝히고 있다.

비록 19세기 말부터 그의 르네상스 상에 대해 수많은 비판과 수정이 가해져, 오늘날에는 이 책의 많은 중심 테제들이 르네상스에 대한 하나의 고전적 해석 정도로 간주되고 있는 형편이지만, 역사를 전공하거나 서양사에 관심을 둔 사람이라면 누구나 읽어보아야 할 고전임에는 틀림없다.

야코프 부르크하르트, 안인희 옮김, 『세계 역사의 관찰』, 휴머니스트, 2008.

원래는 부르크하르트가 1868~69년, 1870~71년, 1872~73년 등 세 차례의 겨울학기에 행한 강의 「역사 연구에 대하여」를 위한 노트를 그의 조카 야코프 외리가 편집하여 1905년 출판한 책이다. 전부 6개의 장으로 구성되어 있으며, 어떻게 역사가 국가, 종교, 문화의 상호 작용에 따라 형성되고 진행되는지, 어떻게 역사가 위기라는 급격한 변화과정을 겪어나가는지, 어떻게 위인이라는 역사적 주체들이 역사를 만들어나가는지에 대한 고찰들로 이루어져 있다.

이 책 안에는 애초부터 역사학에 대한 입문적 내용을 기대케 하는 원저자의 본래 강의 제목과는 달리 역사 전반에 대한 이론적, 역사철학적 해석이 제시되어 있다. 당시 바젤 대학의 젊은 문헌학 동료 교수로 막 부임한 니체는 청강 후 자기 친구에게 보낸 한 편지에서 자기도 '나이 들면 해보고 싶을' 만큼 훌륭하고 멋진 강의였다고 밝히고 있다.

강의를 위해 1868년 여름에 작성된 이 원고가 실제로 원저자의 어떠한 마음 상태, 어떠한 계획, 어떠한 과정을 거쳐 완성되었는지에 대해 구체적으로 아는 사람은 아무도 없다. 그 탄생 배경이야 어떻든 이 강의록은 부르크하르트 자신이 역사와 역사학에 대해 기본적으로 어떠한 견해와 입장을 가지고 있는지를 한눈에 알아볼 수 있도록 해주는 저술이다. 그런 만큼 이 책은 전통적인 목적론적 역사철학과는 다른 의미의 역사철학을 경험해보고자 하는 사람이나 사학개론을 다루는 사람이라면 누구나 읽어보아야 할 역사이론의 필독서다.

야코프 부르크하르트, 이광주 옮김, 『역사와 역사가들』,
한벗, 1989.

부르크하르트의 강의록들 중에서 편자인 에밀 뒤르가 중요하다고 판단되는 내용들만 발췌하여 고대에서부터 혁명시대에 이르는 서양사의 전 시대를 시기별로 정리한 『역사적 단상들』(Historische Fragmente)을 번역한 책이다.

1929년부터 1934년 사이에 간행된 『부르크하르트 전집』(Gesamtausgabe)의 제7권 안에 『세계사적 고찰』과 함께 묶여 출판되었다. 전집 출판 이후에도 『세계사적 고찰』과 함께 그의 역사사상을 알아볼 수 있는 대표적인 작품으로 평가되어, 전집과 무관하게 단행본으로 나온 이후 중판을 거듭할 만큼 많은 인기를 끈 저작이다. 역사 또는 역사학과 관련하여 짤막하면서도 심오한 내용을 풍부하게 담고 있고, 현재비판가로서의 저자의 면모도 거침없이 드러나 있는 것이 특징이다.

야코프 부르크하르트, 최승규 옮김, 『루벤스의 그림과 생애』,
한명, 1999.

부르크하르트가 죽고 난 이듬해인 1898년 그의 제자였던 한스 트로크에 의해 바젤에서 출판된 그의 최후의 예술사 저작 『루벤스에 대한 회상』(Erinnerungen aus Rubens)을 옮긴 책이다. 비교적 평이한 문체로 루벤스의 생애와 작품들이 간략하면서도 주도면밀하게 분석되어 있다.

루벤스에 대한 각별한 애정은 부르크하르트로 하여금 그의 예술작품을 찬미하고 경탄하는 차원을 넘어 그의 인품과 생애까지도 애착을 갖도록 만든다. 따라서 루벤스의 예술작품에 대한 부르크하르트의 해석은, 종국에는 미학적 차원을 넘어 예술과 인격의 완전한 합일 안에서 그들의 삶 자체의 지고한 목표와 이상을 발견하고자 하는 인간적 차원으로 발전해간다.

루벤스 연구의 고전이라고 할 수 있는 이 책은 서양 예술이나 미술사, 루벤스 자신에 대해 관심이 있는 독자에게 많은 도움을 줄 것으로 기대된다.

야코프 부르크하르트, 최성철 옮김, 『혁명시대의 역사 서문 외』, 책세상, 2002.

부르크하르트의 대표 저작들 중에서 문화사학, 미술사학, 현대사학, 역사철학 등을 각각 대표하는 네 작품, 즉 『그리스 문화사』 『여행안내서』 『혁명시대사 강의』 『세계사적 고찰』의 서문이나 중요한 부분을 발췌, 번역해서 엮은 책이다. 이 책의 후반부에는 각 작품들에 대한 자세한 해제가 들어가 있는데, 부르크하르트 전반에 관심이 있는 독자라면 매우 유익한 정보들이 많이 담겨 있는 만큼 정독을 권한다.

프리드리히 마이네케, 차하순 옮김, 『랑케와 부르크하르트』, 탐구당, 1984.

부르크하르트에 대한 고전적 해석 가운데 하나다. 이 짧막한 글은 2차대전 직후인 1947년 당시 독일을 대표하는 역사가인 저자가 베를린의 독일학술원에서 행한 강연 원고다. 저자는 왜곡된 방향으로 전개되어오다 결국은 파국으로 종결된 현대 독일사에 대한 근본적 반성의 차원에서 이 강연을 행한다.

이 글에서 랑케는 개인의 자유보다 국가의 권력을 더 중시하고 정치사 위주의 역사서술을 강조하던 구시대의 역사주의를 대변하는 인물로, 부르크하르트는 세계사의 흐름에서 진보나 발전보다 단절이나 몰락을 통찰하고 예견할 줄 알았던, 그래서 '우리의 내면에' 더 가까이 서 있는 인물로 각각 묘사된다. 또한 랑케가 인간 자신보다는 역사를 중시했던 역사가였다면, 부르크하르트는 역사보다 인간 자신을 더 소중히 여길 줄 알았던 역사가로 각각 기록된다.

부르크하르트의 본질이 랑케와의 대비를 통해서 아주 간단명료하게 표현되어 있는 만큼, 19세기 독일어권 사학계를 대표하는 이 두 역사가에 대해 개괄적으로 알고 싶어하는 사람은 그 어디서도 이만한 글을 찾아볼 수 없을 것이다.

차하순, 정동호 공저, 『부르크하르트와 니이체』, 서강대학교출판부, 1986.

바젤 대학의 동료 교수라는 끈으로 이어진 19세기 지성계의 두 대가 사이의 교류와 친분은 이미 20세기 초반부터 여러 학자들의 주목을 끌어온 흥미로운 주제다. 비록 26년이라는 연령 차이에서만이 아니라 세계관과 기질, 성향 등에서의 미묘한 차이 때문에, 적극적인 관계를 원했던 니체와는 달리 항상 일정한 거리를 유지하고자 했던 부르크하르트에 의해 두 사람이 결코 친밀하고 밀접한 관계로까지 발전한 적이 없었다는 점이 의외로 자주 간과되긴 했지만 말이다.

결국 우리 학계에서도 해당 분야의 두 전공자들이 이 주제에 천착하여 내놓은 역작이 바로 이 책이다. 상당히 밀도 있고 심도 있게 정리된 부르크하르트와 니체 각각의 정신과 학문 세계와는 달리, 정작 두 지성인 사이의 정신적 교류 내용이 기대했던 만큼의 양과 질을 갖고 있지 못하다는 한계가 있음에도, 이만한 연구서가 우리 학계에 이미 80년대에 나올 수 있었다는 것은 대단한 일이 아닐 수 없다. 이 분야의 프랑스 전문가인 샤를 앙들레(Charles Andler)의 「니체와 부르크하르트」의 번역이 책 후반부에 양념으로 실린 것도 독자들의 입맛을 돋운다.

칼 뢰비트, 이석우 옮김, 『역사의 의미』, 탐구당, 1990.

19세기까지의 서양의 대표적 역사철학자들을 해석한 저술이다. 부르크하르트부터 시작하여 아우구스티누스에 이르는 인물들의 사상을 시대 역순으로 분석해나간 것이 특징이다. 저자는 이 모든 이들의 역사철학이 궁극적으로는 역사신학(Geschichtstheologie) 또는 신정론(Theodizee)이라는 사상의 기본 구조를 갖고 있었다는 점을 밝혀나간다. 즉, 기독교가 지배적이던 중세를 지나 근대에 들어와 삶의 모든 영역이 세속화되면서 역사철학도 역시 이러한 흐름에 편승할 것으로 기대되었지만, 실제는 기독교적 관점으로부터 전혀 자유롭지 못했다는 것이 저자의 핵심 테제다.

이러한 개념틀로써 분석해나간 저자가 부르크하르트를 그 마지막 인물로 선정한 것은 여러 가지 점에서 매우 의미심장한 일이다. 즉, 한편으로는 그를 역사신학과 세속화의 경계에 선 인물로, 또 한편으로는 기독교로부터 벗어나는 출발점에 선 인물로 이해하고 있기 때문이다. 그 관점의 타당성 여부를 떠나 여러 작품에서 그에 대해 탁월한 해석을 시도해온 저자의 부르크하르트에 대한 역사철학적 시각을 알아보는 것은 매우 유익한 일이다.

허버트 슈네델바흐, 이한우 옮김, 『헤겔 이후의 역사철학』, 문예출판사, 1986.

19세기 독일어권 역사가 및 역사사상가에 대한 비교적 짤막한 해석서이다. 헤겔 이후의 역사사상의 주된 흐름을 역사주의로 묶어 이해한 저자는 랑케, 부르크하르트, 니체, 드로이젠, 딜타이, 빈델반트, 리케르트 등의 역사에 대한 접근 태도, 인식 경향, 연구 방법 등을 해당 인물의 핵심 사상을 중심으로 간략히 분석해나간다.

이 책의 의도는 결국 19세기 독일 역사주의의 문제섬을 개괄하고 그 극복을 위한 대안 제시가 가능한지의 여부를 검토해보는 데 있다. 비록 분석과 서술의 압축화와 단순화로 각 인물들에 대한 전체적 고찰과 평가가 결여되어 있고, 저자의 전공이 철학이다 보니 접근방식이 지나치게 철학사적으로 경도되어 있다는 한계는 있지만, 해당 인물들의 역사사상과 역사주의적 사고의 문제들이 비교적 명쾌하게 제시되어 있다는 장점이 있다.

헤이든 화이트, 천형균 옮김, 『19세기 유럽의 역사적 상상력 —메타역사』, 문학과지성사, 1991.

포스트모던 역사가이자 미국 지성사가인 저자가 19세기 유럽의 대표적 역사가들을 역사서술의 특징적 경향별로 나누어 분석한 책이다. 역사가 예술이냐 과학이냐, 문학에 가깝냐 철학에 가깝냐의 해묵은 논쟁과 질문 자체를 유려한 필치와 탁월한 해석으로 무력화시키고 있다. 그 모든 것을 아우르는 역사가 그래도 결국은 예술이자 문학에 가깝다는 입장에 선 저자는 19세기 역사가들과 역사철학자들의 서술 경향을 로망스, 희극, 비극, 풍자, 은유, 환유, 제유, 아니러니 등 문학비평의 개념별로 정형화시켜 분석해나간다.

자칫 도식화로 빠질 수 있는 이러한 접근방식에 문제점이 없는 것은 아니지만, 해당 인물의 특징을 한눈에 알아보는 데는 이만한 서술을 찾아보기 힘들다. 특히 주변의 지적인 환경과 조건 아래서 어떻게 자신의 독특한 사상을 전개시켜나갔는지를 보여주는 부르크하르트에 대한 장(章)은 주목할 만하다.

정항희 편저, 『서양 역사철학 사상론』, 법경출판사, 1993.

역사철학사를 주제로 한 국내의 대표적 문헌이다. 서양의 역사사상 또는 역사철학의 역사를 고대 그리스 이오니아학파의 자연철학자들부터 현대의 토인비에 이르기까지 쭉 훑어내린 방대한 저술이다. 부르크하르트의 역사철학을 그 전체의, 또는 당대의 역사 안에서 경향적으로 이해하는 데 도움을 준다.

부르크하르트를 이해하기 위한 용어 해설

* 각 용어 해설 끝에 있는 숫자는 본문의 쪽수를 뜻한다.

국가(Staat) 부르크하르트에게서 국가란 한 민족이 정치적으로 결합된 형태, 즉 '한 민족의 정치적 통합체'를 말한다. 국가의 정당성은 스스로 '폭력'에서 '권력'으로 바뀌었을 때 입증된다. 또 다른 관점에서는 국가란 '개인들의 이해관계가 완전히 포기된 형태의 정치공동체'로 정의된다. 다시 말해 개인들의 이해관계를 비롯해 그들의 권리나 힘까지 모두 취합한 다음, 그들 사이의 힘을 서로 균등하게 상쇄시켜버리는 것이 국가라는 것이다. 그리고 19세기 사상가답게 부르크하르트는 국가를 사회와 구별한다. 그에게서 국가가 정치적인 것이 실현되는 영역이라면, 사회는 도덕적이거나 관습적인 것이 실현되는 장소로 이해된다. 그 점에서 사회를 경제적인 것이 실현되는 장으로 이해했던 헤겔과는 구별된다. 98, 101, 104, 106, 107, 131, 262

대중 전제정(大衆專制政, Massendespotismus) 부르크하르트가 1848년 3월 혁명 전후로 쓴 편지에 가끔씩 등장하는 용어다. 민중들이 흥분해서 반란이나 혁명을 일으킬 때 일으키고 나서 얼마나 폭력적이고 독재적으로 변해가는지를 설명하기 위해, 혁명 열기에 사로잡힌 친구들에게 보낸 편지에서 충고 또는 경고의 의미로 사용했던 개념이다. 19세기에 그 어느 선구적인 사상가에서도 그 유례를 찾아보기 힘든 독특한 이 조합어는 말 그대로 대중들이 권력을 잡게 되면 나타날 수 있는 현상에 대한 경고 이상의 뜻은 없어 보인다. 74, 75

르네상스(Renaissance) 그 자체로는 '부활' 또는 '재생'이라는 뜻의 프랑스 말이다. 역사용어로는 14세기부터 16세기에 이르는 동안 이탈리아에서 시작해 북유럽으로 확산되어간 고대 그리스 로마의 문예 또는 원시 기독교 문화를 복원하고자 하는 문화운동을 일컫는다. 이에 대한 연구는 르네상스 시기 이래 있어왔지만, 활발하고 본격적인 연구가 이루어진 것은 19세기에 들어와서였다. 그중 대표적인 역사가가 바로 부르크하르트였다. 그는 다른 역사가들과 달리 최초로 르네상스의 본고장인 이탈리아에 주목하고, 거기에서 비롯된 여러 문화현상들에 대해 상세히 연구하여 그 결과물을 1860년 『이탈리아 르네상스의 문화』라는 책으로 발표했다. 이 책에서 부르크하르트는 르네상스의 여러 특징을 개인주의의 발전, 고대의 재발견, 인간과 세계의 발견, 중세와의 단절과 근대의 출발점 등으로 특징지었다. 이 고전적 르네상스 상은 일부 수정되었음에도 불구하고 큰 틀에서는 오늘날까지 이어지고 있다. **205, 207, 218, 225, 226, 232, 244**

무역사(Geschichtslosigkeit) '역사가 없는 상태', 또는 더 정확히 표현하면 '역사에 대한 기록이 없는 상태'를 말한다. 부르크하르트에게서 무역사는 곧 야만이었고, 야만은 곧 무역사였다. 뒤집어서 말하면, 그에게서 역사는 '문화' 또는 '문명'을 의미했다. 과연 그런지의 여부는 문화의 기록을 야만의 기록으로 보았던 베냐민 이래 여전히 논란거리이지만, 적어도 19세기까지만 해도 그런 종류의 생각은 결코 드문 것이 아니었다. 흥미로운 것은 부르크하르트의 눈에 역사를 가지고 있지 않은 미국이 교육받은 문명인들로 구성된 나라였고, 따라서 미국인들이 그의 눈에는 '교육받은 야만인'으로 비쳐졌다는 것이다. 이런 역설이 성립한다면, 반대로 홀로코스트를 자행한 나치 시대의 독일인들처럼 나름의 유구한 역사를 가진 민족이 끔찍한 만행을 저질렀을 때, 우리는 그들을 '야만적인 교양인'이라고 불러야 할까. **357, 358**

문화(Kultur) 다른 대부분의 사상가들에게서와 마찬가지로 역시 부르크하르트에게서도 매우 복합적이고 다양한 측면이 모두 고려되어 있기 때문에 가장 파악하기 힘든 개념이다. 그래도 거칠게라도 요약해보자. 부르크하르트는 문화를 크게 세 가지 관점에서 정의하는데, 첫째, 그것은 '상태' 개념으로서 '정신의 발전들의 전체 총합'으로 정의된다. 둘째, '비판' 개념으로서 그것은 수정과 해체를 통해 끊임없이 두 개의 안정적인 포텐츠(국가와 종교)에게 영향을 미치고 그 둘을 끊임없이 비판하는 것으로 정의된다. 셋째, '과정' 개념으로서 그것은 그 자신의 '최후이자 최상의 단계인 학문, 특히 철학에서 순수한 성찰로 변화되는 수백만 개의 얼굴을 지닌 과정'으로 정의된다. 이 모두를 종합해서 한마디로 비유하자면, 문화는 하드웨어로서의 국가나 종교(교회)에 맞서 자유롭게 존재하고 기능하는 소프트웨어인 셈이다. 75, 85, 119, 129, 131, 270

속물근성(Philistertum) 19세기 시민사회에서 문화와 예술에 대한 조예도 깊지 않으면서 상업적으로, 또는 과시욕으로 문화 교양시민으로 자처하는 인간을 가리켜 부르크하르트는 속물(Philister)이라고 불렀다. 이들은 돈으로 구매한 예술품을 집에 소장하면서 손님들이 오거나 하면 자랑삼아 보여주곤 했는데, 부르크하르트는 이런 부류의 사람들을 혁명이나 반란 때 예술품을 파괴하는 프롤레타리아보다 진정한 예술의 발전에 더 큰 악영향을 미치는 부류로 간주했다. 예술을 상품화 또는 상업화시킨다는 이유에서다. 그러한 문화속물들이 보인 행태가 바로 속물근성이다. 86, 87

연속성(Kontinuität) 부르크하르트가 역사를 정의할 때 거의 언제나 등장하는 핵심 용어들 중의 하나다. 그는 역사를 기본적으로 연속성의 관점에서 바라보았다. 그에게서 역사는 정신의 연속성이었다. 그에 따르면, 고대부터 현대까지 서구문명의 정신과 교육은 면면히 이어져 내려온다. 즉 고대 그리스의 고전문화는 헬레니즘 시대를 거치면서 로마에 의해 계승되었는데, 바로 이 로마의 헬레니즘화가 곧 서양 문명의 뿌리가 되고, 그것은 유럽이 형성되었던 중세에 게르만 족에게 전해졌으며, 이것은 다시 르네상스와 근대를 거치며 현대에 이른다는 것이다. 이러한 연속 또는 구성으로서의 고전적 역사 개념은 불연속 또는 단절로서의 현대적, 포스트모던적 역사 개념과 극명하게 대비된다. 122, 245, 357, 358

예술(Kunst) 문화보다는 좀 낫다고 하지만, 그래도 그것 못지않게 복잡하고 다양하게 정의된, 그리고 그 어느 분야보다도 부르크하르트에게서 특별한 의미를 지닌 영역이다. 그는 우선 예술을 학문과 구별한다. '예술은 원래 있던 사실을 수집하고 연구하고 재구성하는 분야인 '학문'과 다르게 새로운 세계를 창조하는 독립적인 영역이라는 것이다. 또 예술은 학문을 비롯한 다른 문화영역과 달리 이상적인 것을 추구할 뿐 아니라 영원히 지상에서 사라지는 법이 없는 불멸의 것이다. 마지막으로 예술은 지상의 그 어떤 대상이나 영역의 압력과 조건으로부터 벗어나 있어 타자와 심지어 자기 자신으로부터도 자유롭고 해방된 영역이다. 그래서 부르크하르트는 예술을 '능력이요 권력이며 창조'라고 정의한다. 그래서 나중에는 '어떤 신적(神的)인 것'으로 이상화시킨다. 부르크하르트적 문화 개념 안에서 최고의 요소가 바로 예술이었다. **90, 302, 303, 308, 319**

위기(Krisis) 부르크하르트가 즐겨 사용하는 용어 중 하나다. 그 단어를 특별히 좋아해서라기보다 자기가 살던 혁명시대를 바로 위기의 시대로 인식했고, 그에 대해 많은 비판을 가하다 보니 그리 되었던 것 같다. 역사용어로, 또는 역사이론으로 한정했을 때, 그에게서 '위기'란 바로 1789년에 발발한 프랑스혁명이었다. 아니 더 정확히 표현하면, 프랑스혁명을 통해서 드러난 모든 현상들을 바로 위기라고 보았다. 그의 '역사위기론'(부르크하르트 자신의 용어로는 '폭풍론'(Stumlehre))도 바로 프랑스혁명을 모델로 구성되었다. 역사상 모든 위기의 전 과정과 각 과정의 특징들을 바로 프랑스혁명을 전범으로 삼아 펼쳐 보이고 있기 때문이다. **137, 139, 140, 144, 148, 152, 157, 163, 184**

위인(der Große) 부르크하르트는 역사적 위인에 대해 이론적 형태의 사유를 전개한 19세기의 몇 안 되는 역사가 중 한 사람이다. 그러나 정치사가도 아닌 문화사가였던 그가 역사상의 위인들에 대해 언급했다는 것 자체가 뜻밖이다. 그래서 그런지 그가 이 주제에 대해 심도 있는 담론을 펼쳤다는 사실을 아는 역사가는 별로 많지 않다. 그에 대한 연구도 거의 없는 편이다. 물론 그가 문화상의, 또는 예술상의 위인들만 다루었던 것은 아니다. 그에게서 '위인'이란 그 아니면 안 되는 일을 행한 사람이다. 그래서 그 외에 어떤 인물로도 대체가 불가능한 바로 그런 사람이다. 대체 불가능한 유일무이한 인간, 그가 바로 부르크하르트적 위인이었다. 그 없이는 이 세계가 우리가 알고 있는 것처럼 그렇게 되지 않았을 것이고, 따라서 오직 그를 통해서만 이 세계와 역사가 이해 가능한 그런 인물이라는 점에서, 부르크하르트에게서 위인이란 역사를 이해하도록 해주는 창(窓)이다. **169, 170, 173, 184, 193, 194, 198**

전형(Typus) 부르크하르트는 'Typus'(전형)라는 명사보다는 'typisch'(전형적)라는 형용사형에 정관사 'das'를 붙인 명사형 'das Typische'(전형적인 것)를 더 자주 사용했다. 그는 역사의 목적이, 반복하면서 전형화되어가는 인간 삶의 모습을 보여주는 데 있다고 보았다. 반복하는 것, 그러면서 전형적으로 되어가는 것, 그 경험으로부터 변하지 않은 인간의 지혜를 얻는 것, 바로 이것이야말로 그가 역사를 연구하는 최대의 이유였다. **42, 43, 60, 278**

종교(Religion) 부르크하르트는 종교를 '인간의 영원하고 파괴될 수 없는 형이상학적 욕구'로 정의했다. 일반적 의미의 종교가, 유한한 존재로서의 인간이 무한한 능력을 가진 초인간적 존재에 기대어 고민, 질병, 죽음 등 불안한 요소들을 극복하려는 시도로 이해될 수 있다면, 이때 초월적 존재로서의 신(神)은 종교와 뗄 수 없는 관계에 있는데, 바로 이 신에 의지하려는 마음, 즉 인간의 '형이상학적 욕구'를 부르크하르트는 종교로 본 것이다. 그러면서 그는 종교가 인간의 완전히 초감각적인 보완, 즉 인간이 스스로에게 줄 수 없는 모든 것을 재현해준다는 점에서 위대하다고 설파했다. **70, 111, 115, 132, 290, 308**

포텐츠(Potenz) 말 그대로는 '잠재력'이라는 뜻이다. 그러나 부르크하르트에게서 포텐츠는 잠재력보다는 '역사를 구성하고 유지시키는 힘'이다. 따라서 이 말을 원래의 뜻으로 번역해놓으면 아무도 그 진정한 뜻을 이해하지 못할 것 같아서 본문에서도 그냥 발음 나는 원어 그대로 '포텐츠'라고 썼다. 그리고 포텐츠를 중심으로 펼쳐진 이론이 바로 '포텐츠론'이다. 부르크하르트는 포텐츠로 '국가, 종교, 문화' 등 세 개를 꼽았다. 이들은 모두 우리의 삶을 구성하는 영역들이지만, 그 자체로는 모두 추상적이어서 겉으로 드러난 힘으로 인식하기는 쉽지 않다. 아마도 그래서 부르크하르트도 잠재력이라는 표현을 쓰지 않았나 싶다. 그는 역사를 구성하고 유지시켜주는 이들 세 개의 힘들이 각각 기능을 하기도 하지만, 하나가 다른 두 요소들에 영향을 주고받으며 상호 작용을 한다고 생각했다.   38, 97, 120, 133, 135

부르크하르트에 대해 묻고 답하기

1. 부르크하르트는 왜 역사를 전공하게 되었나?

부르크하르트는 원래 처음 2년 동안은 목사였던 아버지의 뜻에 따라 바젤 대학에서 신학을 공부했다. 그러나 공부를 해나가는 동안 현재를 이해하는 열쇠로서 과거에 대한 지식이 중요함을 깨닫고 역사로 전공을 바꾸어 당시 유명한 역사가 랑케가 있던 베를린 대학으로 적을 옮겨 역사학을 전공하게 되었다.

2. 부르크하르트가 이탈리아 르네상스를 연구하게 된 동기나 계기는 무엇인가?

부르크하르트는 고등학교 시절 친구들과 함께 처음 이탈리아 여러 지역을 여행한 후, 당시 산업화되고 도시화된 여타 유럽 국가들에 비해 과거의 화려한 유적이나 유물, 농촌의 전원적 모습 등이 그대로 남아 있던 이탈리아에 대해 굉장한 호감을 갖게 되었다. 대학 졸업 후에도 시간만 나면 여행 가방을 꾸려 이탈리아를 방문해 몇 달 또는 몇 년씩 눌러앉아 생활했을 정도였다. 그러다 이탈리아 르네상스와 관련된, 또는 그 당시에 작성된 몇몇 핵심 문헌들을 접하게 되었고, 그에 대한 연구를 결심하고 박차를 가해 관련 자료들을 수집하고 기록하고 하다가 그것이 결국 1860년 책으로 결실을 맺게 되었다. 흥미로운 점은 부르크하르트가 생전에 발표했던 네 권의 책은 모두 이탈리아와 관련된 것이었다. 그만큼 이탈리아를 좋아했다는 뜻이다. 그가 르네상스를 연구했던 것도 따지고 보면 이탈리아와 이탈리아 역사에 대한 유별난 관심과 애정에서 비롯되었다고 볼 수 있다. 다만 '하필이면 왜 르네상스 시기인가?'에 대한 의문은, 그가 이 시기를 자신이 속해 있던 현재, 즉 근대(modern age)의 출발점으로서 의미를 갖는다고 보았기 때문으로 풀이된다.

3. 부르크하르트의 르네상스 연구가 고전이 된 이유는 무엇인가?

백문이 불여일견이라고 한번 직접 책을 읽어보는 것이 가장 좋은 답이 될 것이다. 흔히 고전을 누구나 알지만 아무도 읽지 않는 책이라고들 말하는데, 요즘은 좀 심하게 표현해서 아무도 모르고 아무도 안 읽는 책이 고전인 듯싶다. 부르크하르트의 르네상스 책을 고전으로 분류한 사람은 학자들이라기보다 그 책을 사다 읽어본 일반 교양시민들일 것이다. 만일 이 질문을 안 그래도 하고 싶어했는데 마침 있어서 좋아한 사람이 있다면, 다른 것은 다 두고라도 전체 6개의 부(部)로 되어 있는 이 책에서 '인공물로서의 국가'라는 제목 아래 정치사를 다루고 있는 제1부와 '관습과 종교'라는 제목 아래 사회사를 다루고 있는 제6부를 직접 읽어본다면 이 책이 왜 고전인지에 대한 의문은 저절로 풀릴 것이다. 성공적인 고전독서를 기원한다!

4. 부르크하르트가 추구했던 문화사의 성격과 특징은 무엇인가?

부르크하르트의 문화사를 한마디로 정의하면 인간, 정신, 언어, 문학, 학문, 생활 등 각종 문화 요소들을 담고 있는 역사이다. 그중에서 가장 중요한 것이 고전적 문화사학의 대변자답게 '정신'이었다. 그래서 그의 문화사를 정신사, 이념사, 사상사 등으로 좁혀서 이해하는 사람들도 있다. 그러나 그것은 틀린 말이고, 진짜 내막을 보면, 르네상스 책을 봐도 알 수 있듯이 위에서 말한 문화 요소들이 다 들어가 있다. 심지어 오늘날 신문화사에서 취급되고 있는 일상생활의 모습, 여성과 젠더, 화장과 위생, 범죄와 도박 등도 언급된다. 물론 집중조명의 형태보다는 스쳐지나가듯 다루고 있다는 한계가 있긴 하다.

5. 부르크하르트가 연구했던 예술사는 어떤 것을 테마로 하고 있나?

주로 이탈리아의 예술을 많이 다룬 편이다. 책이나 강의 제목 중에는 이탈리아 예술을 테마로 한 것이 가장 많기 때문이다. 하지만 그가 바젤 대학에서 했던 강좌 중에는 「고대의 예술」「중세의 예술」「기독교 예술의 고고학」「기독교 건축예술」「회화의 역사」「교회건축사」「건축미학」「조형예술의 미학 개론」 등이 있는데, 이로 미루어 그의 예술사에 대한 관심은 상당히 다양한 분야에 걸쳐 있었던 것 같다.

6. 부르크하르트는 왜 결혼하지 않고 평생을 독신으로 살았나?

아주 개인적인 사생활의 영역이니 자세히는 알 수 없지만, 사람들은 그가 거의 유일하게 사랑했던 여성 마르가레테 슈텔린이 1849년 바젤의 어느 은행가와 결혼하자, 이 험난한 시대에 가정을 꾸리고 자식을 낳아 기르며 산다는 것이 얼마나 끔찍한 일인지 절감하고 두 번 다시 결혼 생각을 하지 않고 평생 독신으로 살았을 것이라고 추측한다. 역설적이지만, 아마도 그랬기에 그 엄청나고 탁월한 학문적 업적을 생산한 것처럼 보이지만, 또 반드시 그렇지만도 않은 것이 랑케는 결혼을 했음에도 부르크하르트보다 더 많은 업적을 남겼기 때문이다.

7. 부르크하르트가 자신이 살던 시대를 그렇게 격렬히 비판했던 이유는 무엇인가?

여러 이유가 있겠지만, 그중 가장 큰 것이 국가와 사회, 사람들의 일상이 점점 삭막해져가는 것에서 위기의식을 느꼈기 때문이다. 그 본질을 폭력적이라고 보았던 평민 대중이나 하층민들이 정치적으로 참정권 등 많은 권리를 요구해가는 것도 불안해했다. 또 산업화와 더불어 등장한 산업자본주의 사회에서 모든 것, 특히 정신적인 내용을 담고 있어 소중하게 다루어져야 할 문화적 유산과 창조물 들이 돈이나 상품으로 거래되는 것에 염증을 느꼈던 것 같다. 구유럽의, 특히 그리스와 르네상스 시대의 예술품들에 대해 각별한 애착을 갖고 있던 그로서는 19세기의 상업화되고 대중화되어가는 사회와 문화가 견디기 힘든 부분으로 다가왔을 것이다. 바로 그 때문에 어떤 때는 굳이 그러지 않아도 될 것 같은 곳에서도 지나치게 비판하거나 거부반응을 보이기도 했다.

8. 부르크하르트가 평생에 걸쳐 발표한 책은 왜 네 권밖에 되지 않았나?

부르크하르트에 대해 잘 모르는 사람들이 꼭 하는 질문이다. 생전에 그가 세상에 발표한 글이 그 정도이고, 나머지 미발표된 강의록, 강연록 등은 이루 헤아릴 수 없이 많다. 그렇게 해서 일부 나온 전집만 모두 10여 권이니, 현재 바젤 국립문서국에 잠자고 있는 그 전체가 편집되어 출간된다면 대략 40~50권은 족히 될 것이다. 그밖에 이미 개인 편지글만 해도 10권 분량으로 나와 있다. 그를 소산작가(小産作家)라 부를 근거는 어디에서도 찾아볼 수 없다.

9. 부르크하르트가 문화사와 예술사 이외의 분야에서 강의나 연구를 한 적은 없나?

당연히 있다. 그가 주로 문화사나 예술사를 강의하거나 연구했다는 것이 다른 역사학 분야를 전혀 강의하지 않았다거나 연구하지 않았다는 뜻은 아니다. 일반사, 특히 정치와 관련된 역사는 당시 관례대로 강의도 많이 했고 연구도 많이 했다. 가령 그가 했던 강의 목록 중에는 중세사, 근대사, 혁명시대사 등 일반사가 많은 수를 차지한다. 다만 그의 대표적 강의나 연구가 문화사나 예술사였던 것은 분명하다.

10. 부르크하르트가 오늘날 역사학에 미친 영향은 무엇인가?

참 어려운 질문이다. 부르크하르트를 전공한 필자 같은 사람이야 당연히 많다고 답하겠지만, 그렇지 않은 경우에는 전혀 또는 거의 없다고 잘라 말하는 사람들이 꽤 있으니까. 그를 그저 고전적이고 보수적인 학자로 치부하면서 말이다. 위의 문화사학 질문에 대한 답변에서도 일부 언급했듯이, 부르크하르트는 관찰과 해석 여하에 따라 현대 역사학, 특히 신문화사 영역에 적지 않은 영향을 미친 역사가로 간주될 수 있다.

그 영향관계를 구조(개념), 내용(주제), 형식(방법) 등 세 부분으로 나누어 관찰해보자. 먼저 당연한 얘기가 되겠지만, 신문화사는 고전적 문화사가 없었다면 나올 수 없는 분야이다. 오늘날 문화사학 탄생에 간접적 영향을 준 셈이다. 다음으로 이미 본문의 포텐츠론에서 언급했듯이 부르크하르트는 문화 자체를 매우 포괄적으로 이해하고 정의한 몇 안 되는 19세기 사상가들 중 한 사람이다. 인간과 정신을 중심에 두긴 했지만, 그의 문화사도 오늘날의 일상사나 미시사, 역사적 인간학과 역사적 문화과학에서 다루는 내용과 같은 나름대로 다양하고 복잡한 현상을 모두 포괄하고자 노력한 흔적이 많이 엿보인다.

마지막으로 부르크하르트는 자신의 역사학 전체, 특히 문화사학에서 종적인 방법, 즉 연대기적 방법을 지양하고 횡적인 방법, 즉 이른바 공시적 접근법이라고도 할 수 있는 문화사적 방법을 고안해내어 사용했다. 이러한 방법은 연구만이 아니라 서술에서도 반영되어, 해당 시기의 문화적 모습을 파노라마식으로 쭉 펼쳐놓고 재현하는 방식을 취하는데, 이 점은 신문화사를 포함해 오늘날의 역사학에 적지 않은 영향을 주게 된다.

11. 부르크하르트의 후계자는 누구인가?

부르크하르트에게 관심이 좀 있는 역사학 전공자들이 꼭 하는 질문이다. 본문에서 밝혔듯이, 부르크하르트 예술사학의 후계자, 즉 바젤 대학의 예술사 교수직의 계승자는 그가 키워냈던 제자 하인리히 뵐플린이다. 반면 일반사나 문화사의 계승자는 공식적으로 알려진 사람이 없다.

이런 현상이 나타난 이유는 부르크하르트가 1886년부터 건강상의 이유로 바젤 대학에서 일반사나 문화사 강의를 접고 예술사 강의만 맡았다는 사실 외에도, 특별히 일반사나 문화사 분야의 제자를 키워냈던 흔적을 거의 찾아볼 수 없기 때문이다. 그의 일반사나 문화사의 간접적 계승자로는 흔히 고전적 문화사의 최후 주자이자 '20세기의 부르크하르트'로 일컬어지는 네덜란드의 문화사가 요한 하위징아를 꼽는다.

12. 당시 바젤 대학에 함께 재직했던 부르크하르트와 니체의 관계는 어떠했나?

같은 대학의 동료 교수로서 산책을 하며 담소를 나누고 편지를 주고받는 정도의 지적인 교류는 있었지만, 그것을 넘어서 '친구'라고 불릴 만큼 친밀한, 또는 허물없는 관계로까지 발전한 적은 없다. 적어도 부르크하르트의 입장에서 보았을 때 그렇다는 것이다. 20대 중반에 바젤 대학 교수로 부임하자마자 청강했던 부르크하르트의 「역사 연구에 대하여」라는 강의에 푹 빠진 니체는 부르크하르트에게 단순히 동료 교수를 넘어선 감정을 가지고 있었던 것으로 보인다. 더구나 어린 시절 아버지 없이 자란 니체는 바그너에게서와 마찬가지로 부르크하르트에게서 일종의 부정(父情)을 느끼고 싶어했을지도 모르는 일이다.

그러나 부르크하르트는 니체의 이러한 접근에 언제나 적절한 거리를 두며 그를 대했다. 더구나 니체는 오늘날의 포스트모더니즘의 선구자로 해석될 만큼 날이 갈수록 상당히 진보적이고 혁신적인 사상을 전개했기 때문에 부르크하르트로서는 이런 사상을 가지고 접근해오는 그가 대단히 부담스러웠을 것이다. 그러나 이 두 사람이 세기적 만남이라고 불리기에 손색이 없을 정도로 학문적으로나 인격적으로 생산적인 교류를 했던 것은 분명하다.

13. 부르크하르트는 몇 살까지 살았나?

79세까지 살았다. 90세를 넘어서까지 살았던 랑케나 마이네케에 비하면 약간 일찍 죽은 편이지만, 그래도 역사가들은 장수하는 경우가 많았다. 19세기와 20세기의 유명한 역사가치고 오래 살지 않은 사람이 드물 정도다. 그래서 한때 '오래 살고 싶거든 역사학을 전공하라'는 문구가 인구에 회자된 적도 있다. 그 이유가 어디에 있는지는 아무도 모른다. 추측건대, 아마도 곧 과거가 될 현재의 모습들을 지속적으로 볼 수 있으려면 좀더 오래 살아야 한다는 의지가 작용했기 때문이 아닐까. 여전히 풀리지 않는 의문은 그 둘 사이의 인과관계이다. 역사가라서 오래 사는 것인지, 오래 살 기질이 있어서 역사를 전공하게 된 것인지, 알 길이 없다.

14. 오늘날 우리는 왜 부르크하르트를 읽어야 하나, 그를 읽으면 좋은 점이 무엇인가?

부르크하르트 자신이 했던 말처럼 많은 지혜를 얻을 수 있다. 그는 단순히 역사가에 머문 사람이 아니다. 학자, 역사가를 넘어 우리에게 수많은 생각거리를 안겨준 사상가였다. 사상도 단지 역사 분야에만 한정되지 않고 그것을 기본으로 더욱 확장시켜 정치, 사회, 문화, 예술, 종교 등 인간 삶의 거의 전 영역에 걸쳐 매우 독특하고 풍부한 사상을 전개한 사람이다. 읽어둬서 나쁘지 않은 정도가 아니라 반드시 읽어야 할 사상가임에 틀림없다. 단지 교양을 넓히기 위해서가 아니라 삶의 지혜를 배우기 위해서라도 말이다.

부르크하르트에 대한 증언록

"어제 저녁에 나는 무엇보다 자네에게 허용됐을지도 모르는 즐거움을 만끽했다네. 야코프 부르크하르트는 '역사적 위대함'에 대해서 자유로이, 그것도 완전히 우리가 공유하는 생각과 느낌을 가지고 강연했다네. 비록 진리를 왜곡하는 것은 아니어도 진리에 대해 약간 침묵하는 경향은 있었네만, 이 중년의 아주 독특한 남자는 다정한 산책길에서 쇼펜하우어를 '우리의 철학자'라고 불렀지. 일주일에 한 시간짜리인 역사 연구에 대한 그의 강의를 듣고 있는데, 아마도 나는 수강생 60명 중에서 무언가 예사롭지 않은 곳에서 간간이 꺾이거나 휘어지는 부분들을 갖는 심오한 생각들을 이해하는 유일한 사람이 아닐까 믿고 있다네. 나는 처음으로 하나의 강의에서 만족감을 얻었는데, 나도 늙어서 할 수 있었으면 하고 바라게 되는 그런 강의였네."

- 프리드리히 니체(Friedrich Nietzsche)

"부르크하르트의 예술사적 방법에 대해서 사람들은 어떤 관념도 가질 수가 없었다. 그리고 그는 예술사 수업을 위해 아무런 연습 과목도 개설하지 않았기 때문에 그 모든 일관된 형식적 분석 또한 결여되어 있었다. 하지만 그가 의도했던 중요한 목적은 완벽하게 성취했는데, 그 목적이란 예술의 세계를 접하고 작업하는 일이 그만큼 노고를 들일 만한 가치가 있다는 믿음을 일깨우는 것이었다."

- 하인리히 뵐플린(Heinrich Wölfflin)

"15세기와 16세기 즈음에 무엇보다 이탈리아를 휩쓴 거대한 변화를 나타내는 '르네상스'라는 개념은 위대한 스위스인 야코프 부르크하르트의 작품을 통해서 그 고유한 색채와 내용을 얻게 된다. 그의 작품『이탈리아 르네상스의 문화』는 1859년에 출간되었다. 그는 이 책에서 그러한 현상을, 미슐레의 생각을 계속 이어받아 개별적 인식으로 깨어난 정신을 통한 세계와 인간의 발견으로 묘사했다. 19세기 말경에 이르러서야 비로소 부르크하르트의 생각은 그에게 부여된 영향력을 발휘하기 시작했다. 그 이래로 역사적 사유는 부르크하르트가 제기한 문제들로부터 결코 자유로워질 수 없었다. 여기서 언제나 문제가 되는 것은 한 사회 안에서 집단주의에 맞서는 개인주의의 경계가 어디까지인가, 정신적 구속과 정신적 자유는 서로 상반되는 것인가, 하는 것이다."

■ 요한 하위징아(Johan Huizinga)

"랑케와 부르크하르트는 19세기 독일 문화국민이 낳은 가장 위대한 두 역사사상가입니다. 언젠가는 '비스마르크제국 건설 시대에서의 베를린과 바젤'이라는 책을 써야 할 것입니다. 거기서 이 정신과학적 업적의 두 정점이 형성된 후 어떻게 대립하게 되었는지 밝혀야 할 것입니다. 우리는 양자의 성장을 그 역사적 배경, 즉 한쪽은 프로이센-독일적인 정신생활로 향하고 있는 배경에서, 다른 쪽은 스위스적이긴 하지만 전(前) 독일적인 정신생활로 향하고 있는 배경에서 보아야 합니다. 이쪽 베를린에서는 국민적 흥륭(興隆)의 감격이 있었고, 저쪽 바젤에서는 바로 이러한 흥륭에 대한 비판, 불신, 우려가 있었습니다. 그 경우 랑케와 나란히 드로이젠, 트라이치케, 딜타이가 발언할 것이며, 부르크하르트와 더불어 젊은 니체, 오버베크(Johann Friedrich Overbeck), 바흐오펜(Johann Jakob Bachofen)이 발언에 가세하게 될 것입니다. 이런 책을 쓴다면 그 책은 아마도 우리의 정신적 운명의 한 상징이 되지 않을까 생각합니다.〔……〕결국 여기서 역사 전반에 관한 두 개의 상이한 문제가 제기됩니다. 그것을 다소 과장해서 말한다면 이렇게 말할 수 있을 것입니다. 즉 한 사람〔랑케〕은 '역사에게서 인간은 무엇을 의미하는가'라고 묻는다면, 다른 한 사람〔부르크하르트〕은 '인간에게서 역사는 무엇을 의미하는가'라고 묻습니다. 좀더 조심스럽게 표현하면 이렇게 말할 수 있습니다. 즉 랑케 및 오늘날에 이르기까지의 랑케학파 전체는 '역사적으로 행동하는 인간이란 우리가 가장 먼저 이해해야 할 객관적 정신의 초개인적 형성물의 입장에서 무엇을 의미하는가'라고 묻습니다. 반대로 부르크하르트 및 그의 주관적 이상주의의 근본 문제는, '이러한 형성물 및 세계사적 사건 일반은 인간의 입장에서, 특히 창의적인, 문화창조적인 인간의 입장에서 무엇을 의미하는가'라는 것입니다."

- 프리드리히 마이네케(Friedrich Meinecke)

"평생에 걸친 부르크하르트의 역사 연구와 가르침은 '세계역사'를 철학적으로 구축하는 것도 아니요, 기술적인 학문을 증진시키는 것도 아닌 역사 감각을 발전시키는 것이었다. 역사에 대한 그의 강의는 '역사적인 것'에 대한 연구를 소개하는 데 그 의도를 두고 있었다. 이는 개별적으로 매력이 있는 그런 역사 시대들을 진정으로 전유(專有)하도록 우리를 독려하기 위한 것이었다. 왜냐하면 그에게 역사는 중립적 사실들과 관련한 객관적인 학문이 아니라 '한 시대가 다른 시대에서 특이하다고 발견한 사실들의 기록'이었기 때문이다. 기록으로서의 역사는 기억에 의존하게 되며, 적어도 자신을 망각하기를, 또는 역사적 감각과 자기 존재의 실체를 상실하기를 원하지 않는 이상 각각의 세대는 새로운 전유와 해석의 노력으로 몇 번이고 자신의 과거를 기억해내야 한다. 이 같은 해석 안에는 선택과 강조와 평가가 함축되어 있다."

- 카를 뢰비트(Karl Löwith)

"부르크하르트를 읽는 독자는 언제나 긴장한다. 왜냐하면 그는 과거를 현재화시키고, 현재에게는 역사적 깊이를 부여하기 때문이다."

- 헤르만 하임펠(Hermann Heimpel)

"19세기 독일어권 역사가들 중에서 야코프 부르크하르트는 의심의 여지 없이 가장 변화무쌍한 영향을 미친 역사가다. 이미 동시대인들의 평가가 부르크하르트의 사상이 압도적으로 수용될 것이라는 전망을 보여준다. 레오폴트 폰 랑케는 '연구의 정신과 서술의 재능 사이를 놀라우리만치 잘 연결시키는 능력'과 '예술사 분야에서 행했던 확장된 연구 역량'을 근거로 1854년 뮌헨 대학의 교수 자리에 자신의 제자인 부르크하르트를 추천했다. 1860년 칼 빌헬름 니치는 드로이젠에게, 야코프 부르크하르트가 자신에게 '르네상스의 역사'에 대한 완성된 원고를 보여주었다고 하면서 다음과 같이 말한다. '그 원고는 콘스탄티누스 책과 서로 짝을 이루는 것으로, 전적으로 썩어빠진 한 시대의 퇴폐적 취향으로 가득 차 있다. 그는 신선한 씨앗을 좋아하지 않고, 그것을 보려고 하지도 않는다.' 바로 여기서 20세기에 깊숙이 들어와서까지 독일의 제도권 학계가 유지해온, 부르크하르트에 대한 소독일주의적 – 민족적 오해와 거부가 두드러지게 나타난다."

- 볼프강 하르트비히(Wolfgang Hardtwig)

"부르크하르트의 염세주의에는 인간성에 내재한 궁극적인 창조적 잠재력에 대한 신념의 싹이 감추어져 있었다. 그는 삶을 너무도 사랑했기 때문에 계몽주의로부터 그에게까지 계승되어온 문화의 이상을 완전히 부정할 수가 없었다. 크로체(Benedetto Croce)가 고찰한 바와 같이, 부르크하르트의 실패는 지적인 것이 아니라 도덕적인 것이었다. 그리고 그로 하여금 속세와 직면하기보다는 속세로부터 달아나게 만들고, 그가 가장 높이 평가한 것을 구출하기 위해서 속세에서 일하도록 만든 것도 바로 이것이었다. 어쩌면 이것이 그의 저서와 삶이 '예술품을 지키기 위한 예술품'으로 간주된 이유일지도 모른다. 그러나 그의 심미주의에도 불구하고 부르크하르트는 단순한 예술 애호가가 아니었다. 당대의 긴장과 압력에 대한 그의 민감한 감수성이 그를 문화의 쇠퇴라는 현상에 대한 탁월한 분석가로 만들었다. 세계사적인 상황에 직면하여 속세로부터 도피한 것을 정당화하려는 욕망을 지니고 있었다는 점에서 그는 심미주의자가 아니었지만, 그에게는 자신이 세계가 지향하고 있었던 방향을 파악했다고 생각하면서도 적극적인 방법으로 그러한 경향에 대항할 만한 의지가 결여되어 있었다. 이와 같은 의지의 결여라는 점에서 그는 특히 그의 친구이며 동료인 니체와 달랐다."

■ 헤이든 화이트(Hayden White)

부르크하르트 연보

1818년   5월 25일 스위스 바젤의 개신교 목사 야코프 부르크하르트(Jacob Burckhardt)와 바젤의 시의원이었던 쇼른도르프(D. Schorndorf)의 딸 수잔 마리아 부르크하르트(Susanne Maria Burckhardt)의 아들로 태어남. 김나지움을 다니며 프랑스어, 이탈리아어, 고전어 등의 지식을 습득함.

1830년   어머니가 전염병으로 사망함. 이후 '지상의 모든 것에 대한 무상함과 불확실함'에 전율하고 삶과 세계를 비관적인 색채로 바라보게 됨.

1837년   인문계 고등학교를 졸업한 후 아버지의 뜻에 따라 바젤 대학에서 신학을 공부하기 시작함. 주로 빌헬름 마르틴 레베레히트 드 베테의 강의를 들음. 역사학과 고전학에도 관심을 기울임.

1839년   역사학으로 전공을 바꾸어 베를린 대학에서 1943년 봄까지 수학함. 주로 랑케, 드로이젠으로부터는 역사학 강의를, 뵈크, 야코프 그림으로부터는 고전학 강의를, 셸링으로부터는 철학 강의를, 쿠글러로부터는 미술사 강의를 들음.

1841년   여름학기 동안 본 대학에서 프리드리히 벨커로부터 문화사 수업을 들음. 미술사를 연구하고 후기낭만주의 시인이기도 했던 고트프리트 킨켈과 그의 친구들과 교류함.

1843년   고향 바젤로 돌아옴. 베를린 대학 재학 시절, 주로 랑케의 수업 결

	과물로 작성했던「칼 마르텔」「콘라트 폰 호흐슈타덴」을 바젤 대학에 제출하고 박사학위를 취득함.
1844년	바젤 대학에서「1444년 아르마냐크 원정 시기의 프랑스 상황에 대하여」라는 제목의 취임강연을 하고 역사학 교수 자격을 취득함. 1845년 말까지 당시 보수 성향의 신문『바슬러 차이퉁』에서 편집자로 근무하면서, 진보와 보수 양 극단의 이념을 비판하는 글을 기고함. 브록하우스 출판사에서 간행하는『회화 사전』의 편찬에도 참여함. 1845년 가을까지 세 학기에 걸쳐 바젤 대학에서 예술사와 일반사를 강의하면서 강단에 서기 시작함.
1846년	쿠글러와 함께 미술사 교과서를 편찬하고 이를 위해 1848년까지 두 차례에 걸쳐 이탈리아를 여행함. 이후 1883년까지 이탈리아를 비롯한 그밖의 지역을 자주 여행함. 이들 여행으로부터 영감을 받고 역사에 대한 시야와 역사학 연구의 방향을 결정함.
1848년	3월혁명의 실패와 낭만주의적, 자유주의적이었던 킨켈을 비롯한 거의 모든 독일 친구들과의 절연 후 역사 연구와 정치적 이념을 보수주의로 정향(定向)하는 일대 전환점을 맞이함. 바젤 대학과 모교인 중등학교에서 역사를 가르침.
1849년	그의 생애에서 거의 유일하게 사랑했던 것으로 보이는 여성 마르가레테 슈텔린이 바젤의 한 은행가와 결혼함. 이후 평생을 독신으로 살면서 역사 연구와 강의, 대중강연에 일생을 바침.
1853년	최초의 역사 대작『콘스탄티누스 대제 시대』를 발표함. 로마제국 말기에서 중세로의 전환기가 곧 자신이 살던 현재와 매우 유사함을 발견하면서 기획한 이 작품에서, 부르크하르트는 건전하지 못하고 부도덕하지만 종교활동과 문화활동으로 가득 찬 과도기의 로마 모습을 재현하는 데 성공함. 독일어 방언으로 쓰인 시모음집『춤추는 인형의 노래』를 출간함.
1855년	최초의 예술사 대작『여행안내서: 이탈리아 예술작품 감상을 위한 안내서』를 발표함. 이 작품은 고대부터 17세기까지의 이탈리아

	예술사를 건축, 조각, 회화의 장르별로 정리한 책으로, 지리적으로 배열되어 있어 여행안내서 형식을 취하고 있음. 이 업적으로, 같은 해 막 신설된 취리히 연방공과대학의 예술사 교수로 초빙되어 1858년까지 예술사를 강의함.
1858년	바젤 대학 역사학 정교수로 취임함. 이후 1893년 퇴임할 때까지 교수직에만 전념하면서 대학 강의, 연구, 강연에만 힘을 쏟음.
1860년	최초의 문화사 대작 『이탈리아 르네상스의 문화』를 발표함. 이 작품이 발표되면서 그의 명성은 유럽 전역으로 널리 퍼져나감.
1862년	킬 대학을 시작으로 예나, 하이델베르크, 튀빙겐, 괴팅겐 등 독일의 유수 대학들, 심지어 1872년에는 랑케의 후임을 구하는 베를린 대학으로부터도 교수직 제의가 있었지만, 이를 모두 거절하고 퇴임할 때까지 고향인 바젤과 바젤 대학을 떠나지 않음.
1867년	빌헬름 뤼프케와 공동으로 저술한 『근대 건축 예술사』를 발표함. 부르크하르트에게 예술은 르네상스의 최대 성과였지만 『이탈리아 르네상스의 문화』에서는 이 중요한 주제를 다루지 못했고, 이 주제를 별개의 저술로 다루고 싶어했지만 그 뜻은 결국 이 작품을 통해 일부만 이루게 됨. 이 책을 마지막으로 부르크하르트는 자신의 저작 출판에 회의를 느끼고 더 이상 어떤 책도 출간하지 않음.
1870년	바젤 대학에 문헌학 교수로 부임한 프리드리히 니체가 부르크하르트의 강의 「역사 연구에 대하여」를 청강함. 이후 두 사람 사이의 지적 교류가 활발하게 이루어짐.
1886년	바젤 대학에서 퇴임 때까지 예술사 강의에만 전념함.
1897년	8월 8일 바젤의 자택에서 사망함.
1898년	부르크하르트의 제자였던 한스 트로크에 의해 그의 최후의 예술사 저작 『루벤스에 대한 회상』이 출간됨. 루벤스의 생애와 작품들이 비교적 평이한 문체로 간략하면서도 주도면밀하게 분석되어 있음.
1902년	부르크하르트의 조카 야코프 외리에 의해 1898년부터 시작된 편

집작업 결과 전 4권으로 된 『그리스 문화사』가 출간됨. 부르크하르트의 말년 대작인 이 작품은, 그가 1872년 봄부터 1886년 초까지 모두 10회에 걸쳐 행한 같은 제목의 강의 노트를 근간으로 하고 있음. 이 책이 처음 출판되자 학계의 반응은 전문적이지 못하다 하여 냉담하거나 심지어 공격적이기까지 했으나, 부르크하르트에 대한 모든 평가가 새로이 내려지기 시작한 1930년대와 제2차 세계대전 이후에 긍정적인 평가로 역전되어, 부르크하르트 문화사의 또 다른 진수를 보여주는 고전작품으로 자리매김함.

1905년 부르크하르트의 강의 「역사 연구에 대하여」가 야코프 외리에 의해 편집되어 『세계사적 고찰』이라는 제목으로 출간됨.

지은이 **최성철**崔成哲

서강대학교 국문학과를 졸업하고 같은 대학교 대학원 사학과를 마쳤다. 그 뒤 베를린 자유대학교에서 포스트모더니즘 경향의 역사이론과 사회경제사 등의 분야를 공부하던 중 우연히 부르크하르트의 『세계사적 고찰』을 접했다. 이후 부르크하르트를 역사이론적 시각에서 새롭게 분석한 논문 「경험과 인식: 야콥 부르크하르트의 역사이론에 대한 연구」로 박사학위를 받았다. 지금은 서강대학교 국제문화교육원 전임강사로 있으면서, 부르크하르트의 여러 모습을 국내에 소개하고 있다. 그는 앞으로도 서양에서조차 연구가 미진한 숨겨진 역사가, 역사이론가, 역사철학자들을 연구하는 작업을 꾸준히 해나갈 예정이다. 저서로는 『21세기 역사학 길잡이』(공저) 『역사 속의 소수자들』(공저) 등이 있고, 역서로는 『혁명시대의 역사 서문 외』 『부르크하르트와 역사주의』가 있다. 주요 논문으로는 「파국과 구원의 변증법: 발터 벤야민의 탈역사주의적 역사철학」이 있다.